L'AUTOFORMATION
EN CONTEXTE INSTITUTIONNEL

DU PARADIGME DE L'INSTRUCTION
AU PARADIGME DE L'AUTONOMIE

Collection *Éducation et Formation*
dirigée par Michel Bernard

A ce jour, 50 ouvrages ont été publiés dans cette collection.

Parmi les ouvrages récents :

Yves PALAZZESCHI, *Introduction à une sociologie de la formation.*
   T1 : *Les pratiques constituantes et les modèles*, 1998.
   T2 : *Les évolutions contemporaines*, 1998.

Christian DEPOVER, Max GIARDIMA, Philippe MARTON, *Les environnements d'apprentissages multimédia*, 1998.

Michel BERNARD, *Penser la mise à distance en formation*, 1999.

André D. ROBERT, *Actions et décisions dans l'Éducation nationale*, 1999.

Denis HARVEY, *La multimédiatisation en éducation, la première thèse en langue française avec multimédia*, 1999.

Max GIARDINA, *Interactivité, multimédia et apprentissage*, 1999.

Pierre LADERRIERE, *L'enseignement, une réforme impossible ?*, 1999.

Brigitte ALBERO

L'AUTOFORMATION
EN CONTEXTE INSTITUTIONNEL

DU PARADIGME DE L'INSTRUCTION
AU PARADIGME DE L'AUTONOMIE

L'Harmattan
5-7, rue de l'École - Polytechnique
75005 Paris - France

L'Harmattan Inc
55, rue Saint-Jacques
Montréal (QC) – Canada H2Y 1K9

© *L'Harmattan, 2000*
ISBN : 2-7384-9424-2

À Joseph et Angèles

Remerciements

À tou(te)s mes ami(e)s de cœur qui, par leur confiance et leur générosité, poussent à donner le meilleur de soi, dans la conscience claire d'une incomplétude mobilisatrice et d'un chemin qui reste toujours à parcourir...

> Les fins que la société se fixe
> et le modèle d'homme qu'elle
> souhaite définissent le cadre de
> l'action éducative.
> A. Pain, 1992, p.203.

INTRODUCTION

Le contexte actuel de la formation offre un potentiel de variété, de richesse, d'adéquation aux besoins individuels qui n'a jamais eu d'équivalent dans l'histoire de l'éducation et de la formation. La banalisation des technologies de l'information et de la communication a des incidences sans précédent sur l'accès à l'information, ainsi que sur les modalités de consultation et de communication qui s'organisent à distance, dans une dialectique de la présence et de l'absence qui réinterroge les pratiques de formation les plus habituelles.

Aujourd'hui, les centres d'autoformation se présentent comme une matérialisation de cette complexité. Dans cet ouvrage, nous appellerons "centre d'autoformation" tout dispositif ingénierique et pédagogique qui s'organise autour d'un centre de ressources proposant à l'apprenant des ressources matérielles et humaines. Quel que soit leur mode d'organisation, ces dispositifs d'autoformation sont, intrinsèquement, porteurs d'un principe de nouveauté par rapport à la formation traditionnelle, et ce, pour trois raisons au moins : ils s'organisent autour d'un espace-lieu et d'un espace-temps potentiellement flexibles, ils utilisent pleinement les technologies contemporaines, et contribuent à bouleverser les conceptions de la formation en permettant le passage d'une logique de l'enseignement à une logique de l'apprentissage. Cependant, face au développement spectaculaire de ce type de dispositif et face à l'utilisation de plus en plus banale du terme "autoformation", on peut se demander si cette nouvelle modalité de formation répond seulement à un effet de mode ou si elle porte véritablement les ferments de bouleversements dans les conceptions et dans les pratiques. Autrement dit, par ce type d'approche, les acteurs éducatifs mettent-ils davantage en œuvre une logique commerciale de consommation de produits technologiques ou plutôt une logique d'éducation et de formation des personnes, en prise avec la contemporanéité des outils et des usages ?

En effet, il semble bien que si les spécificités des dispositifs d'autoformation en contexte institutionnel ne sont pas dégagées, décideurs, praticiens et chercheurs s'exposent au risque de ne reproduire, sous une terminologie nouvelle, que des comportements pédagogiques anciens. Or, réduire un dispositif d'autoformation à la mise en œuvre de situations d'enseignement prive chacun des composants du potentiel généré par les situations d'aide à l'apprentissage en autonomie dans un environnement ouvert. Outre l'affirmation d'un ancrage théorique fort dans un champ en train de se constituer, il a donc paru important de dégager des indicateurs qui permettent de discriminer le type de pratiques effectivement mises en œuvre, afin de mettre en valeur ce qui est de l'ordre de la reproduction de savoir-faire professionnels établis (les compétences d'enseignement) et ce qui est de l'ordre de savoir-faire professionnels en train de se développer (les compétences de facilitation de l'apprentissage).

Pour répondre à ces questions, cet ouvrage prend appui sur une recherche doctorale, menée entre 1994 et 1998, organisée en trois phases à la fois successives et concomitantes. La première étape a consisté à prendre connaissance de l'ensemble des travaux produits dans le champ, de façon à circonscrire le concept d'autoformation d'un point de vue théorique. Quelques questions se posaient : quelles sont les définitions données à ce terme par les chercheurs ? Trouve-t-on des collusions, confusions, proximités lexicales avec d'autres termes ? Peut-on déboucher sur une classification des terminologies employées qui pourrait contribuer à clarifier les emplois actuels ? Il semblait également intéressant de repérer les pratiques d'autoformation mises en œuvre à la fois par les acteurs éducatifs et par les apprenants inscrits dans les dispositifs du corpus. L'analyse proprement dite s'est appliquée à des dispositifs d'autoformation en langues étrangères pour un public d'adultes. Cette deuxième étape a permis d'obtenir une "première carte du terrain" selon l'expression de J. Mélèse (1979). Trente-six dispositifs ont été retenus de façon à obtenir une variété de situations quant à la localisation sur le territoire et quant au type d'environnement institutionnel. Dans tous les cas, le centre de ressources se présentait comme le pivot matériel du dispositif et une équipe d'intervenants pédagogiques était prévue pour aider l'apprenant à mener à bien son parcours d'autoformation. Les outils de recueil et d'analyse de ces données ont été progressivement élaborés en s'inspirant notamment de travaux dans des domaines connexes et en tenant compte des contraintes contextuelles propres à ce type de dispositifs. C'est ainsi que les grilles d'observation des vingt-deux centres visités sur l'ensemble des trente-six dispositifs du corpus ont été élaborées, des entretiens non-directifs menés auprès de dix-huit responsables et intervenants pédagogiques ont été analysés, ainsi que l'ensemble des

Introduction

documents écrits recueillis. Ce travail a conduit à élaborer une catégorisation qui montre que le terme autoformation fédère des dispositifs ayant en commun un projet ingénierique semblable, mais qui se différencient par des représentations et des pratiques pédagogiques très différentes. La troisième étape a été celle de la préparation et de la mise en œuvre d'une enquête par questionnaire, conduite auprès d'apprenants inscrits dans chacune des catégories de dispositifs mise en évidence. Le formulaire a été élaboré à partir d'entretiens non-directifs menés auprès de dix apprenants et après cinq tests préliminaires successifs conduits dans des catégories différentes de dispositifs. Il comprenait deux cent seize items, dont cinquante empruntés à une recherche menée par Rebecca Oxford (1990) à l'Université d'Alabama (États-Unis). Deux cent vingt-cinq apprenants ont répondu à cette enquête qui tentait de vérifier s'il était possible de repérer des liens entre les conduites d'apprentissage déclarées et les types de dispositifs dans lesquels ceux-ci étaient inscrits.

Cet ouvrage propose donc au lecteur les résultats de cette recherche. Le premier chapitre présente le contexte actuel de l'apprentissage des langues qui conduit à l'émergence de l'autoformation. Le second fait le point sur la diversité des approches théoriques qui concernent ce domaine. Le troisième propose le cadre théorique à partir duquel la recherche a été conduite. Le quatrième tente de mettre en évidence les divergences repérées dans les discours d'acteurs et dans les pratiques déclarées. Le cinquième chapitre rend compte du vécu déclaré par les apprenants ayant répondu à l'enquête. Enfin, la conclusion tente d'explorer des pistes pour l'élaboration d'une modélisation dynamique des dispositifs d'autoformation.

L'ouvrage tente ainsi de répondre à trois objectifs. Le premier est de contribuer à clarifier un champ de recherches et de pratiques en émergence : l'autoformation en contexte institutionnel, particulièrement dans le domaine de l'apprentissage des langues étrangères. Le second est d'élaborer une analyse de la situation susceptible de rendre intelligibles des processus mis en œuvre autour de ce phénomène récent et évolutif. Le troisième est de contribuer à élaborer des outils d'objectivation des valeurs sous-jacentes aux projets ingénieriques et des outils de repérage des pratiques pédagogiques effectives, afin de permettre la clarification des projets de société portés par les pratiques éducatives.

CHAPITRE 1

Le contexte actuel
de l'apprentissage des langues étrangères
et son incidence sur l'autoformation

L'autoformation s'enracine dans une histoire liée à la formation des adultes tout au long de la vie. "La littérature pédagogique admet désormais que l'éducation d'un individu est un processus qui s'accomplit tout le long de sa vie", écrivait M. Lesne en 1977 (p.21) ; cette notion n'est donc pas nouvelle. Déjà Condorcet prévoyait dans son rapport de 1792 d'"assurer aux hommes, dans tous les âges de la vie, la facilité de conserver leurs connaissances ou d'en acquérir de nouvelles" (J. Dumazedier, 1994, p.127). Cette "seconde instruction" devait permettre à toute personne de continuer à se développer bien après les formations proposées par les différentes institutions publiques, grâce à l'apprentissage de "l'art de s'instruire par soi-même" (*ibid.*, p.128).

Les termes de *lifelong education* et *continuing education* sont apparus, d'après A. Hasan (1997, p.36) pour la première fois en anglais au cours des années vingt, associés à la tradition d'éducation pour adultes des pays nordiques, qui elle-même remonte au milieu du XIXème siècle. Pour J. Dumazedier (1996a), l'autoformation en France est liée à l'éducation ouvrière dès le XIXème. C'est après la Deuxième Guerre mondiale qu'un tel sujet a commencé à être débattu, grâce à une politique internationale d'organismes tels que l'Organisation de Coopération et de Développement Économique (OCDE), l'*United Nations Educational, Scientific and Cultural Organisation* (UNESCO) et le Conseil de l'Europe. En réalité, il n'a commencé à avoir une signification dans la politique à adopter qu'au début des années soixante (A. Hasan, 1997, p.36). Au cours la dernière décennie, trois organisations internationales, l'Union européenne (1995), l'OCDE (1996) et l'UNESCO (1996) ont publié des rapports qui affirment le principe de la formation tout au long de la vie et c'est en 1996 que le Parlement européen en a fait le thème de l'année. Parallèlement, le traité d'Amsterdam a inscrit dans son préambule la détermination des États membres à promouvoir le développement du niveau de connaissances le plus élevé possible en offrant un large accès à l'éducation et une mise à jour permanente des savoirs (E. Cresson, 1997, p.33).

On le voit, la formation tout au long de la vie dépasse le cadre de la seule éducation pour adultes, héritée du siècle dernier. L'accent est désormais mis sur des objectifs tels qu'encourager l'indépendance d'esprit et la curiosité, aider au développement et à l'accomplissement de l'individu, le préparer à la vie professionnelle et à la citoyenneté, enrichir la vie sociale et culturelle (A. Hasan, 1997, p.38). L'éducation et la formation ne sont plus perçues dans un espace-temps séparé de la vie sociale et professionnelle. Dans les discours politiques, elles sont désormais incluses dans le cadre de vie de tout citoyen. Plus que jamais, l'éducation et la formation sont profondément ancrées dans la dynamique sociale (*ibid.*, p.39).

Aujourd'hui, l'autoformation s'enracine dans les discours officiels qui tentent de promouvoir les formations dites flexibles et plus largement les formations dites ouvertes. Ces dernières sont caractérisées par la Délégation à la Formation Professionnelle (DFP), comme étant des formations qui offrent une plus grande accessibilité et une plus grande souplesse de leur mode d'organisation pédagogique (ORAVEP, 1994, p.11). D'après la DFP, cette souplesse se manifeste de cinq manières différentes : la localisation variée des séquences pédagogiques (centres, entreprise, domicile, etc.), la gestion des durées et heures de formation qui tient compte des contraintes professionnelles et sociales de la personne, l'articulation entre temps de formation, temps de travail et temps de loisir, le rythme de progression et d'acquisition des compétences (dispositifs par unités capitalisables, par exemple), enfin, la capacité offerte à chacun d'avoir la maîtrise de son parcours de formation et de l'utilisation des ressources mises à disposition (*ibid.*).

C'est dans ce cadre que s'inscrivent les dispositifs d'autoformation en contexte institutionnel qui, depuis le début des années 1990 et plus précisément 1994, se sont développés en France sous une triple impulsion économique, pédagogique et technologique. Les articles et ouvrages publiés, les nombreuses conférences et les ateliers organisés autour du thème de l'autoformation montrent la polysémie de ce terme qui semble fédérer des approches diverses. Bien que, aujourd'hui, les centres de ressources se développent dans des domaines aussi variés que l'apprentissage de la physique, des mathématiques, des langages informatiques ou de la bureautique, le champ d'observation et de recherche est ici volontairement limité aux dispositifs d'autoformation en langues étrangères. Ils sont en effet de plus en plus nombreux sur des terrains aussi divers que ceux de la formation initiale, de la formation continue et des espaces grand public.

Ce chapitre liminaire tentera donc d'exposer les modifications socio-culturelles et socio-politiques qui permettent de comprendre le phénomène d'implantation de tels dispositifs dans le monde de la formation, les changements qui conduisent à une plus large demande dans le domaine des langues étrangères et les raisons qui peuvent expliquer l'intérêt actuel pour les dispositifs d'autoformation.

1 - UN APPRENTISSAGE AU CŒUR DE NOUVELLES LOGIQUES

Malgré l'augmentation de l'offre en matière d'apprentissage des langues et malgré les moyens mis en œuvre pour la formation, P. Carré (1991, p.24) remarque, en s'appuyant sur des statistiques européennes comparatives, que la France n'occupe que le septième rang sur douze en terme d'efficacité linguistique. Il en conclut que, dans notre pays, "l'effort global de formation semble relativement découplé de la performance" (*ibid.*). Ce découplage peut s'expliquer par le fait que des changements qui ont eu lieu *de facto* dans notre société n'ont pas encore été complètement intégrés dans les représentations de l'ensemble des acteurs de la formation. Il semble que ces changements soient de trois types : le changement du statut des langues, l'entrée dans une logique de marché et la double injonction face à laquelle sont placés les organismes de formation dont certains doivent répondre à la fois à une logique de service et à une logique d'éducation.

1.1 - Le changement de statut des langues étrangères : de la discipline culturelle à l'atout professionnel

Des évolutions dans les modalités d'enseignement et dans les disciplines qui leur donnent un fondement théorique sont allées de pair avec un certain nombre d'autres évolutions sur le plan social. Certaines d'entre elles ont des conséquences sur le plan de l'apprentissage des langues par un public d'adultes et expliquent, en partie, le succès des dispositifs d'autoformation.

1.1.1 - *Les évolutions de la didactique et de la pédagogie*

Depuis les années soixante-dix, le développement de la linguistique, des sciences du langage et de la didactique des langues a contribué à rapprocher les contenus de la formation des pratiques effectives des natifs. Bien que les positions défendues par les chercheurs ne soient pas toutes convergentes, les analyses théoriques s'orientent vers une interprétation de la langue comme outil de communication et comme pratique sociale (R. Galisson, 1980) rompant ainsi avec une interprétation mécaniste du langage.

Parallèlement, des recherches en psychologie cognitive ont contribué à mettre l'accent sur l'apprentissage en tant qu'acte individuel, interprété comme un processus actif d'internalisation et d'auto-organisation qui conduit chaque individu à construire sa propre représentation des savoirs (U. Neisser, 1967 ; G. Salomon, 1981 ; A. Giordan, 1995). Ce processus est décrit comme interactif, puisque c'est bien dans la confrontation avec les autres et avec le monde que chaque personne réorganise constamment ses représentations (L. Vygotsky, 1978 ; G. Salomon, 1981 ; A. Weil-Barais, 1993).

Dans les années quatre-vingts, le courant didactique des approches communicatives s'est beaucoup appuyé sur des travaux provenant de diverses disciplines : la sociolinguistique, avec l'accent porté sur les actes de langage, la prise en compte du contexte de l'échange et les aspects pragmatiques de la communication ; la psychologie et la psycholinguistique, avec la mise en valeur de la nécessaire intégration des dimensions culturelles de l'utilisation des langues et des dimensions individuelles dans la perception et l'élaboration des messages ; la communication dans ses nouvelles approches développées par E. Hall, G. Bateson, P. Watzlawick, Y. Winkin.

De leur côté, les pratiques pédagogiques, portées par ces mouvements de pensée et de recherche, se centrent davantage sur l'apprenant qui s'impose dans la relation pédagogique avec son profil particulier et ses erreurs interprétées comme autant d'indices. L'apprenant adulte est pris dans sa dimension totale de personne, intégrant des facteurs très divers susceptibles d'influencer ses apprentissages : capacités cognitives, affects, expériences et histoire propre, ou encore capacités relationnelles et communicationnelles. Cette nouvelle centration conduit les acteurs éducatifs à prendre en compte les besoins individuels dans un contexte social en évolution. Les enseignements tendent à s'adapter davantage aux demandes de formations plus utilitaires, plus directement liées à des pratiques professionnelles ou à des besoins potentiels dictés par la mode ou par l'internationalisation effective des échanges.

1.1.2 - *Les évolutions dans les besoins sociaux des langues*

Aujourd'hui, les probabilités, objectives ou subjectives, d'avoir à utiliser une langue étrangère conduisent à penser que leur méconnaissance est une "infirmité" (L. Porcher, 1990, p.34) ou, pour le moins, "une moindre compétitivité dans la sphère professionnelle" (*ibid.*). De ce fait, leur apprentissage devient une nécessité qui n'est pas toujours actualisée, mais qui tend à donner à la maîtrise des langues un statut de "capital culturel achetable", sorte de "pré-requis ritualisé", indispensable dans la "composition minimale et obligée d'un capital culturel professionnel" (*ibid.*).

En dehors ou aux côtés de la sphère professionnelle, "le voyage est une probabilité personnelle qui n'est plus de l'ordre de l'utopie" (*ibid.*). La baisse des coûts et l'augmentation du confort d'utilisation à la fois des moyens de transports, des technologies de communication internationale, ainsi que la banalisation des réceptions d'émissions étrangères par la radio et la télévision, ont considérablement augmenté "la probabilité d'usage" (*ibid.*) des langues étrangères.

Ce contexte confirme l'interprétation de A. Weil-Barais (1993) qui montre que "ce que les individus ont à apprendre, les problèmes qu'ils ont à résoudre sont très dépendants des évolutions des modes de vie en société et des technologies auxquelles ils ont affaire" (*ibid.*, p.421).

1.1.3 - *Les conséquences sur les usagers des formations aux langues*

Dans un tel environnement social, les apprenants modifient peu à peu leurs comportements. Plongés dans un "temps polychrome" (F. Mariet, 1989, p.30), durant lequel ils sont amenés à faire plusieurs choses à la fois, ils perçoivent l'apprentissage des langues comme une activité tout à fait compatible avec "le temps de l'urgence" (L. Porcher, 1990, p.36). En effet, contrairement à l'ancienne représentation d'un apprentissage long et laborieux, les usagers actuels ont le sentiment que "les langues peuvent s'apprendre par petits bouts et de manière morcelée" (*ibid.*, p.37). D'où cette utilisation des temps habituellement considérés comme perdus, tels que les temps de transport, d'attente, ou certaines parties de la soirée. Cette conception pulvérise le temps en autant de moments durant lesquels "on a toujours assez de temps pour apprendre au moins une chose" (*ibid.*), ce qui conduit à agir de manière inverse à la situation habituelle, c'est-à-dire que l'on adapte ce que l'on cherche à s'approprier au temps dont on dispose (*ibid.*). Souvent placés en situation d'urgence dans leur vie quotidienne, ces apprenants pressés "veulent que la distance temporelle soit la plus faible possible entre le début de l'apprentissage et son opérationnalisation, son utilisabilité en contexte non apprenant" (*ibid.*, p.38). Par conséquent, ils veulent voir le plus rapidement possible "le résultat de leur investissement" (*ibid.*). De tels apprenants privilégient donc des apprentissages courts, modulables pour des acquisitions rapides. Ils tentent d'atteindre le maximum de résultats avec le minimum d'effort. C'est ce que L. Porcher a appelé la professionnalisation d'apprenants qui "ont la ferme intention de décider par eux-mêmes de ce qui mérite d'être appris" (*ibid.*). Ils deviennent ainsi davantage des usagers de la formation que des élèves, des formés ou des se-formant, "c'est-à-dire des apprenants qui ont conscience d'investir du temps, de viser un but social, de construire une non infirmité sociale (...) et une compétence" (*ibid.*).

Ce chercheur tire les leçons de ces évolutions en désignant les trois compétences qui, selon lui, sont considérées comme prioritaires par les usagers des formations en langues. "L'acquisition d'une compétence de survie" comprenant, par exemple, la capacité à repérer les indices pertinents dans une situation donnée, la capacité à anticiper, la capacité à gérer l'imprévisible qui surgit dans la situation de communication. "Une compétence d'échange" permettant d'établir des discussions intersubjectives dans la vie quotidienne. Enfin, "une compétence professionnalisante" qui conduit l'usager à mieux se connaître en situation d'apprentissage, à mieux savoir ce qu'il doit apprendre et comment il doit l'apprendre.

1.2 - L'entrée dans une logique de marché : les langues comme produit commercial et l'apprenant comme consommateur averti

L'internationalisation des échanges, l'implantation des multinationales, le développement de l'Union européenne, l'expansion du tourisme international contribuent à organiser un environnement où le monolinguisme est vécu comme un handicap. Dans un tel contexte, les publics se sont considérablement diversifiés et les besoins langagiers se sont parallèlement individualisés, s'orientant davantage vers des demandes de formation pragmatique pour l'acquisition de compétences précises. Les contraintes temporelles de ces usagers potentiels sont plus fortes et s'organisent à l'intérieur d'échéanciers qui ne coïncident pas toujours avec l'offre de formation traditionnelle.

De ce fait, tout un marché se développe et les langues deviennent des marchandises vendables et achetables. Le monde éditorial propose ses produits pour apprendre sans professeur, en un temps record, en un nombre limité de séances, ou en des lieux inattendus (la voiture), avec une efficacité inégalée. "Comme si vous y étiez" semble le slogan favori. Les supports tendent à se diversifier, de façon à s'adapter à l'équipement domestique de chaque usager : livres, cassettes audio ou vidéo, logiciels, cédérom, journaux, hebdomadaires, magazines. La télévision publique offre également des créneaux sur "la chaîne du savoir" avec des journaux internationaux et des méthodes de langues. Elle peut être d'autant plus placée dans une logique de marché qu'elle est susceptible de proposer une consommation personnalisée (*pay per view*) au lieu de s'organiser comme un média de flux (L. Porcher, 1990, p.36). Les langues deviennent alors des marchandises intéressantes qui permettent de fidéliser une clientèle (*ibid.*). Les organismes de formation, quant à eux, adaptent leurs produits avec des cours en présentiel qui se combinent, de manière variable, avec des temps d'enseignement individualisé, de travail en autonomie ou en semi-autonomie guidée, d'autoformation, conjuguant ainsi des modalités qui offrent à l'usager la flexibilité qu'il recherche pour s'engager dans un cycle de formation.

Face au marché concurrentiel de l'offre, l'apprenant devient usager et exerce sa capacité à faire des choix informés en tant que consommateur averti. Cette nouvelle caractéristique se confirme d'autant plus qu'il s'agit d'un consommateur capable de formuler une demande à l'intérieur de ce marché, en obligeant les organismes de formation à s'adapter aux contraintes de chacun.

1.3 - L'apprentissage des langues en contexte institutionnel : logique commerciale ou logique de formation ?

En développant des analyses proches de celles de L. Porcher, P. Carré (1991) prône le passage à une formation "plus adulte". Pour cela, il propose d'abandonner ce qu'il appelle le syndrome de la lessive et suggère d'adopter une stratégie de formation linguistique professionnelle. Pour ce faire, il montre la nécessité d'un renversement de perspective, en effectuant un glissement de six paramètres, afin de passer, selon les termes employés par l'auteur : d'une logique marketing à une logique pédagogique, du produit pédagogique au *process* de formation, de l'entrée par les produits à l'entrée par les objectifs, de la centration sur le programme à la centration sur l'apprenant, de la méthode pédagogique aux ressources humaines et matérielles, enfin, de la figure de formateur-enseignant à celle de formateur personne-ressource (*ibid.*, p.109).

Pourtant, au-delà d'un regard critique sur les objectifs mercantiles de certains produits ou de certains projets, la question qui se pose, en amont des problématiques pédagogiques, dans le contexte économique et culturel actuels, est de savoir quelles sont les valeurs qui sous-tendent le développement des dispositifs d'autoformation en langues en contexte institutionnel.

La nécessité de se former tout au long de la vie, couplée à celle de maîtriser diverses compétences dans plusieurs langues, est aujourd'hui reconnue par toutes les instances, quelles que soient les orientations politiques. Les dispositifs d'autoformation peuvent alors être utilisés comme des centres de ressources qui mettent des outils plus ou moins sophistiqués à la disposition des publics. Ils peuvent également être conçus comme des espaces de formation que l'on pourrait appeler multi-modaux qui proposent des systèmes d'aide permettant de développer des compétences en fonction des besoins réels des usagers : des compétences langagières, certes, mais aussi des compétences à rechercher et sélectionner des informations, à exploiter un média pour l'apprentissage, à auto-diagnostiquer une difficulté, à apprendre avec des pairs ou avec un natif.

Dans le premier cas, les valeurs sous-jacentes dans la mise en œuvre des dispositifs vont dans le sens d'un libéralisme éducatif qui, tout comme le libéralisme économique, offre de nombreux possibles. Ceux-ci restent cependant non-actualisables pour les personnes qui ne maîtrisent ni les codes sociaux, ni les savoirs minimaux permettant d'accéder ne serait-ce qu'à la possibilité de faire des choix en connaissance de cause. L'étude menée par J-F. Barbier-Bouvet, en 1982, sur les publics du Centre des Langues de la Bibliothèque Publique d'Information (BPI) est, à ce titre, exemplaire. Dans une enquête minutieuse, ce sociologue a montré comment un espace conçu comme un lieu de promotion sociale, selon la philosophie du projet, s'est en réalité trouvé fréquenté par des usagers diplômés appartenant à des classes aisées. Ce chercheur explique cet effet pervers en montrant que l'organisation d'un centre de ressources multi-média correspond davantage aux pratiques d'un public qu'il qualifie d'éclairé, plutôt qu'à celles des publics cibles. On pourrait penser qu'il s'agit là d'une situation révolue. Pourtant, en 1993, M-J. Barbot a mené une recherche sur le public d'un centre d'autoformation en français langue étrangère créé à l'Institut Français de Barcelone[1]. Contrairement à la BPI, ce centre avait mis en place un dispositif pédagogique ; or, dans sa thèse, elle aboutit à des conclusions semblables. Lorsque le dispositif reçoit un public hétérogène, la plupart des apprenants éprouve des difficultés à organiser les apprentissages de manière

---

[1] Voir également l'article : Albero B. et Barbot M-J., 1992.

autonome. Les résultats de cette dernière recherche montrent que ce type d'espace demande aux usagers une adaptation pour laquelle ils ne se sentent pas préparés, d'où une sélection involontaire des publics, contraire aux objectifs du centre. Les travaux de ces deux chercheurs révèlent ainsi les dangers d'une logique libérale appliquée à l'éducation et à la formation.

Si, dans un autre type de démarche, les dispositifs d'autoformation s'inscrivent dans la continuité des valeurs humanistes héritées des siècles passés, un travail important reste à faire pour permettre le passage de pratiques d'apprentissage par enseignement et instruction à des pratiques d'apprentissage en autonomie. L'autoformation n'est plus, dans ce cas, une situation d'apprentissage où l'usager se trouve seul face à une machine ou tout autre médium, elle est une situation de formation adaptée aux possibilités de chaque personne, et dans laquelle chaque personne accepte d'apprendre, selon la formule de H. Holec (1991), sans être enseignée. Cette modification fondamentale des usages entraîne un nouveau besoin : celui d'acquérir des compétences à apprendre dans cette nouvelle modalité de formation. Cette deuxième perspective prend donc en compte le fait que les enjeux se modifient en même temps que changent les conditions sociales de la formation. Aujourd'hui, ce qui peut faire la différence entre un organisme de service et un organisme d'éducation, c'est bien "la valorisation plus forte qu'avant (...) de la capacité de transfert", comme "capacité de compétence générique" (L. Porcher, 1990, p.41). En effet, de tels dispositifs cumulent, potentiellement, deux axes majeurs de formation pour leurs usagers.

Le premier axe est celui qui est apporté par l'utilisation d'un centre de ressources. Au-delà des contenus proprement dits, le dispositif est, en soi, porteur d'apprentissages à même de modifier en profondeur les représentations des usagers. A titre d'exemple, l'organisation spatiale de la médiathèque est source d'apprentissages dans les modes d'accès aux ressources qui sont proposés, de par les catégorisations des contenus affichés et les modes de travail conditionnés par la disposition du lieu. Un tel espace pourrait être étudié selon une approche ethnographique voisine[2] de celle d'E. Veron (1989). Un autre exemple peut être apporté par l'appropriation de chacun des outils qui médiatisent les savoirs, selon l'expression de J. Perriault (1996), lorsqu'une personne apprend à utiliser un ordinateur ou un multimédia pour consulter des ressources qui l'intéressent. Ou encore, l'acquisition de stratégies de décodage des médias, qui, comme le montrent les travaux de C. Compte (1998) sur la télévision ou ceux de M. Linard

---

[2] Quelques propositions sont faites dans l'article : Albero B., 1998.

(1996) à propos du rapport homme-machine, permettent de capter de façon consciente des informations et des messages intrinsèques au système symbolique du média lui-même. Enfin, l'appropriation d'un espace social qui n'est ni celui de la classe, ni celui de la bibliothèque, porteur de nouveaux modes d'échanges plus proches de l'apprentissage coactif (A. Weil-Barais, 1993) que d'un enseignement individualisé ou même personnalisé. Malheureusement, pour l'instant, peu de travaux de recherche portent sur ces acquisitions indispensables sur un plan social, implicites sur un plan académique mais jamais validées.

Le deuxième axe est celui qui est apporté par le domaine des langues étrangères. Au-delà du contenu linguistique, cet apprentissage permet de travailler sur les compétences de communication (Dell H. Hymes, 1973 ; M. Canale et M. Swain, 1980 ; H. Widdowson, 1981 ; S. Moirand, 1982) qui sont, aujourd'hui, porteuses de savoir-faire professionnels. Pour un usager, travailler ainsi sur des capacités socialement valorisées par ailleurs peut constituer un atout majeur. A titre d'exemple, il est possible de citer quelques-unes unes des capacités mises en valeur par ces chercheurs : l'écoute et la reformulation, la prise en compte du point de vue de l'interlocuteur et des conditions de l'échange, l'intégration de la dimension non-verbale dans l'expression, la gestion de l'imprévisible et l'adaptation au contexte, la capacité à développer une image positive de soi-même et à permettre à l'interlocuteur de valoriser sa propre image.

Les deux axes de formation évoqués ci-dessus sont deux des atouts majeurs des dispositifs d'autoformation qui peuvent permettre à des institutions d'éducation et de formation de continuer à défendre des valeurs humanistes, tout en étant enracinées dans le contexte social contemporain. Dans cette perspective, de tels organismes peuvent prétendre être compétitifs sur un marché concurrentiel, tout en conservant ce qui fait leur identité et ce qui fonde, jusqu'à présent, le système éducatif français.

2 - LES DISPOSITIFS D'AUTOFORMATION EN CONTEXTE INSTITUTIONNEL: UN DÉVELOPPEMENT EXPONENTIEL

Lorsque E. Durkeim (1966) développe le thème de la correspondance générale entre un système éducatif et le type de société qui le conditionne dans ses principes et dans son organisation, il affirme que "lorsqu'on étudie historiquement la manière dont se sont formés et développés les systèmes d'éducation, on s'aperçoit qu'ils dépendent de la religion, de l'organisation politique, du degré de développement des sciences, de l'état de l'industrie, etc." (*ibid.*, p.34). Sans aller jusqu'à déceler dans l'évolution de la vie spirituelle de notre société les raisons du développement soudain des dispositifs d'autoformation en langues dans les années 90, il est cependant important de noter tout au moins certaines interrelations.

Les dispositifs d'autoformation sont majoritairement basés sur l'utilisation par l'usager d'un centre de ressources et sur l'assistance d'une équipe pédagogique qui l'accompagne dans son apprentissage. Leur développement sur des terrains très divers semble répondre à une évolution des demandes et des besoins à la fois sur les plans politique, social et culturel. Il convient donc de comprendre quels sont les éléments de changement qui expliquent en quoi les dispositifs d'autoformation constituent une réponse formative dans un environnement en constante transformation.

2.1 - L'évolution dans le monde du travail

Le Livre blanc sur l'éducation et la formation, publié par l'Union européenne (1995), relève la mondialisation et l'économie globale parmi les facteurs de bouleversement du monde du travail. Il s'agit désormais pour les entreprises de rester compétitives par le choix d'une production à haute valeur ajoutée. D'après ce rapport, cela implique d'élever en permanence le niveau de qualification des forces de travail, en réussissant une meilleure articulation entre formation initiale et formation continue.

Cette évolution est d'autant plus cruciale que la détaylorisation des organisations, analysée par P. Carré et M. Pearn (1992), conduit à décentraliser la direction et donc à transférer la prise de décision et la résolution de problèmes de la direction vers des opérateurs. Ce nouveau mode de gestion modifie les rapports sociaux dans l'entreprise, ce qui conduit à une structuration horizontale en unités indépendantes, c'est-à-dire à la création de petites structures flexibles et adaptatives, bien différentes des grands ensembles bureaucratiques. Ces petites unités sont porteuses de valeurs de responsabilité, d'initiative, de collaboration, à l'opposé des valeurs traditionnelles d'obéissance et de soumission (P. Carré, 1992, p.25). Cette interprétation est corroborée par H. Prévost (1994) qui note combien les changements organisationnels remettent en cause les anciens modes de travail. Désormais, face à la complexification des tâches, les organisations tentent de rendre les individus plus responsables et plus impliqués dans leurs environnements professionnels (*ibid.*, p.15).

Cette détaylorisation des organisations va donc de pair avec la recherche d'une force de travail plus autonome, responsable, polyvalente, prête au changement et donc plus flexible, capable d'articuler les tâches dans un travail d'équipe, de gérer des situations imprévues et d'imaginer, dans ce cas, des démarches innovantes pour résoudre les problèmes. A. Hasan (1997) confirme cette analyse en montrant combien, dans le monde professionnel, la nature des compétences demandées change, tout en élevant le seuil des compétences requises (*ibid.*, p.43). En revanche, il note combien cette demande de flexibilité semble, jusqu'à présent, aller de pair avec une précarisation des situations de travail, une réduction de la durée des contrats, un marché de produits plus volatils, des cycles de production réduits et, par conséquent, des changements de poste de travail plus fréquents dans le cours de la vie professionnelle de chaque individu.

2.2 - L'impact des nouveaux outils technologiques

L'acquisition d'équipements informatiques performants et le recours aux technologies, pour de très nombreuses tâches professionnelles et essentiellement pour l'information et la communication, constituent un autre des facteurs de bouleversement identifié par *Le Livre blanc sur l'éducation et la formation* (1995). Cette évolution tend à renforcer les conséquences de la détaylorisation. "L'homme passe d'une ère où la puissance musculaire était l'atout majeur à une ère où l'intelligence domine" (H. Prévost, 1994, p.15). L'introduction massive des technologies participe donc non seulement de la transformation du rapport homme/machine et donc du profil de qualification des personnes, mais aussi du bouleversement des structures organisationnelles (B. Nyhan, 1991, p.16). Par conséquent, il s'agit de maîtriser l'utilisation des outils technologiques en restant en phase avec leur évolution à la fois rapide et continue, tout en modifiant les représentations liées au rapport au savoir, à l'apprentissage et aux processus d'acquisition des savoirs. Dans le monde du travail, la nécessité d'une plus grande flexibilité se trouve ainsi liée au report vers l'individu de la responsabilité d'entretenir sa qualification de manière permanente.

2.3 - L'individu : sujet et acteur

Le système social semble compenser la massification de la production post-industrielle et l'anonymat exacerbé des mégalopoles par une surdétermination des individualités. De la personnalisation de biens comme la voiture ou le domicile à l'adaptation individualisée des voyages, prêts ou contrats d'assurance, le sur-mesure émerge après l'ère de la série, en même temps que les notions de qualité de vie et d'accomplissement personnel. L'individu anonyme semble pouvoir devenir sujet de sa vie privée et acteur dans son environnement social. Le slogan publicitaire *do it* d'une marque américaine est, en ce sens, aussi court que symbolique.

Le succès des dispositifs d'autoformation, sur cet aspect de la question, peut trouver deux interprétations opposées.

Dans la droite ligne d'une conception consumériste, l'autoformation peut se présenter comme une illustration des thèses de G. Lipovetsky (1983) pour qui la modernité draine avec elle une lame de fond qui partout "substitue la communication à la coercition, la jouissance à l'interdit, le sur-mesure à l'anonymat, la responsabilisation à la réification et qui partout tend à instituer une ambiance de proximité, de rythme et de sollicitude libérée du registre de la Loi" (*ibid.*, p.25). En tant que pratiques sociales, l'éducation et la formation peuvent se faire les relais de cette ère du vide en démultipliant les possibilités de choix et en accroissant ce que l'auteur appelle "la liberté combinatoire" des individus. Or, cette forme de séduction outrancière a un prix : un désinvestissement social massif qui se caractérise par une "désaffection des grands systèmes de sens et (un) hyper-investissement du Moi" (*ibid.*, p.75). Si, à son niveau, l'autoformation peut encourager cet "individualisme illimité et hédoniste" (*ibid.*, p. 119), elle porte également en elle de plus féconds ferments.

Dans une perspective plus proche des valeurs humanistes évoquées précédemment, l'autoformation peut tout aussi bien contribuer à l'émergence de nouveaux modes d'être. Par l'acceptation de toutes les relations possibles à l'objet d'apprentissage qui est induit dans le terme même d'autoformation, cette modalité, nouvelle en contexte institutionnel, s'ouvre sur des perspectives novatrices de relation à l'autre sur le terrain pédagogique. Il ne s'agit plus alors de personnaliser une formation pour séduire une clientèle, mais de donner les moyens à chaque personne d'acquérir des savoirs, tout en intégrant également les outils cognitifs qui permettent leur actualisation constante. Cette double appropriation conduit à un partage des pouvoirs entre instances de formation et publics et, par conséquent, à des pratiques sociales de formation innovante. On peut se demander si celles-ci ne devraient pas permettre d'offrir à chaque personne (politique, formateur, usager) une place à part entière dans le sous-système social de la formation, mais aussi, par transferts, inter- et rétroactions, dans l'ensemble du système social.

Chaque personne acquiert un statut de sujet par le rapport réflexif qu'elle entretient avec sa propre activité intellectuelle (l'apprentissage) et par le rapport coactif qu'elle noue avec les autres (responsables, formateurs, pairs). Le discours pédagogique devient une parole échangée entre des personnes qui instituent entre elles "une relation de parité ontologique" (G. Lerbet, 1992, p. 80). La notion de sujet n'est plus, dans ce cas, "ce principe suspendu au-dessus de la vie sociale" (A. Touraine, 1995, p.30). Elle devient un vécu qui ouvre, pour chaque personne, un champ possible d'auto-formation. On dépasse ainsi largement les contenus en donnant à l'action pédagogique une nouvelle dimension sociale et politique. Dans un environnement ouvert, organisé avec des publics non-captifs, chaque personne érigée en sujet de sa formation peut devenir acteur dans la formation des autres. C'est dans cette réappropriation paradoxale d'un espace d'action collective par une approche *a priori* individualisante que peut se jouer une "réintégration du monde" (*ibid.*, p.36). Plus modestement, dans le domaine pédagogique, une telle perspective peut contribuer à promouvoir des modes de pensée conjonctifs, dirait E. Morin, intégratifs, dirait A. Touraine. Il s'agit de rompre avec des modèles d'action et d'échanges (apprendre, enseigner, former, instruire, expliquer) qui ne conviennent pas de la même manière à tous. Et ce, afin de permettre à chaque personne de développer une activité et une réflexion qui, pour elle, a du sens, tout en lui donnant les moyens de continuer à s'auto-produire, selon les termes d'E. Morin (1977).

Le développement des dispositifs d'autoformation pourrait n'être qu'un effet de mode, porté par cette lame de fond amplement analysée par G. Lipovetsky (1983). Mais il est possible également que de tels dispositifs répondent à un besoin social prégnant, dans un univers culturel qui tend à rompre avec les représentations positivistes (J-L. Le Moigne, 1994) et qui doit négocier avec une nouvelle perception du monde fondée sur la complexité, l'inachèvement et l'incomplétude (E. Morin, 1990).

2.4 - Conséquences pour la formation

Dans un monde en constante mutation, produits, compétences et savoirs deviennent de plus en plus rapidement obsolètes (L. Porcher et F. Mariet, 1976 ; A. Hasan, 1997), les savoirs professionnels suivent les mêmes processus, l'évolution du travail exige la rénovation des contenus, mais aussi celle des modalités de formation. Or, aujourd'hui, les organisations sont dans l'impossibilité budgétaire de prendre en charge les besoins de formation permanente sous forme de stages ou de cours en présentiel car, d'après les responsables d'entreprises, aux coûts de la formation s'ajoutent les surcoûts dus aux déplacements et aux absences sur les lieux de travail. De plus, les formations traditionnelles ne semblent pas pouvoir couvrir l'ensemble des besoins de qualification des personnels

(P. Carré et M. Pearn, 1992, p.12). Une partie de la responsabilité de formation est désormais dévolue à la personne qui doit savoir gérer sa compétence, s'adapter aux évolutions constantes des marchés, des demandes, des outils utilisés (*ibid.*) dans sa vie professionnelle comme dans sa vie privée.

2.4.1 - *Les conditions de la formation ont changé*

Les organismes de formation doivent donc tenir le pari qui consiste à mettre en place des formations plus efficaces, plus courtes et moins coûteuses à un moment où le temps de formation est de plus en plus lié au temps de travail. En effet, comme le souligne A. Hasan (1997), il s'agit d'allier les temps de production et les temps d'apprentissage de façon à ne pas réduire les périodes d'activité économique productive (*ibid.*, p.43). Cela pour deux raisons principales. La première est d'ordre démographique et social, dans la mesure où l'amélioration de la loi sur l'éducation prolonge le temps de la formation initiale. Ce constat, couplé à l'amélioration de la santé qui prolonge la durée de vie, fait que l'activité d'un individu sur le marché du travail est de plus en plus concentrée au milieu de sa vie. Cette première raison a pour corollaire une seconde d'ordre économique selon laquelle, en l'état de nos connaissances et de nos analyses, le poids des coûts sociaux incombe à un nombre plus restreint de personnes. Les organisations attendent donc des personnes actives la plus grande productivité possible sur les marchés économiques.

2.4.2 - *Les préconisations européennes*

Le *Livre blanc sur l'éducation et la formation* (1995) formule des encouragements et propose des actions de soutien à l'échelle européenne pour l'acquisition de connaissances nouvelles . Parmi ces actions figurent la reconnaissance de compétences-clés, une approche plus souple de la certification, la création d'accréditations, une facilitation de la mobilité des étudiants et un soutien important à la conception de logiciels éducatifs multimédias. Il s'agit de développer des approches élargies des savoirs qui puissent permettre à l'individu d'affirmer son autonomie et de s'adapter aux changements. L'apprentissage de trois langues communautaires appartenant à des groupes de langues différents est en outre préconisé par l'Union Européenne.

La maîtrise de connaissances de base par le plus grand nombre est déclarée comme une nécessité de plus en plus déterminante pour le progrès social et économique. A la révolution dans le domaine de l'information, les instances européennes ajoutent le besoin impérieux de participer à construire une société apprenante (A. Hasan, 1997, p.42). Les publications de la commission d'experts d'Eurotecnet (B. Nyhan, M. Pedler, M. Pearn et S. Downs, P. Docherty) posent le problème des liens entre les changements dans le travail et la nécessité de l'autoformation ; problème abordé sous différents angles : technologique, organisationnel, communicationnel, relationnel. Pour B. Nyhan (1991), le défi de la formation consiste à créer, dans l'environnement des travailleurs, les conditions grâce auxquelles ils vont apprendre par eux-mêmes.

2.4.3 - *Des pratiques de formation pour de nouveaux besoins sociaux*

Le monde du travail est aujourd'hui en train de définir toute une gamme de compétences transversales considérées comme indispensables pour obtenir un emploi et avoir la flexibilité requise pour s'adapter aux besoins changeants du travail (A. Hasan, 1997, p.39). Dans un tel contexte, les formations doivent être en mesure de donner aux personnes les moyens d'acquérir les capacités valorisées dans le monde du travail et de l'emploi, de façon à donner à chacun les chances de rester le pilote de sa propre vie.

Sur cet aspect, un certain nombre d'auteurs partagent un point de vue consensuel. P. Carré (1992) résume différentes recherches qui pointent la nécessité de développer des compétences transversales (*ibid.*, p.26), c'est-à-dire des capacités méthodologiques et comportementales liées au travail d'équipe, à l'adaptation au changement, au perfectionnement permanent. Par ailleurs, cet auteur liste un certain nombre de capacités identifiées comme nouvelles : la créativité, la flexibilité, le sens de la responsabilité, du travail d'équipe, la capacité à apprendre, à être autonome, à auto-diriger son travail (*ibid.*, p.26). Il cite O. Bertrand et T. Noyelle (*ibid.*, p.27) pour ajouter cinq modifications dans les capacités attendues : travailler dans un environnement instable et en changement perpétuel, traiter des problèmes abstraits et exceptionnels, prendre des décisions et des responsabilités, développer des compétences au travail en groupe interactif et des capacités à élargir ses horizons spatio-temporels pour intégrer les nouvelles donnes. Par ailleurs, H. Prévost (1994, p.16) évoque les compétences à apprendre, à créer, à anticiper, comme autant de compétences déterminantes qui permettent à l'individu de maîtriser sa carrière. En outre, la communication, le multilinguisme, la résolution de problèmes et la familiarité avec les nouvelles technologies sont autant de champs de compétences mis en valeur par les publications de l'Union européenne.

Par voie de conséquence, ces nouveaux besoins entraînent de nouvelles pratiques de formation. En effet, le stage monolithique, selon l'expression de H. Prévost (1994), s'avère inadapté. La combinaison de la détaylorisation des organisations et l'impact des technologies dans l'individualisation des modalités de formation ouvrent la voie vers l'autoformation. Dans cette perspective, "la désignation du dispositif de formation (...) s'élargit et se structure autour d'apprentissages visant des compétences qui correspondent aux projets collectifs ou individuels" (*ibid.*). C'est, en partie, ce qui fait dire à J. Dumazedier (1995, p.32), que l'intérêt actuel pour l'autoformation est " la conséquence de la modernisation et de la démocratisation" de notre société.

2.4.4 - *L'autoformation : une ingénierie de l'incertitude ?*

Dans un tel contexte, les dispositifs d'autoformation semblent présenter un certain nombre d'atouts qui peuvent expliquer leur succès. Ils répondraient en effet à l'hétérogénéité des publics (âge, compétences, expériences, modes de vie, projets), aux demandes de formation selon les besoins et objectifs de chaque personne, ainsi qu'aux situations de formation dans des cadres spatio-temporels diversifiés. Par ailleurs, leur flexibilité potentielle permettrait de combiner des modalités de formation diversifiées selon les situations, formation que J. Perriault (1996) qualifie d'hybrides : présentiel sous forme de stages ou de cours, distance par le biais de technologies (téléphone, télécopie, minitel, visiotransmission, courrier électronique), semi-distance ou semi-présence au centre de ressources.

L'autoformation est une modalité qui semble mieux s'adapter aux exigences d'autonomie, de responsabilité, de réflexion critique et d'auto-évaluation pour un apprentissage permanent. *A fortiori*, si l'on s'appuie sur l'hypothèse systémique de développement des organisations, selon laquelle les acteurs qui se comportent d'une manière créative, responsable et active, contribuent à l'évolution de l'organisation (M. Kemp, cité par P. Carré, 1992, p.29). La centration sur la personne, possible dans de tels dispositifs, peut contribuer à la mise en place d'organisations plus flexibles et plus ouvertes, adaptées à un environnement en constante évolution.

Le développement des pratiques d'autoformation, corrélé à celui des centres de ressources sur les lieux de travail, d'étude, mais aussi dans des espaces sociaux ouverts (centres culturels, bibliothèques et médiathèques), pourrait contribuer à l'avènement d'une société apprenante. Ce projet pourrait voir son plein aboutissement avec le développement de services conviviaux et accessibles sur Internet. Ce projet ainsi matérialisé correspond aux espoirs d'intellectuels tels que J. Dumazedier, B. Schwartz ou G. Pineau, mais également aux recommandations de l'Union européenne (1995) et aux vœux de nombreux citoyens de la Communauté.

Après de tels constats, il est difficile de ne pas admettre à quel point l'organisation des structures économiques et sociales influence l'avenir immédiat des structures d'enseignement et de formation. Comme le soulignent P. Carré et M. Pearn (1992, p.12), il y a, aujourd'hui, remise en question des modalités classiques de formation dominées par la figure du formateur détenteur du savoir, inscrites dans la triple unité de temps, de lieu et d'action et centrées sur des programmes préétablis. M. Knowles (1973, p.177 et 178) cite trois sources qui, dès 1931, abondent dans le sens de cette analyse. A cette époque, A. Whitehead remarquait déjà qu'il n'était possible de défendre l'éducation comme un simple processus de transmission du savoir que lorsque la durée des principaux courants culturels dépassait la durée de vie des individus. De son côté, en 1971, D. Schön remarque dans *Beyond the Stable State* que les institutions éducatives ont été créées dans le contexte stable du siècle dernier et que leur fonction étaient de maintenir cette stabilité. Aujourd'hui, la situation est extrêmement différente : face à une perpétuelle instabilité, chaque personne doit apprendre à négocier avec ces mutations et l'habitude de l'apprentissage permanent est devenue nécessaire. En 1972, la Commission Internationale pour le Développement de L'Éducation de l'UNESCO montrait qu'il était nécessaire de dépasser le concept d'éducation limitée dans le temps (âge scolaire) et dans l'espace (établissements). Elle développait alors l'idée de l'éducation comme processus continu dans la vie d'un individu. Il s'agit là d'un composant fondamental de l'activité éducative générale qui exige des modèles souples et diversifiés de formation.

Dans ces conditions, comme le préconisent P. Carré et M. Pearn (1992, p.12), il est indispensable que les formations s'orientent vers des pratiques différentes reliant davantage l'apprendre et le faire : responsabilisation et autonomisation des sujets, intégration de la formation au quotidien, exploitation pédagogique des nouvelles technologies, rupture des trois unités (temps, lieu, action), valorisation de la formation informelle, formations négociées et non plus (hétéro)dirigées, utilisant plusieurs médias, lieux et méthodes.

La création de centres d'autoformation en langues semble constituer une réponse à ces nouveaux besoins à la fois individuels et sociaux. En effet, leur développement repose sur les nécessités d'un apprentissage comme processus permanent, individuel et personnel ; "un processus d'investigation active dont l'initiative revient à l'apprenant" (M. Knowles, 1973, p.182). Il repose également sur des centres de ressources, pivots des dispositifs, qui mettent à la disposition de chaque apprenant des outils de formation, sur des supports variés, parmi lesquels les technologies, dites nouvelles, se trouvent banalisées. Ce phénomène tendrait à aller dans le sens de l'émergence des nouvelles lignes de force repérées par P. Carré (1992, p.34) : la dé-stagification, l'individualisation, l'autonomisation et la responsabilisation des sujets apprenants.

L'intérêt actuel pour les dispositifs d'autoformation n'est donc pas dû au hasard ou à un seul effet de mode, il résulte de la convergence de facteurs extrêmement divers. Selon les termes de H. Prévost (1994), "après des années (passées) à offrir des produits de formation standard, les concepteurs de programmes et les formateurs tentent d'inverser cette logique pour répondre aux demandes particulières. Ce développement des organisations pédagogiques (...) s'ouvre vers de nouvelles finalités de la formation (...) En effet, en posant la problématique d'une formation adaptée à son environnement socio-économique, chaque acteur associé à cette démarche se projette dans un futur qu'il contribue à construire" (*ibid.*, p.15).

CHAPITRE 2

L'autoformation :
une diversité d'approches théoriques

L'importance et l'hétérogénéité de la production écrite dans le champ de l'autoformation, ainsi que la double interrogation qui porte cet ouvrage, se reflètent dans l'organisation de ce chapitre en deux grandes parties. Il s'agit de repérer les définitions du concept d'autoformation dans les productions théoriques du champ, puis les caractéristiques qui sont attribuées à l'apprenant. C'est ainsi une manière de vérifier s'il existe des effets de résonance entre les théories de l'autoformation et les pratiques développées dans un contexte institutionnel[3] d'une part, puis entre la vision théorique de l'apprenant et les caractéristiques que les personnes interrogées laissent apparaître d'elles-mêmes[4] d'autre part.

1 - LE CHAMP DE L'AUTOFORMATION : CHANTIER OU GALAXIE ?

Le champ de l'autoformation est tantôt caractérisé comme un chantier (G. Pineau, 1995), laissant penser qu'il s'agit là d'un domaine en train de se constituer, dans lequel les différentes pratiques, travaux de recherche et de conceptualisation se développent et s'accumulent dans un désordre apparent pour le néophyte. Tantôt, il est caractérisé comme une galaxie (P. Carré, 1995), suggérant l'existence et l'organisation intrinsèque d'un vaste champ de pratiques et de recherches groupées autour d'axes fédérateurs et dynamiques. Une galaxie qui comporte autant de "planètes notionnelles plus ou moins éloignées les unes des autres, plus ou moins compatibles, voire contradictoires, reliées par leur attirance commune pour le thème de l'autonomie en éducation" (*ibid.*, p. 41).

Cette partie du second chapitre vise à situer la recherche qui est à l'origine de cet ouvrage dans un continuum de travaux existants, tout en apportant une clarification de la terminologie employée. Pourtant, l'étendue

---

[3] Cf. Chapitre 4 du présent volume.
[4] Cf. Chapitre 5 du présent volume.

du champ de l'autoformation est tel qu'il contraint à délimiter le domaine dans lequel s'inscrit cette réflexion.

1.1 - L'autoformation en France : repères diachroniques et définitions

Nombre d'auteurs font remonter très loin dans le temps l'origine de la notion d'autoformation. La lignée naît avec Socrate et la maïeutique, relayé par Saint Augustin, puis Montaigne, Descartes, Rousseau, Kant et surtout Condorcet dont la pensée à été réhabilitée par J. Dumazedier (1994) lors du bicentenaire d'une autre révolution, celle qui fut proposée à l'Assemblée législative, en 1792, dans le *Rapport et projet de décret sur l'organisation générale de l'Instruction Publique*. S'il est vrai qu'il n'y a pas de formation sans autoformation, et s'il est vrai que l'apprentissage est un fonctionnement vital de l'être, l'origine de l'autoformation plonge dans la nuit des temps. Cette réflexion se situe donc dans un champ polymorphe, inscrit dans une tradition humaniste à la recherche d'une perfectibilité de l'homme au cours de sa vie.

1.1.1 - Quelques repères diachroniques

Les recherches qui rendent compte de phénomènes tels que l'autodidaxie populaire ou l'autoformation comme acception globale pour des pratiques d'apprentissage par soi-même avec ou sans les autres, en dehors des instances traditionnelles de formation ou avec elles, sont aussi révélatrices de leur époque que les pratiques elles-mêmes. Une lecture rapide des grandes étapes qui ont marqué la réflexion sur l'autoformation en France, sans intention d'exhaustivité, contextualisent cet ouvrage dans la continuité d'un ensemble de travaux, dans laquelle il cherche à s'inscrire.

1.1.1.1 - L'autoformation : versant positif d'une société des loisirs

En France, c'est dans les années soixante que J. Dumazedier mène ses travaux sur le loisir et le développement culturel. Pour ce sociologue, le temps libéré par une diminution des contraintes professionnelles ne peut que favoriser l'autoformation permanente propre à la personne. Durant toute cette période, les différentes modalités d'autoformation semblent liées à des projets de formation et d'éducation populaire. Le temps libéré conduit une partie de la population, qui n'a pas ou peu accès à l'hétéroformation diplômante, à s'organiser en réseaux. Ceux-ci sont reliés à des organismes tels que des associations (*Peuple et Culture, Amicale Franco-espagnole,* etc.), des partis politiques ou des syndicats qui proposent des temps de

Une diversité d'approches théoriques

formation formels (cours, conférences) ou moins formels (discussions, expositions).

1.1.1.2 - La prise en compte des caractéristiques individuelles

En 1972, B. Schwartz publie *L'éducation demain*, aboutissement d'une expérience menée à l'École des Mines de Nancy entre 1957 et 1972. Directeur de l'École durant cette période, il instaure pour tous les étudiants un mi-temps de travail personnel dans le cadre d'une démarche auto-dirigée basée sur une pédagogie du choix et du contrat. Dans son ouvrage, il définit le concept d'autoformation assistée dans le cadre de la formation permanente et rend compte d'un dispositif qui reconnaît les compétences acquises hors institution par des adultes insérés dans la vie active (unités capitalisables).

Parallèlement, le *Centre de Recherche et d'Application Pédagogique en Langues* (CRAPEL)[5], fondé à l'Université Nancy II, conceptualise et opérationnalise la notion d'auto-direction de l'apprentissage, en partie importée de la recherche anglo-saxonne.

Au sein de l'*Association nationale pour la Formation Professionnelle des Adultes* (AFPA), c'est en 1973 qu'apparaissent, d'après H. Prévost (1994, p.19), les termes d'enseignement personnalisé. Ils sembleraient indiquer une prise en compte des caractéristiques individuelles liée à des préoccupations pédagogiques et à des pressions de l'environnement. En effet, la mise en place de dispositifs appropriés "coïncide avec l'introduction de nouvelles technologies éducatives mais aussi avec le devoir pour l'institution d'intégrer un public en difficulté dans un dispositif mal adapté pour le recevoir" (*ibid.*).

En 1974, lorsque J. Dumazedier ouvre la première chaire de la Sorbonne (Paris V) consacrée à la sociologie de la formation des adultes, "l'autodidaxie (est) traitée comme un phénomène à part, mineur, englobé dans les échecs scolaires produits dans les classes défavorisées" (*ibid.*, 1993, p.5). L'autoformation n'émerge pas encore en tant que pratique potentiellement instituable.

1.1.1.3 - La constitution progressive d'un champ de recherche

En 1983, la publication de l'ouvrage *Produire sa vie* est, pour G. Pineau, l'aboutissement d'une réflexion sur l'autoformation comme démarche ontologique. Pour l'auteur, le champ de l'autoformation est à ce

---

[5] Les contenus des sigles sont donnés une première fois dans le corps du texte. Par la suite, le sigle est employé seul. Il est possible, en cours de lecture de se reporter à l'annexe 1.

moment-là "un champ morphogénétique (en) émergence", un "champ embryonnaire (constitué) d'un foyer organisationnel - l'*autos* - qui se formerait lui-même en formant par lui-même les conditions nécessaires à sa formation" (*ibid.*, p.114).

C'est en 1985, d'après P. Galvani (1991), qu'apparaissent les *Ateliers Pédagogiques Personnalisés* (APP), lieux-ressources inspirés du modèle québécois. Ils s'inscrivent dans le dispositif national d'insertion sociale et professionnelle et s'appuient sur "l'autoformation à partir d'outils mis à disposition", sur "le soutien personnalisé assuré par des formateurs et personnes ressources", ainsi que sur "la signature d'un contrat d'objectifs entre le jeune et la structure support de l'APP" (Cahier des charges annexé à la circulaire du 13 mars 1986, p.1, cité par P. Galvani, 1991, p.70). H. Prévost (1994) repère une note d'orientation sur la formation modulaire datant de 1986 qui demande "un rapprochement des formations avec les référentiels d'entreprise" afin de multiplier les réponses face à un contexte changeant. "Faute de quoi, le risque serait de voir mourir un appareil de formation, incapable de répondre aux sollicitations extérieures" (*ibid.*, p.19).

À l'exception de l'expérience menée par B. Schwartz à l'École des Mines et de celle du CRAPEL à l'université, l'autoformation, dans les années 70-80, reste liée à la recherche de solutions de formation pour des publics en difficulté ou faiblement qualifiés. Mais le rapprochement toujours plus effectif entre le monde du travail et celui de la formation initiale et continue, le développement de l'individualisation et celui des centres de ressources, facilité par la production à moindre coût de technologies performantes, contribuent à favoriser l'essor de l'autoformation comme pratique instituée.

1.1.1.4 - Une autoformation qui tend à s'instituer

Le début des années 90 a vu la mise en place d'un réseau dépendant du Ministère de l'Éducation Nationale, un groupe de recherche et une association. Le *Réseau Universitaire des Centres d'Autoformation* (RUCA), crée en 1987 par le Bureau de la Formation Professionnelle et de la Formation Permanente du Ministère de L'Éducation Nationale, se dote d'une charte en 1991. Le *Groupe de Recherche sur l'Autoformation en France*, (GRAF) est fondé en 1992, à l'Université de Tours, regroupant divers chercheurs français. *Le RAssemblement NAtional des Centres de Langues de l'Enseignement Supérieur* (RANACLES) est créé en 1992 et regroupe les personnes qui tentent de promouvoir les pratiques d'autoformation en contexte institutionnel, notamment universitaire.

L'ensemble des courants de l'autoformation, au sens large du terme, répond à l'interrogation qui concerne la formation permanente des adultes sortis du circuit scolaire. Pour reprendre l'analyse de G. Pineau (1985), l'autoformation joue un rôle d'interface entre l'hétéroformation (l'action des autres) et l'écoformation (l'action de l'environnement) (*ibid.*, p.25).

Dans un numéro de la revue *Éducation*, consacré à l'autoformation, C. Étévé (1995, p.27) montre qu'il s'agit là d'une préoccupation partagée par de nombreux pays dans le monde, de l'idée d'éducation permanente tout au long de la vie (*life long education*) des pays anglo-saxons à l'idée d'autogestion de l'aspect éducatif développé par le socio-philosophe tchèque A. Richta. Chacun de ces mouvements tend à développer l'idée d'une société qui pourrait donner à chaque individu les moyens de continuer à apprendre et à se développer durant "cette période de vie où il n'aura plus de maître pour le guider" (A. Richta, 1967, cité par C. Étévé, 1995, p. 27).

La nouveauté sociale, qui consiste à insérer l'autoformation dans les parcours d'une formation instituée et qualifiante, se matérialise véritablement dans les années quatre-vingt-dix. Le développement important de tels dispositifs dans les universités, les *GRoupements d'ÉTAblissements* (GRETA), les entreprises, ainsi que l'élargissement des services rendus par les bibliothèques municipales et les quelques expériences menées dans des lycées et écoles supérieures, tendent à montrer qu'une nouvelle étape est atteinte. Une étape dans la prise en compte des temps de travail autonome, mais aussi, peut-être, dans l'importance de la prise en main de la formation par le sujet lui-même.

1.1.2 - Quelques repères terminologiques

Dans ce champ de recherche nouvellement constitué, la terminologie révèle un certain flou des contenus conceptuels auxquels se réfèrent des termes tels que "autoformation", "autodidaxie", "individualisation" et "autodirection". En prenant appui sur les travaux de chercheurs dans ces domaines, il est possible de distinguer un certain nombre de pratiques sous-tendues par chacune de ces notions.

1.1.2.1 - Autoformation ou autodidaxie

Dans de nombreux textes publiés, les termes autoformation et autodidaxie sont souvent employés comme s'ils renvoyaient strictement aux mêmes types de pratiques. On les trouve parfois accolés, semblant traduire ainsi un concept unique. Il arrive encore que l'un des deux termes se trouve adjoint d'un préfixe ou d'un adjectif qualificatif comme pour souligner l'une des dimensions de sa définition implicite. Ainsi le terme "néo-autodidaxie" est introduit par G. Le Meur (1996, p.197) pour identifier les pratiques autodidaxiques des "cadres-maisons" qui ont commencé leur carrière avec un Certificat d'Aptitude Professionnelle (CAP). G. Pineau (1983) propose d'appeler "autodidaxie pure" (*ibid.*, p.44), celle que G. Le Meur (1993) qualifie "(d')autodidaxie indépendante" (*ibid.*, p.37) ; "(l')autoformation" dite "intégrale" est alors mise en équivalence avec "(l')autodidaxie" (G. Le Meur, 1996, p.202). La confusion augmente encore lorsque l'on sait que le terme anglo-saxon le plus fréquemment utilisé est *self-directed learning*, traduit en français soit par "autodidaxie", soit par "autoformation", soit, de façon littérale, par "apprentissage auto-dirigé". Or, en France, l'apprentissage auto-dirigé relève de pratiques pédagogiques particulières, très différentes de l'autodidaxie.

La question est de savoir quels termes sont employés pour se référer aux cadres conceptuels de référence et aux pratiques concrètes. Il s'agit, en effet, de circonscrire des champs de recherche différenciés et des domaines d'expérimentation pédagogique en adéquation avec un public donné. Même si nombre d'auteurs ont déjà fustigé ce "flottement", voire cet "imbroglio terminologique" (N. Tremblay, 1986, p.14-15), même si l'on reconnaît que l'autoformation "souffre encore de son imprécision et de la multiplicité de ses acceptions" (P. Carré, 1996), il n'y a pas eu, jusqu'à présent, de consensus explicite. Deux pistes de différenciation semblent, cependant, émerger des travaux publiés : une piste historico-sociologique qui reste proche de l'étymologie des termes et une piste que l'on pourrait qualifier de pragmatique qui prendrait davantage en compte les différences existantes aujourd'hui dans les pratiques, indépendamment de leur historicité.

En France, la première piste est celle ouverte par J. Dumazedier (1978). Il explicite une différence qui s'inscrit dans une perspective à la fois historique et sociologique. Pour lui, l'autodidaxie est "née d'un manque de scolarisation primaire ou secondaire et d'une compensation de ce manque par une acquisition de connaissances et d'aptitudes nouvelles grâce à l'étude volontaire" (*ibid.*, p.12). L'autodidaxie serait donc une pratique propre aux personnes qui ont échappé ou qui n'ont pu accéder à la scolarisation. Si l'on s'en tient à cette définition, l'autodidaxie serait aujourd'hui une pratique très minoritaire, inscrite plutôt dans l'histoire des classes populaires.

C'est dans cette perspective que J. Dumazedier définit l'autoformation comme "un produit d'une formation post-secondaire qui, devant les limites de l'éducation scolaire de masse dans notre société mutante, invente une forme nouvelle de formation" (*ibid.*). Elle "peut être indépendante, (...) assistée, orientée ou guidée en partant d'une formation scolaire ou institutionnelle initiale ou auxiliaire" (*ibid.*). L'autoformation définie par J. Dumazedier est donc la pratique contemporaine de l'apprentissage "par soi-même". Cette pratique pouvant entrer en interaction avec les modalités proposées par les instances traditionnelles de formation pour lesquelles l'autoformation constituerait l'une des pratiques développées grâce à des "experts-consultants" (*ibid.*, p.13). Ainsi, pour cet auteur, l'autodidaxie serait une pratique révolue, liée à une société industrielle qui excluait les classes populaires des formations réservées à une élite sociale. Aujourd'hui, les conditions des formations initiale et continue ayant changé, l'autoformation pourrait davantage être interprétée comme une pratique annonciatrice d'une société éducative (*ibid.*), signe d'un changement profond, à la fois social, économique et culturel.

Pour d'autres chercheurs, en revanche, la différenciation se fait dans la dimension pragmatique de l'accès à la formation. Pour N. Tremblay (1986) par exemple, la question ne semble se poser ni en termes d'historicité, ni en termes de lutte des classes. Selon elle, "l'autodidaxie a existé à toutes les époques et dans toutes les couches sociales" (*ibid.*, p.7). Ce phénomène se rapporte aux pratiques de formation des "adultes (qui) choisissent d'apprendre seuls dans diverses circonstances et pour diverses raisons" (*ibid.*) et qui "opèrent en toute liberté dans la conduite de leurs projets éducatifs" (*ibid.*, p.15). G. Pineau (1983) renforce cette définition en soulignant que dans "l'autodidaxie pure", il s'agit d'une "instruction par soi sans l'aide d'enseignant, mais aussi sans lien avec le système d'enseignement, en utilisant seulement les ressources de l'environnement" (*ibid.*, p.44).

Pour sa part, P. Carré (1996) signe deux définitions du *Dictionnaire Encyclopédique de l'Education et de la Formation*, en s'appuyant sur les travaux de N. Tremblay et sur ceux de C. Fossé-Poliak. Il insiste particulièrement sur le caractère non-institutionnel des apprentissages autodidaxiques qu'il englobe dans l'ensemble des pratiques d'autoformation. Il donne de l'autodidaxie une définition large qui couvrirait "les pratiques de formation réalisées pour tout ou partie 'par soi-même', par opposition aux formations réalisées 'par d'autres'" (*ibid.*, p.95-97).

Il semble donc que l'emploi du terme autoformation cherche à fédérer l'ensemble des pratiques dans lesquelles le sujet est acteur de sa propre formation. Afin d'expliciter les différences conceptuelles, la recherche d'indicateurs pourrait se faire en se focalisant sur des aspects tels que le développement des pratiques (isolé ou en groupe), en dehors ou avec l'aide d'une institution. L'autodidaxie figurerait alors comme un extrême dans le continuum des pratiques d'autoformation ainsi repérées.

1.1.2.2 - Autoformation et individualisation de la formation

On trouve les mêmes difficultés de positionnement dans la littérature entre les termes autoformation et individualisation. Certains auteurs regrettent leur usage synonyme (P. Carré, 1991, p.191). Dans certains cas, les différences semblent nettes lorsque l'individualisation est liée à l'organisation, à l'intérieur de centres de formation ou de dispositifs que l'apprenant est en mesure d'utiliser seul (P. Galvani, 1991, p.55). Selon cette interprétation, il s'agirait d'une modalité d'organisation de la formation. Le formateur est amené à "organiser les informations" dans un dispositif ingénierique qui permet à l'apprenant de développer des "situation(s) d'apprentissage solitaire" (*ibid.*, p.52), en dehors de sa présence physique.

Pourtant, d'autres auteurs comme H. Prévost (1994) tentent de montrer que "l'individualisation n'est pas l'individualisme" (*ibid.*, p.13) et que s'il est possible de caractériser l'individualisation "par le fait qu'elle cherche à adapter son produit à l'individu" (*ibid.*, p.28), il n'en reste pas moins réducteur de la muer en "machine inhumaine (engluée) dans une procédure mécaniste" (*ibid.*). En effet, cet auteur montre qu'il est possible de voir aussi dans l'individualisation "un mode de formation interactif" qui place l'apprenant dans une démarche autonomisante et socialisante, au cœur de "son environnement social et professionnel" (*ibid.*). Lorsque l'on sait que, pour l'auteur, "l'autonomisation est axée sur la prise en charge de la formation par l'apprenant" (*ibid.*), on voit à quel point l'on se rapproche de certaines définitions de l'autoformation. Reconnaissant lui-même cette proximité, l'auteur tente de trouver des spécificités et propose trois types de différenciation. Dans la première, l'individualisation est conçue comme une démarche institutionnelle qui prescrit "à partir de caractéristiques individuelles prédéterminées, la solution didactique appropriée" de façon "hétérostructurée". Il rattache cette interprétation à une "individualisation mécaniste" dont l'objectif principal est "la rationalité et la rentabilité de la formation" (*ibid.*, p.44). Dans la deuxième, "l'individualisation (est) prise au sens extrême de l'autoformation, comme une démarche permettant aux individus de se donner leur propre forme sans intervention extérieure" (*ibid.*). Dans la troisième, "l'individualisation (est une) (...) démarche intermédiaire où l'institutionnel élabore avec les individus et où les individus façonnent l'institutionnel" (*ibid.*, p.41). L'auteur appelle cette dernière modalité : " individualisation autonomisante" dont la finalité est "d'armer les individus pour apprendre et (...) faciliter leur insertion professionnelle". Cela supposerait de "prendre la formation dans son ensemble et de l'intégrer dans un projet de vie". Dans ce cas de figure, "l'objectif est d'accompagner l'individu à devenir plus responsable, plus actif, plus autonome dans sa vie sociale et professionnelle (...), l'objectif devient alors de tendre, en fournissant les moyens et les appuis méthodologiques, vers une formation autostructurée par la personne" (*ibid.*, p.45).

Il est difficile de suivre ce raisonnement dans l'opposition quelque peu dichotomique entre individualisation institutionnelle et individualisation autonomisante. De plus, on peut trouver un peu forcées les définitions données à l'individualisation, si proches, tantôt de l'autodidaxie, tantôt de l'autoformation. En revanche, le fait de placer l'individualisation au cœur de l'institution formative et l'effort réalisé pour démontrer que cette individualisation peut avoir l'autoformation pour finalité, sont deux aspects éclairants de son argumentation. L'individualisation apparaît alors comme une réponse en terme de parcours de formation et de moyens que l'institution met au service de l'individu. Quant à l'apprenant, il peut inscrire cette formation ponctuelle dans un projet à la fois plus large et plus personnel, un projet d'autoformation. Ainsi, les moyens pédagogiques que se donne l'institution par le biais de l'individualisation pourraient avoir l'autoformation comme finalité.

1.1.2.3 - Autoformation et apprentissage auto-dirigé

La confusion conceptuelle qu'entraîne la proximité de ces deux termes en français provient notamment de la diversité des traductions possibles du terme anglo-saxon *self-directed learning*. En effet, les travaux de divulgation en français des publications américaines contribuent, de ce point de vue, à renforcer les ambiguïtés. C'est le cas lorsque, par exemple, des travaux portant sur l'autodidaxie sont présentés comme étant des travaux qui concernent l'autoformation, alors que, parallèlement, dans d'autres publications, on définit ces pratiques comme différentes, même si elles relèvent du même champ.

Si nous excluons cette frange confuse, il est possible de remarquer que les termes auto-direction et auto-dirigé semblent employés, en français, pour désigner une caractéristique de l'apprentissage, quel que soit son contexte, mais aussi une pratique pédagogique précise. Un apprentissage auto-dirigé se définit comme un apprentissage organisé et contrôlé par l'apprenant, selon une finalisation qui lui est propre. En France, l'apprentissage auto-dirigé comme modalité de formation a principalement été conceptualisé et opérationnalisé par l'équipe du CRAPEL à Nancy II, depuis 1972. Pour H. Holec (1981), mettre en place un apprentissage auto-dirigé revient à donner les moyens à l'apprenant de prendre en charge certaines opérations qui étaient jusque là dévolues à l'enseignant (*ibid.*, p.7). L'auto-direction constitue alors un principe apte à orienter vers des réponses plus appropriées aux exigences d'une véritable centration sur l'apprenant. Ce dernier prenant de plus en plus d'opérations en charge, l'aide extérieure apportée par l'instance de formation peut aller en diminuant. Dès 1973, M. Cembalo et H. Holec définissent ce qui sera le cœur pédagogique du dispositif mis en place au CRAPEL. A l'intérieur d'une double préparation d'ordre psychologique et technique, l'apprenant est amené à définir ses objectifs, les conditions, le contenu, la méthode et procéder à cet apprentissage. Il s'agit donc pour l'usager de ce type de dispositif de se former à apprendre dans la double perspective d'acquisition de compétences données dans une langue étrangère et d'une plus grande autonomie dans les apprentissages.

1.1.2.4 - Proposition d'une classification

Ce travail de repérage diachronique et terminologique conduit à proposer une classification, illustrée par la figure 1, des différentes pratiques qui semblent être mises en œuvre derrière les choix terminologiques étudiés.

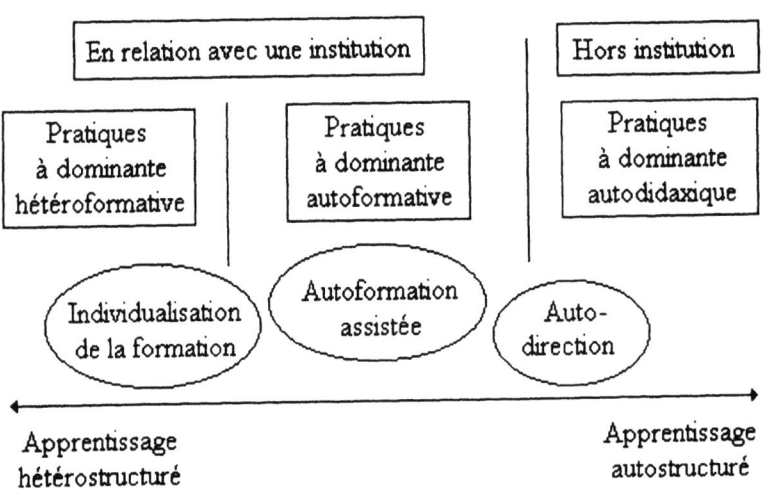

Figure 1 : Proposition de classification des pratiques autoformatives

Du haut du schéma vers le bas, la figure 1 met en valeur quatre niveaux interdépendants. Le lien avec les institutions apparaît tout d'abord, défini en deux positions dichotomiques (dans l'institution / hors institution). Viennent ensuite les types de pratiques telles qu'elles pourraient être définies dans un champ théorique (hétéro- / autoformatives, autodidaxiques), puis les grandes modalités de pratiques pédagogiques qui émergent des travaux cités (individualisation, autoformation assistée et auto-direction). Enfin, le degré de prise en charge de l'apprentissage par l'usager dans chacune de ces modalités, placé sur un axe qui relie les formes d'apprentissage les plus hétérostructurées et les formes d'apprentissage les plus autostructurées, deux notions développées par L. Not (1979) dans le domaine de l'éducation et par H. Prévost (1994) dans celui de la formation des adultes.

En ce qui concerne le lien avec le contexte institutionnel (ligne supérieure de la figure 1), la position peut être relativement tranchée car, soit un certain nombre de moyens sont proposés pour organiser la formation (entreprise privée, association ou institution publique), soit celle-ci est entièrement prise en charge, organisée, structurée par la personne elle-même en dehors de tout cadre et contrôle institutionnel.

La lecture des types de pratiques (ligne médiane supérieure de la figure 1) révèle une situation moins claire, et comme la répartition à l'intérieur de ces catégories conduit à des discussions selon les auteurs, le choix a été fait ici d'utiliser le terme modalisateur de "dominante". Ce choix contribue à mettre en évidence le fait que la pratique catégorisée est première, mais qu'elle peut comprendre d'autres pratiques de façon complémentaire et parfois conjointe. Les pratiques mises en valeur par les travaux publiés (ligne médiane inférieure de la figure 1), telles que l'individualisation, l'autoformation assistée et l'auto-direction, ont en commun de modifier les relations traditionnelles entre l'instance de formation et le sujet. Quant au degré de prise en charge de la formation par ce dernier (ligne inférieure de la figure 1), il ne peut être situé que sur un axe tendu entre une conception hétéro-structurée et une conception auto-structurée des apprentissages, en fonction de la description des projets ingénieriques et pédagogiques.

Cela dit, il est difficile de connaître exactement quels sont les usages réels, étant donné la complexité de l'intrication des facteurs en jeu.

1.2 - Un repérage des courants de l'autoformation en France

Dans la profusion des pratiques qui émergent de ce champ polymorphe et hétérogène, il est tout d'abord nécessaire d'expliciter les différentes approches classificatoires du champ, repérées à partir des typologies existantes. Il sera ensuite possible d'élaborer une synthèse qui tienne compte de ces propositions et de la position théorique adoptée dans cet ouvrage qui inclut la prise en compte de la place de la personne apprenante à l'intérieur de ces pratiques.

1.2.1 - Un ensemble de classifications des courants de l'autoformation

Depuis les années 90, le développement de l'autoformation est tel que plusieurs auteurs ont proposé des classifications, afin de rendre visible et de situer les unes par rapport aux autres les pratiques et les recherches produites.

P. Galvani (1991) propose une analyse en trois courants : bio-épistémologique, socio-pédagogique et technico-pédagogique. Pour cet auteur, les différentes conceptions de l'autoformation insisteraient sur l'une ou l'autre des trois dimensions décrites. Alors que le courant bio-épistémologique, principalement conceptualisé en France par G. Pineau, envisage l'autoformation comme un acte existentiel de la personne, le courant socio-pédagogique considère l'autoformation comme un fait social, selon les termes de J. Dumazedier, et le courant technico-pédagogique développe des pratiques d'individualisation de la formation. Dans un article ultérieur, P. Galvani (1995) rattache chacun de ces courants à un pôle de la formation : le courant bio-épistémologique, qu'il appelle alors bio-cognitif, est rattaché au pôle formation dans son sens étymologique de "(se) donner une forme" ; le courant socio-pédagogique est rattaché au pôle éducation qui désignerait "le développement des habitudes de conduite", c'est-à-dire à celui "de certains savoir-faire" (*ibid.*, p.37) ; par opposition au pôle instruction qui relèverait "strictement du champ des connaissances", pôle auquel viendrait se rattacher le courant technico-pédagogique.

Parallèlement, P. Carré propose plusieurs classifications. L'une, en 1991, comporte cinq catégories ; une deuxième, en 1992, propose sept grands courants ; enfin, sa dernière proposition, en 1996 et 1997, tente de faire la synthèse de l'ensemble des travaux précédents et propose une classification en cinq courants majeurs. Au fil de ces publications se construit le passage entre une recherche d'exhaustivité qui s'efforce de

Une diversité d'approches théoriques

prendre en compte la diversité des pratiques fédérées par le concept d'autoformation et une tentative de synthèse dans la recherche de regroupements ou de voisinages possibles entre certaines pratiques du champ. C'est ainsi que se construit "la nouvelle galaxie de l'autoformation" (P. Carré, 1996), une représentation graphique au titre métaphorique qui propose une illustration synthétique de cinq courants et des pratiques qui peuvent leur être plus ou moins proches. Entre ces trois propositions de catégorisations (1991, 1992, puis 1996-1997), il est possible de constater que certains courants de l'autoformation demeurent constants, alors que d'autres apparaissent ou s'organisent sous des appellations plus larges.

Les deux catégories toujours présentes dans les typologies de cet auteur semblent représenter les deux types de pratiques qui s'inscrivent de façon indiscutable et constante dans le champ de l'autoformation. Il s'agit, pour la première catégorie de la formation de soi en tant qu'"appropriation, par le sujet, de son propre devenir par un effort d'éducation permanente" (*ibid.*, 1991), qu'il nomme ailleurs l'auto-éducation permanente (*ibid.*, 1992). Dans ses dernières publications (*ibid.*, 1996 et 1997), l'appellation "autoformation existentielle" semble renvoyer au pôle bio-cognitif conceptualisé par P. Galvani (1991). La deuxième catégorie, qui ne semble pas prêter à discussion, est le courant de l'autodidaxie qui concerne les apprentissages hors institution (P. Carré, 1991), nommés successivement "pratiques autodidactiques" (*ibid.*, 1992) et "autoformation intégrale" (*ibid.*, 1996 et 1997). A cette deuxième catégorie pourrait venir se rattacher la formation expérientielle, dans la mesure où elle renvoie à "une façon de se former par contact direct, c'est-à-dire sans médiation" (*ibid.*, 1992).

En dehors de ces deux catégories, relativement clarifiées, le premier regroupement possible pourrait comprendre "l'autoformation sociale" qui, selon l'auteur, "renvoie à toutes les formes d'apprentissage réalisées par les sujets eux-mêmes, à l'extérieur du champ éducatif au sens strict, dans et par la participation à des groupes sociaux et en bénéficiant de formes de médiation diverses" (*ibid.*, 1997, p.22). En ce sens, "l'organisation (auto)formatrice ou apprenante" qui amène à concevoir l'espace de travail comme potentiellement formateur, le travail lui-même comme processus d'apprentissage, chaque occasion devenant une opportunité d'apprendre (*ibid.*, 1992) pourrait s'inclure dans ce dernier courant.

Le deuxième regroupement possible concerne "l'autoformation éducative" qui "recouvre l'ensemble des pratiques pédagogiques visant à développer et à faciliter les apprentissages autonomes, dans le cadre d'institutions spécifiquement éducatives" (*ibid.*, 1997). En ce sens, la catégorie que l'auteur a appelée "l'activité de l'apprenant (*self-learning*)" (*ibid.*, 1991) en tant que "comportements de prise en charge active de certaines séquences", telles qu'on peut les trouver dans la mise en œuvre des pédagogies actives, pourrait rentrer dans le cadre du courant ci-dessus. De la même façon, la pratique *self-directed learning* pourrait venir se joindre à ce groupement. L'auteur présente cette dernière pratique tantôt comme une "attitude mentale" quand il s'agit, dans "l'apprentissage auto-dirigé", d'amener l'apprenant à "prend(re) la responsabilité de sa formation", mais sans lui faire assumer nécessairement "l'ensemble des tâches sans apport extérieur" (*ibid.*), tantôt comme un moyen de formation qui caractérise les situations où l'apprenant exerce "le contrôle et la responsabilité (...) sur le choix des objectifs et des moyens de l'apprentissage" (*ibid.*, 1992). Les catégories "individualisation de la formation" qui concernent "le pôle organisationnel" (*ibid.*, 1991) et "la pédagogie individualisée" qui concerne les "centres de ressources ou (les) programmes de formation à distance" (*ibid.*, 1994, p.96) peuvent également faire partie de ce regroupement.

Le troisième regroupement possible pose problème avec le précédent. En effet, deux catégories sont avoisinantes dans les différentes propositions de catégorisation : "la formation métacognitive", d'une part, qui "vise le développement des capacités d'apprentissage (éducabilité cognitive), indépendamment des contenus" (*ibid.*, 1992) et, d'autre part, "l'autoformation cognitive" qui "réunit différentes conceptions des mécanismes psychologiques mis en jeu dans l'apprentissage autonome" (*ibid.*, 1997, p.23). Une difficulté d'interprétation de ce regroupement apparaît du fait que "l'éducabilité cognitive" est largement développée dans un contexte éducatif, avec des types de médiations spécialisées. Plusieurs questions se posent donc au sujet de cette partie de la catégorisation du champ de l'autoformation : est-il possible de séparer, compte tenu de la réalité des pratiques, l'éducatif et le (méta)cognitif ? Est-il possible de concevoir une autoformation qui serait uniquement cognitive, sans être en même temps et éducative et sociale ?

Comme le soulignent P. Carré et *alii* (1997), chacune de ces classifications constitue une approche de l'autoformation. Elles peuvent se définir comme "des construits pragmatiques, élaborés par agrégation de théories, de pratiques, d'outils et de champs sociaux, agrégation donnant une consistance empirique à la notion obtenue en permettant une articulation temporaire des différents courants de pensée et d'action sur l'autoformation à partir de leur point d'observation privilégié" (*ibid.*, p.20).

A l'intérieur du vaste champ des courants de pratiques et de recherches dans le domaine de l'autoformation, il est intéressant de porter un regard plus précis sur l'autoformation en centre de ressources.

1.2.2 - La place des pratiques d'autoformation en centre de ressources

Dans le modèle proposé par P. Galvani (1991), les trois courants bio-cognitif, socio-pédagogique et technico-pédagogique sont interprétés comme un passage de la perspective la plus "large" à la perspective la plus "étroite". Dans cette conception, "l'occultation de certaines dimensions du processus d'autoformation" (*ibid.*, p.63) différencient ces trois courants. Pour cet auteur, les pratiques d'autoformation en centre de ressources semblent donc rattachées aux pratiques d'individualisation de la formation qu'il classe dans le courant technico-pédagogique. Elles se trouvent ainsi assimilées à la perspective la plus étroite par rapport à d'autres pratiques comme les histoires de vie que l'auteur classe dans le courant bio-cognitif ou l'entraînement mental qu'il classe dans le courant socio-pédagogique.

On peut se demander si cette limitation est inhérente, pour l'auteur, à la contextualisation de l'autoformation dans un dispositif largement hétérostructuré, pour reprendre le terme de H. Prévost, ou bien si cette limitation pourrait être dépassée grâce à des pratiques pédagogiques autonomisantes, davantage centrées sur la personne qu'est l'apprenant en y incluant des dimensions plus "larges", selon les termes mêmes de l'auteur.

Dans les trois classifications que propose P. Carré (1991, 1992, 1996-1997), les pratiques d'autoformation en centre de ressources ne sont pas clairement identifiées. En revanche, il serait possible de les placer dans sept des catégories repérées par l'auteur. Soit on considère que les pratiques d'autoformation en centre de ressources sont une nouvelle forme des "pédagogies actives" et, dans ce cas, elles figureraient dans la catégorie qui se centre sur "l'activité de l'apprenant" lorsque celui-ci prend en charge "certaines séquences". Soit elles peuvent être classées parmi les pratiques de "l'individualisation", au côté des "programmes de formation à distance". Soit elles se confondent avec "l'apprentissage auto-dirigé", puisque, en centre de ressources, l'apprenant peut être amené à "prend(re) la responsabilité de sa formation" avec une assistance pédagogique. Soit elles font partie des pratiques d'"autoformation éducative" qui "recouvrent l'ensemble des pratiques pédagogiques visant à développer et à faciliter les apprentissages autonomes, dans le cadre d'institutions spécifiquement éducatives". Soit encore, il est possible d'envisager, dans les pratiques d'autoformation en centre de ressources, "le développement des capacités d'apprentissage (éducabilité cognitive), indépendamment des contenus" et, dans ce cas, elles pourraient se classer parmi les pratiques de "formation métacognitive". Soit enfin, on les situe parmi les pratiques d'"autoformation cognitive" réunissant "différentes conceptions des mécanismes psychologiques mis en jeu dans l'apprentissage autonome".

En résumé, dans les catégorisations proposées par P. Galvani et celles proposées par P. Carré, les pratiques d'autoformation en centre de ressources apparaissent comme des pratiques réduites à l'organisation ingénierique du dispositif qui les met en œuvre, ou bien comme des pratiques ayant une visibilité si peu marquée qu'il semble difficile de les situer par rapport à d'autres types de pratiques. Dans ce contexte, la question qui se pose est de faire apparaître les pratiques pédagogiques effectivement mises en œuvre dans les dispositifs d'autoformation de façon à permettre une meilleure intelligibilité de cette partie du champ de l'autoformation.

1.3 - De l'institutionnalisation de l'autoformation à l'autoformation instituée

En France, jusqu'à la décennie 80-90, l'autoformation se définit "en creux" (P. Carré, 1994, p.96) par rapport aux formations instituées. Elle fait figure de parent pauvre aux côtés des formations socialement plus valorisantes et plus valorisées. G. Pineau (1983) montre que l'autoformation appartient à "un régime nocturne où sujets, objets et méthodes de formation sont relégués de façon quasi indifférenciée dans la catégorie fourre-tout et résiduelle de l'éducation informelle ou non formelle (...à l') existence obscure, clandestine, fantomatique et fantasmatique" (*ibid.*, p.8).

1.3.1 - *L'institutionnalisation de l'autoformation : la fortune d'un concept* [6] *?*

Après avoir fait figure de "hors-la-loi pédagogique" (G. Pineau, 1983, p.9), l'autoformation est, aujourd'hui, source d'intérêt de la part d'acteurs très divers. Dans les entreprises publiques et privées, de nombreux centres de ressources se développent entraînant des modalités individualisées, plus ou moins proches de l'autoformation. A titre d'exemple, l'Observatoire des Ressources Audio-Visuelles pour l'Éducation Permanente (ORAVEP, 1994, p.41) cite plus d'une dizaine d'entreprises, dont un bon nombre de multinationales, seulement pour les formations en langues étrangères.

---

[6] Formule empruntée à Georges Lerbet au cours d'une conversation informelle (1998) : "l'autoformation... la fortune d'un concept ou... un concept de fortune..."

Une diversité d'approches théoriques

Depuis le début des années 90, de plus en plus de dispositifs se créent également dans la formation continue et permanente (GRETA[7], CUEPP[8], CUCES[9]), la formation initiale, ainsi que dans les médiathèques municipales. Parallèlement, des associations regroupant des acteurs impliqués dans le développement de dispositifs d'autoformation se sont créées : le *RAssemblement NAtional des Centres de Langues de l'Enseignement Supérieur* (RANACLES) (1992) branche française de *Confédération Européenne des Centres de Langues de l'Enseignement Supérieur* (CERCLES) ; le *Réseau Universitaire des Centres d'Autoformation* (RUCA) (1987), mais aussi le *Groupement pour l'Enseignement supérieur sur Mesure MÉdiatisé* (GEMME) (1995). Ces associations tentent à la fois de fédérer des personnes, des moyens, des idées et de promouvoir également la recherche. A titre d'exemple, RANACLES, dont le nombre de membres a doublé entre 1994 et 1997, prépare une publication collective *Le Livre blanc* qui présentera l'état de la réflexion et des pratiques dans tous les Centres de Langues affiliés.

Sur le terrain universitaire, l'équipe du CRAPEL, à l'Université Nancy II, qui fait figure de pionnière dans les recherches pédagogiques sur l'auto-direction de l'apprentissage depuis 1972, n'est plus le seul groupe de recherche en France. Une équipe s'est constituée, en 1992, pour fonder le GRAF, dont l'objectif et de promouvoir la recherche dans ce domaine et de participer à l'émergence, en France, de l'autoformation comme champ, rejoignant ainsi un mouvement international[10]. Au niveau européen, le *Réseau Européen pour l'Autoformation en Langues* (REAL) a été créé en 1995, avec le soutien du programme *Lingua* et certains travaux, comme ceux de B. Nyhan (1991), ont été réalisés dans le cadre du programme européen Eurotecnet.

Depuis 1993, des colloques européens sur l'autoformation se tiennent chaque année : Tours, 1993 ; Nantes, 1994 ; Lille, 1995 ; Nantes, 1996 ; Bordeaux, 1997 ; Paris, 1998 ; Barcelone, 1999 ; Paris, 2000.

Les nombreuses revues qui ont consacré des numéros spéciaux à ce sujet témoignent de la multiplication des recherches dans ce domaine. En

---

[7] GRoupement d'ETAblissement.
[8] Centre Université-Economie d'Éducation Permanente.
[9] Centre Universitaire de Coopération Économique et Sociale.
[10] Cf. à titre d'exemple : au Québec, le *Groupe Interdisciplinaire de Recherche sur l'Autoformation et le Travail* (GIRAT) ; en Espagne, l'*Asociacion para la Investigacion y la promocion del Auto-aprendizaje* (AIPA) ; aux États-Unis, un symposium annuel est organisé depuis 1986.

1980, la revue *Les Amis de Sèvres* publie deux numéros consacrés à l'autoformation et les jeunes. Mais c'est en 1985 que la revue *Éducation Permanente* fait véritablement le point sur les pratiques sociales de l'autoformation. En 1990, l'*ASsociation de DIdactique du Français Langue Etrangère* (ASDIFLE) organise ses sixièmes rencontres autour des "auto-apprentissages". A partir de 1992, les numéros spéciaux se multiplient. Cette année-là, *Le Français dans le Monde* publie "Les auto-apprentissages" dans le champ du français langue étrangère. En 1993, *la Revue Française de Pédagogie*, qui, selon J. Dumazedier et N. Leselbaum (1993, p.5), est "centrée sur les problèmes de l'éducation nationale (sollicite) un ensemble d'études sociologiques sur les problèmes de l'autoformation". En 1995, trois publications paraissent simultanément : *Entreprises Formation, Éducations* et *Éducation Permanente*. Puis en 1996, deux autres parutions : *Les Cahiers du CUEPP* et *Les Sciences de l'Éducation pour l'Ère Nouvelle*.

Face à ce mouvement récent d'institutionnalisation, J. Dumazedier (1996) affirme que l'autoformation est bien, désormais, un nouveau fait social. Il est donc possible, dans de telles conditions, de parler d'une institutionnalisation effective de l'autoformation. En effet, cette pratique sociale que l'on pouvait qualifier d'instituante, c'est-à-dire en dehors, à côté ou contre des pratiques instituées (R. Lourau, 1970 ; C. Castoriadis, 1975), se trouve captée dans des environnements institutionnels divers.

P. Galvani, qui a mené en 1991 une étude sur les représentations des formateurs au sujet de l'autoformation, justifie le choix des APP comme terrain de recherche en remarquant "qu'ils sont la seule action de formation spécifiquement chargée de développer l'autoformation chez leurs utilisateurs" (*ibid.*, p.20). Il est intéressant de remarquer à quel point la situation évolue rapidement, en notant que dans la seule durée de la recherche doctorale dont rend compte cet ouvrage, entre 1994 et 1998, dans le seul domaine des langues étrangères et sans chercher à produire un recensement exhaustif, plus de quatre-vingts dispositifs d'autoformation ont pu être sollicités comme terrains d'observation.

Cet ensemble de constats encourage à penser que l'autoformation est perçue comme une modalité de formation qui, si elle n'est pas nouvelle dans les mœurs, l'est dans les institutions. Ce concept semble donc faire fortune dans un contexte social où les instances de formation doivent faire face à l'organisation de formations toujours plus nombreuses, pour des publics toujours plus hétérogènes, et ce, avec des budgets toujours plus restreints. Mais, indépendamment de ce contexte particulier, il est tout à fait probable que le succès de l'autoformation n'est pas seulement à mettre sur le compte de sa relative nouveauté dans le contexte institutionnel. En effet, il est possible d'affirmer que, majoritairement, l'attitude des responsables et celle des intervenants dans les dispositifs d'autoformation rejoint "cette nouvelle vision du rapport éducatif (qui) réunit les suffrages de l'ensemble des acteurs soucieux de renforcer le rôle et la place du sujet dans sa propre formation" (P. Carré, 1995, p. 40). Même si ce point de consensus peut paraître à certains moments "flou, plus militant que scientifique" (*ibid.*), il n'en reste pas moins que ce terme a "une portée heuristique et fédératrice indéniable" (*ibid.*, p. 41) et qu'il peut être le véhicule d'un projet émancipateur qui, pour P. Carré, doit être encouragé et renforcé, tout en étant "dépassé, du fait des limites à l'investigation scientifique que sa nécessaire imprécision impose" (*ibid.*). Sans doute, si l'on en occultait les dimensions bio-cognitives et socio-éducatives, l'autoformation, réduite à la dimension technico-pédagogique, se transformerait-elle alors en concept de fortune au service d'une représentation technocratique de la formation visant à rentabiliser les moyens matériels mis en œuvre.

1.3.2 - L'autoformation institutionalisée : un concept de fortune ?

Il est possible également que toutes ces institutions qui ont ouvert leurs portes à l'autoformation, l'aient fait faute de mieux. Un mieux qui aurait pu prendre la forme d'une hétéroformation offrant une variété de moyens matériels. Pourtant, face à la surpopulation estudiantine et au sous-encadrement dont souffrent les universités, face à la baisse drastique des budgets formation dans les entreprises et à l'hétérogénéité croissante des publics de la formation continue, l'autoformation se présente comme un remède qui permet de continuer à fonctionner, un générique au sens pharmaceutique du terme que l'on adopte comme un pis-aller. Tout semble se passer comme si les institutions de formation se trouvaient dans "l'obligation d'innover" (A. Rahm, 1996, p.28).

Cette modalité de formation, venue du dehors de l'institution, peut avoir des vertus régénérantes, par l'effet dynamisant de pratiques que l'on pourrait qualifier de minorées, au sens donné par la psycholinguistique. Elle peut permettre une transition entre des modèles traditionnels au "développement isomorphe (et) ontogénétique" (G. Pineau, 1985, p.30) et des modèles "séquentiels" au développement "polymorphe et interactionnel" (*ibid.*).

Cependant, tout comme l'entrée de la vidéo et de l'informatique n'a pas pour autant modifié les pratiques pédagogiques, le risque demeure d'en rester à un halo de modernisation et à un "halo de libéralisation" (G. Pineau,

1983, p.39). Ce halo qui tendrait "à faire marcher les sujets tout seuls dans un système dont la fonction et la structure de reproduction demeurent substantiellement les mêmes" (*ibid.*, p.16) et qui, d'après cet auteur, contribue à démobiliser nombre de personnes en formation, et notamment les plus jeunes. P. Carré (1995) tend à renforcer ce scénario pessimiste en affirmant que "l'apparition d'un néodarwinisme éducatif et l'accroissement de formes subtiles de reproduction sociale sont les dangers majeurs d'une expansion de l'autoformation comme triomphe d'un libéralisme éducatif débridé" (*ibid.*, p.41). Une formation *duale*, entre abandon pédagogique des uns et formation personnalisée des autres, peut se développer sous couvert d'autoformation pour tous. La technocratisation de la pédagogie par un recours illimité aux médias et l'industrialisation outrancière du service éducatif peuvent être favorisées par l'alliance entre autoformation et technologies. La médiocrité pédagogique, enfin, peut trouver dans l'autoformation "un alibi destructeur" (*ibid.*). L'antidote à cette dérive possible serait, pour l'auteur, la valorisation d'une recherche scientifique dans ce domaine et "l'obligation de questionnement éthique, afin que l'autoformation, en allant dans le sens du sujet, n'aille pas à contresens du progrès social" (*ibid.*).

Si l'on suit ces chercheurs dans leurs démonstrations, l'institutionnalisation de l'autoformation peut apporter le meilleur et le pire. Le meilleur, par la "fortune d'un concept" qui peut permettre la mise en œuvre de projets d'émancipation de la personne au service d'une société démocratique par, notamment, une meilleure appropriation individuelle des ressources éducatives. Le pire, sous la forme d'un "concept de fortune" pour un libéralisme éducatif, idéal individualiste dans une culture de la compétition et de la concurrence dont l'effigie reste le *self-made man*.

1.3.3 - Un modèle possible pour l'autoformation instituée : l'autoformation assistée

Avec les travaux pionniers du CRAPEL autour du concept d'apprentissage auto-dirigé et ceux de B. Schwartz (1972) autour du concept d'autoformation assistée, s'ouvre une voie vers des pratiques pour la formation des adultes en contexte institutionnel. Grâce aux travaux de ce chercheur, le monde de l'autoformation rencontre le monde de l'enseignement. C'est dans le cadre de la conception d'un système d'enseignement par unités capitalisables que l'auteur développe le concept d'autoformation assistée. La tâche d'enseignement n'est donc pas remise en cause, mais les pratiques pédagogiques évoluent au même titre que les rôles et responsabilités à la fois des formateurs et des apprenants. L'individualisation de la relation pédagogique entraîne une recherche d'adaptation aux besoins de chaque personne en formation, à son rythme d'apprentissage, à ses capacités et compétences, le but étant de permettre des progressions différenciées (*ibid.*, p.182). Outre les apprentissages académiques, l'objectif principal est de développer le plus possible l'autonomie de chaque apprenant. L'auteur retient dans le concept d'autonomie, "la capacité de prendre en charge la responsabilité de ses propres affaires" (*ibid.*, p.165). Le terme d'affaires peut, ici, être compris au sens pédagogique, mais également au sens existentiel et social. L'autonomie dans l'apprentissage peut alors être conçue comme un entraînement à l'autonomie sociale, dans la perspective d'une société démocratique. Il s'agit alors de développer la capacité de chaque individu à comprendre son environnement pour agir sur lui (*ibid.*, p.174). L'apprenant est donc sujet de sa formation, mais il est également perçu comme un acteur social. Le former comme apprenant autonome, c'est sans doute également le former comme acteur dans l'organisation de son milieu. Pour ce chercheur, "faire accéder à (...) un maximum d'autonomie (...) est une démarche qui implique (...) qu'on comprenne son environnement (...) qu'on soit capable de se situer par rapport à lui (...) d'agir sur lui" (*ibid.*, p.165). D'un point de vue strictement pédagogique, "l'autonomie requiert la libre disposition de connaissances et de savoir-faire, et la possession d'un certain nombre d'automatismes permettant de réagir efficacement à toutes sortes de situations. Mais s'il est vrai que l'acquisition des automatismes implique des méthodes répétitives, la formation à l'autonomie est davantage basée sur une prise de recul par rapport à ces automatismes" (*ibid.*, p.166). Cette prise de recul exige une attitude réflexive de la part de l'apprenant, une attitude analytique qui conduit "moins à résoudre un problème posé de l'extérieur, qu'à savoir soi-même poser un problème (...) à savoir reconnaître qu'il y a un problème dans telle ou telle situation" (*ibid.*).

Pour cet auteur, "la meilleure façon de développer l'autonomie est (...) de remettre à chacun la responsabilité de sa propre formation" (*ibid.*) grâce à un entraînement progressif. L'organisation du dispositif pédagogique intervient donc pour permettre la mise en œuvre des conditions de l'autonomisation. Celles-ci se rapportent essentiellement à la question du choix : celui des contenus et du rythme, celui des méthodes et des moyens de l'apprentissage, celui également de la définition des objectifs et, par conséquent, des critères de l'auto-évaluation. Elles impliquent un certain nombre de changements dans les rôles traditionnellement dévolus au formateur. En effet, dans ce type de dispositif, le formateur n'est plus le "dépositaire d'un contenu (...) qu'il délivre par le moyen presque exclusif de cours", il n'est plus en situation de contrôler "la seule assimilation des connaissances (... ni de décider) sans appel (...) du passage en classe supérieure ou du redoublement" (*ibid.*, p.180). Le concept d'autoformation assistée suppose que le formateur sache "apprendre aux élèves comment faire pour tirer parti des informations reçues, ou pour accéder à telle ou telle source de savoir (...) qu'il sache orienter et guider" (*ibid.*). Le formateur assure donc une fonction "d'assistance technique", "d'assistance pédagogique" et de "tutorat".

Dans le premier cas, il est un médiateur qui aide l'apprenant à mener des "apprentissage(s) technique(s) et méthodologique(s)" (*ibid.*, p.181). Il lui apprend à "formuler son problème" (*ibid.*, p.182), de façon à le rendre capable de rencontrer des "spécialistes et (des) experts de tous genres, qui ne sont pas tous nécessairement des enseignants" (*ibid.*). Il lui apprend à repérer les matériels mis à sa disposition.

Dans le deuxième cas, il développe une action de guidance et d'orientation (*ibid.*), puisqu'il reste le garant de "la cohérence interne du projet de chaque élève" et qu'il "aide (l'élève) à faire ses choix et (à) construire sa progression" (*ibid.*) ; il "guide les élèves à l'intérieur de leur propre domaine, au plan des contenus et des objectifs possibles, comme au plan des moyens et des procédures d'évaluation" (*ibid.*).

Dans le troisième cas, tuteur, il "aide, suit, conseille dans la démarche qui doit amener (chaque apprenant) progressivement (...) à prendre en charge sa propre formation" (*ibid.*, p.183). Sa fonction première, dans ce rôle, est d'entraîner l'apprenant à faire des choix raisonnés qui tiennent compte de ses besoins, de ses préférences en matière d'apprentissage, mais aussi des contraintes imposées par la formation ou l'institution qui la met en œuvre.

Le concept d'autoformation assistée est porteur de valeurs qui influent sur l'organisation du dispositif pédagogique. Dans cette défense de l'autonomie individuelle, du pluralisme et de la différence, chaque formateur est membre d'une équipe dont la cohérence et les attitudes sont par elles-mêmes formatrices. B. Schwartz défend l'idée que développer l'autonomie des personnes, ce n'est pas favoriser un individualisme forcené, mais au contraire développer leur responsabilité dans un espace socialisant.

Ces travaux, qui datent du début des années 70, préfigurent ce que pourrait être, aujourd'hui, l'autoformation instituée si les recherches et les pratiques entraient véritablement dans le cadre du renversement de perspective pédagogique analysé par P. Carré (1994, p.96). En effet, cet auteur montre comment on passe de "la relation transmissive classique : Formateur - (transmission) - Formé" à "une relation inverse d'appropriation du contenu par le sujet : Ressources - (appropriation) - Apprenant".

Ainsi comprise, l'autoformation pourrait enrichir le projet ingénierique d'une organisation en rendant possible l'instrumentation du développement individuel. Grâce à ces travaux précurseurs, il est possible de concevoir l'autoformation non plus comme la dimension "nocturne" de la formation d'une personne ou comme l'activité d'une catégorie dominée de la population, mais comme une dimension à part entière d'un système social.

2 - UNE CONCEPTION DE LA PERSONNE EN SITUATION D'AUTOFORMATION

Jusqu'à présent, le discours sur l'autoformation semble se baser à la fois sur une vision holistique des pratiques fondées sur des expériences (celles de chercheurs, de praticiens, d'autodidactes), sur des recherches théoriques à fort ancrage philosophique et, enfin, sur des recherches empiriques dont nombre d'entre elles sont menées en Amérique du Nord. Tant que l'autoformation était une pratique non instituée, la recherche sur ce terrain était un choix quasi-militant. L'ensemble des discours véhicule ainsi une image anticonformiste de la personne en situation d'autoformation. Porteuse de valeurs, d'idéaux, voire d'utopies, la conception apparemment partagée du s'autoformant se dessine de manière contrastée, et même parfois opposée aux conceptions véhiculées par les discours plus traditionnels. Cette partie du second chapitre tentera de synthétiser l'image de l'apprenant qui se dégage de l'ensemble des travaux déjà évoqués, une image globale et complexe de l'apprenant perçu, avant tout, comme une personne.

2.1 - Une perception globale de la personne

Pour B. Schwartz (1972), "le développement personnel ne se découpe pas en tranches" (*ibid.*, p.189) et pour P. Galvani (1995), la formation en tant que "processus de mise en forme d'un être (...) implique tout l'être" (*ibid.*, p.37). Il rappelle que "l'étymologie du mot forme renvoie aux notions de 'contour', 'd'apparence', mais aussi à l'idée d'un 'principe interne d'unité'" (*ibid.*). Les travaux de nombre de chercheurs dans le champ de l'autoformation, notamment ceux que P. Galvani (1991) a regroupés dans le "courant bio-épistémologique", interprètent la formation comme un processus global de développement de la personne. En s'appuyant sur les travaux de G. Pineau, il affirme donc que, dans cette perspective, l'autoformation apparaît comme un double processus réflexif : en premier lieu, un processus de "prise de conscience de soi comme étant 'formé' par les Autres (Hétéroformation) et le Monde (Ecoformation)" ; et ensuite, un processus "d'appropriation du pouvoir de formation par le sujet et de son application à lui-même : il 'se' forme, il 'se' produit" (*ibid.*, p.29).

Ces auteurs semblent rejoindre, dans ce sens, les travaux réalisés par des chercheurs tels que C. Rogers (1969), U. Neisser (1967) ou J. Bruner (1983) en psychologie ou encore les travaux d'E. Morin (1986), pour qui "il y a un engagement multiple et entier de l'être concret dans toute connaissance" (*ibid.*, p.127).

2.1.1 - *Une conception interactionniste tripolaire*

Pour les chercheurs rassemblés dans le champ de l'autoformation, il n'y a pas séparation ontologique entre les moments d'apprentissage, la vie et l'histoire individuelle des personnes en formation. L'apprentissage est conçu comme une auto-production de sens à partir de la nature profonde de chaque personne et à partir des schèmes qu'elle construit de par ses interactions avec les autres et avec le monde. On est donc loin de l'idée d'un apprentissage qui s'élaborerait dans l'isolement social, d'un "Robinson Crusoë de la culture" et d'un "auto-engendrement de soi dans la solitude" (J. Dumazedier, 1995, p.33). Sur cette idée-là, le consensus est total. N. Tremblay a montré, depuis déjà plus d'une quinzaine d'années, que les autodidactes recherchent systématiquement et régulièrement l'aide de personnes qui, dans leur environnement proche, pourraient les aider dans leur apprentissage, et qu'elles utilisent, contrairement à ce que l'on croyait *a priori*, une très grande variété de ressources. De la même façon, J. Dumazedier (1995) se base sur ses nombreux travaux sociologiques pour affirmer par ailleurs que "le sujet s'autoformant choisit (...) de nombreux médiateurs pour s'approprier les savoirs savants" (*ibid.*). La perception de la personne qui se forme de manière autonome par rapport à toute instance officielle de savoir ne correspond plus à l'image ridicule dont J-P. Sartre s'était fait le colporteur. Elle est au contraire aujourd'hui valorisée car, non seulement elle semble conduire à "s'accepter soi-même au milieu des autres", mais elle "passe (également) par l'acceptation de la discipline collective et (par) la construction d'une autodiscipline" (B. Schwartz, 1972, p.165). De ce fait, l'autonomie ainsi nourrie de chaque expérience facilite et enrichit les relations sociales, ce qui "stimule à la fois la prise de responsabilité et le goût de créer" (*ibid.*, p.189) à l'intérieur d'une démarche existentielle émancipatrice et socialisante (J-M. Lange, 1993, p.58). L'autoformation est donc entendue comme une formation de soi par soi, mais aussi avec d'autres, dans un milieu donné, immergé au cœur d'un environnement plus vaste.

En s'appuyant sur les travaux d'E. Morin (1986) qui conçoit l'apprentissage et le développement comme "solidairement et interactivement" (*ibid.*, p.65) connecté à l'environnement dans un "processus évolutif spiral" (*ibid.*, p.61) déjà repéré par G. Salomon (1981), G. Pineau (1985) conceptualise cette interprétation en développant un modèle de la formation de la personne tout au long de sa vie. Ce modèle met en valeur un processus d'interaction entre trois pôles : la personne elle-même dans sa globalité, la formation par soi ou "autoformation" ; la formation par les autres ou "hétéroformation" ; la formation par "les choses et le monde" ou "écoformation". C'est dans cette interaction tripolaire que se construit la personne, dans le rapport à soi, la confrontation aux autres et à l'écosystème. Cette conception place donc la personne au cœur d'un processus dynamique total qui la réhabilite comme sujet dans une démarche de recherche ontologique. Dans cette perspective, J. Dumazedier (1995) affirme que "tout programme d'autoformation réussi (...) est à l'interface d'une logique de la connaissance savante et de la dynamique de l'autobiographie ou du projet de vie" (*ibid.*, p.32). L'appropriation de nouveaux savoirs se ferait donc dans l'interaction des questionnements réciproques entre "savoirs savants" et "savoirs ordinaires".

2.1.2 - *L'appropriation du pouvoir de "se donner une forme"*

Avec des termes inspirés par les recherches sur la complexité (E. Morin) et sur l'autonomie (F. Varela), l'autoformation est interprétée comme une force, une boucle vitale, qui permet, par la dynamique réflexive qu'elle crée, d'"opérer une double appropriation du pouvoir de formation" (G. Pineau, 1985, p.28). D'abord, en conduisant à "prendre en main ce pouvoir - devenir sujet -", ensuite en "se l'appliqu(ant) à soi-même", c'est-à-dire en devenant "objet de formation pour soi-même" (*ibid.*). Selon ce chercheur, ce dédoublement fait de la personne un système autoréférentiel et lui permet de s'émanciper des forces provenant de l'hétéro et de l'écoformation. "Un milieu, un espace propre se crée, offrant au sujet une distance minimale pour se prendre et se voir comme objet spécifique parmi les autres objets, s'en différencier, s'en ré-fléchir, s'en émanciper et s'autonomiser, en un mot s'autoformer" (*ibid.*).

La complexification qui surgit de cette dynamique, mise en valeur notamment dans les travaux d'E. Morin (1977), conduit G. Lerbet (1981) à élaborer un modèle qu'il appelle le système-personne. Il donne ainsi une interprétation de l'interaction dynamique qui lie la personne et son environnement par le biais de l'interface que constitue le milieu, concept que G. Lerbet emprunte à K. Lewin (1959) en l'enrichissant. Il reprend également les deux concepts piagétiens d'assimilation et d'accommodation pour montrer comment cette interaction est le processus même de son adaptation, sorte de quête d'un équilibre entre les actions du sujet sur l'environnement (assimilation) et les actions de l'environnement sur le sujet (accommodation). C'est dans cet échange que la personne se construit et c'est dans cet échange qu'elle accroît sa capacité d'adaptation par autorégulation, tout en accroissant, de façon corollaire, sa complexité.

2.2 - La personne : un système complexe

Fondé sur une approche systémique de la personne, l'apprenant est perçu comme un système complexe (G. Lerbet, 1981), un "sujet profond" (Ego, je, moi, soi) en contact avec un environnement par l'intermédiaire d'une zone interface qui constitue son milieu personnel. L'information produite par l'environnement entre en contact avec le sujet profond après avoir été transformée (ou non) en savoir dans cette zone interface. Le sujet profond auto-produit lui-même du sens, celui de la connaissance. Pour G. Lerbet, la personne fonctionne selon une dynamique et une tension entre la complexification et la fermeture. La complexification est la conséquence d'une intégration d'éléments nouveaux apportés par l'environnement à son milieu ; elle permet à la personne de "gérer de plus en plus de variété et se marque par un accroissement de (son) organisation personnelle" (G. Lerbet, 1993). Cette complexification "s'accompagne d'une tendance de la personne à se fermer par rapport à son environnement et à perdre de sa dépendance envers lui en gagnant en autonomie" (*ibid.*). C'est par ce double processus d'intériorisation et de décentration que la personne construit sa complexification.

Selon l'auteur, ce double processus néguentropique a pour corollaire un double processus entropique : l'extériorisation et la centration. Par le processus d'intériorisation, la personne enrichit son milieu (interface entre l'environnement et l'ego) en s'appropriant des éléments signifiants de l'environnement. Conjointement, par le (méga)processus de décentration, décrit notamment par P. Watzlawick (1976), la personne est en mesure de comprendre et d'aborder d'autres points de vue que le sien. Ces deux processus peuvent conduire à un enrichissement, une diversification et une complexification de la personne ; mais celle-ci, qui intériorise parallèlement les risques de fragilisation, développe, pour protéger son intégrité, des tendances à l'extériorisation et à la centration sur soi. Par l'extériorisation, la personne "marque (alors) une perte de consistance du milieu personnel et une perte d'emprise (...) sur son environnement" (G. Lerbet, 1993). Pour ce chercheur, ce processus de centration sur "son noyau le plus solide et le plus rigide" peut se traduire par une "perte de consistance de l'Ego qui a tendance à s'homogénéiser et à se confondre avec le milieu personnel", corollaire d'une réduction de l'autonomie.

Parallèlement à ce processus décrit par G. Lerbet, selon toute apparence en accord avec les travaux de psychologues de la cognition tels que J. Piaget (1967) ou U. Neisser (1967), et en concordance avec les travaux sur la complexité, la personne est perçue comme la conjonction de dimensions à la fois biologique et sociale, cognitive et affective, reliant son passé et les représentations qu'elle produit de son avenir immédiat. Pour B. Schwartz (1972), affectivité et apprentissage sont liés, dans la mesure où il s'agit d'une interaction permanente dont doit tenir compte tout dispositif éducatif qui cherche à donner à l'individu "les clés du savoir, celles du savoir-faire et celles du savoir-être" (*ibid.*, p.189). N. Tremblay (1995) s'appuie, de son côté, sur de nombreux résultats de recherche pour confirmer l'importance de la confiance en soi et de la motivation en situation d'autoformation. G. Lerbet (1981), quant à lui, élabore le "Système Personnel de Pilotage de l'Apprentissage" (SPPA) à partir de cinq sous-systèmes en interaction (perceptif, socio-cognitif, dialectique, de communication et de stockage), chacun deux étant constitué de différents composants. L'aboutissement de ce travail prend la forme d'un questionnaire qui semble mettre en application les théories de H. Gardner (1983) sur les intelligences multiples. Il permet à chaque apprenant un travail réflexif sur lui-même et sur sa façon d'apprendre qui le met sur la voie de l'appropriation de sa propre démarche de formation.

2.2.1 - *La personne : agent de son changement*

Les travaux sur lesquels s'appuient les chercheurs dans le domaine de l'autoformation, que ce soient ceux de K. Lewin (1959), C. Rogers (1969), J. Piaget (1967), E. Morin (1977), vont dans le sens d'une conception de la personne comme être actif susceptible de se développer, de transformer son milieu physique et social, car sa capacité à penser est analysée comme un outil d'adaptation. Pour ces chercheurs, la personne progresse dans son milieu grâce à la prise de conscience, cette "conscience de soi (qui) joue le rôle d'interface créatrice à la fois de séparation d'avec le monde et les autres et d'une insertion toujours plus adaptée de la personne au monde et à la société" (P. Galvani, 1991, p.32). Cette conception de l'autoformation contribue à modéliser une relation dialectique dans laquelle la personne est agent de son changement, à la fois sujet et acteur de sa formation.

Le concept de pilotage, développé en sciences de l'éducation par G. Lerbet (1984), a une place centrale dans ce type de modèle. Selon une approche systémique qui permet d'appréhender la personne comme un système vivant, ouvert sur son environnement, G. Lerbet montre que chaque apprenant mène ses apprentissages d'une manière qui lui est particulière. Le pilotage concerne ce que la personne privilégie pour apprendre, les sous-systèmes qu'elle active et met en interaction pour appréhender les données nouvelles. Pour J-L. Le Moigne (1977), le pilotage est le "processeur suprême" (*ibid.*, p.143) qui permet de coordonner le système, non seulement d'un point de vue structurel, mais aussi d'un point de vue relationnel et téléologique. G. Lerbet, montre qu'en prenant conscience de son système de pilotage, chaque personne est en mesure d'optimiser ses capacités d'apprendre.

2.2.2 - La question de l'autonomie

L'ancrage théorique des recherches et des pratiques fait de l'autoformation, selon P. Carré (1994), "le foyer fédérateur des pédagogies de la responsabilité et de l'autonomie" (*ibid.*, p.96). Effectivement, plus sans doute que dans tout autre champ de l'éducation et de la formation, l'autonomie de la personne est au cœur des interrogations de chercheurs et praticiens. Qu'elle ait une acception ontologique ou plus modestement pédagogique avec des objectifs sociaux, l'autonomie est, dans tous les discours théoriques du champ, intrinsèquement liée à l'autoformation.

2.2.2.1 - Une perspective existentielle

Dans la ligne des travaux d'E. Morin (1977) qui montrent le caractère existentiel de la connaissance, G. Pineau (1983) affirme que, grâce au préfixe auto, "la liberté n'est plus au bout du système, mais dans le système, ici et maintenant" (*ibid.*, p.39). Dans un premier temps, le choix de l'autoformation comme terrain de pratiques et terrain de recherches peut représenter une attitude d'opposition plus ou moins explicite aux formations traditionnelles de type transmissif. Ce chercheur fustige les "rapports de dépendance (...) qui limitent de tous côtés (l') appropriation des objets et (des) moyens de formation" par l'apprenant. Une dépendance qui entraîne, selon lui, "une infantilisation et une aliénation permanente si elle est reproduite dans la formation continue" (G. Pineau, 1978, p.23). Pour ce chercheur, l'autoformation "véhicule (...) une volonté radicale d'appropriation de soi-même" (*ibid.*, p.25). B. Nyhan (1991) renforce cette interprétation en démontrant que l'autoformation revient à un engagement personnel qui permet d'"éveiller en soi des capacités d'autonomie et de responsabilité" (*ibid.*, p.66) non seulement dans le domaine des apprentissages, mais aussi dans toutes les dimensions de la vie (*ibid.*).

2.2.2.2 - Une perspective sociale et éducative

Sans rupture avec la perspective plus ontologique de G. Pineau, d'autres chercheurs du champ se centrent davantage sur le parcours de formation en liaison avec une institution éducative. L'autonomie est comprise alors comme ce qui conduit la personne dans un parcours de formation personnelle "librement consentie dans le cadre d'un contrat pédagogique à négocier périodiquement" (J. Dumazedier, 1995, p.32). C'est le résultat d'un choix du sujet lui-même mais "éclairé, assisté, guidé par les autorités éducatives en qui il a confiance" (*ibid.*). Dans ce cadre, l'autoformation est interprétée plutôt comme une modalité complémentaire dans l'ensemble des types de formation possibles, modalité qui, pour P. Galvani (1991), combine formation et autonomie. En s'institutionnalisant, cette modalité propose donc le développement de l'autonomie comme la clé d'un "contrat que l'individu, motivé et responsable, passe avec l'institution de formation" (B. Schwartz, 1972, p.167). "L'action vise la possibilité de rendre l'individu capable d'apprendre par lui-même, dans une perspective d'éducation permanente. C'est permettre à l'individu de se dégager des contraintes extérieures comme les lieux, les contenus ou les procédures habituellement prévues pour apprendre" (H. Prévost, 1994, p.28). Dans cette perspective, l'autonomie est donc à la fois une finalité éducative, mais aussi un moyen de développement personnel. L'autonomie comme finalité éducative est liée à un projet social. Ainsi, l'un des objectifs affirmés de façon explicite par B. Schwartz (1972) est le développement d'un homme autonome et responsable. C'est bien dans le cadre d'un projet social que J-M. Lange (1993) apporte quelques réponses à la question sur l'intérêt de l'autonomie dans la formation. Il s'agit bien de "comprendre ce que les gens font là où ils sont" afin d'augmenter leur pouvoir d'action sur leur vie et sur la société (*ibid.*, p.58). Dans cette perspective, il ne s'agit pas d'un "confort du consommateur", mais d'un "engagement participatif" (*ibid.*).

Si l'institution éducative développe des dispositifs d'autoformation qui permettent à chaque personne en formation de s'émanciper de la présence trop directe d'un enseignant ou d'un système d'enseignement, on peut se demander avec P. Galvani (1995, p.38) quelles sont, pour les personnes en formation, les "compétences nécessaires à l'utilisation de ces dispositifs". En effet, si le projet est non seulement de permettre un apprentissage personnalisé mais de développer l'autonomie des usagers, il est certainement important, comme le préconisent F. Aballéa et C. Froissart (1989), de "faire de l'autonomie un objet d'apprentissage si on ne veut pas en faire un motif de sélection" (*ibid.*, p.32). La formation à l'autonomie comme moyen de développement de la personne finalise alors le projet ingénierique de l'instance de formation et lui donne un sens à la fois existentiel et social.

2.3 - Les compétences repérées pour l'autoformation

Des recherches nord-américaines, diffusées en France par P. Carré, ont repéré certaines compétences communes aux personnes qui réussissent particulièrement bien leurs parcours en autoformation. P. Carré et M. Pearn (1992, p.129-130) ont rapporté les travaux de L. Guglielmino et ceux de S. Downs concernant les caractéristiques de l'apprenant compétent en situation d'autoformation. Dans une autre publication, P. Carré (1992, p.75-76) a rapporté les travaux de R. Kolcaba (1980), de R. et E. Caffarella (1986), de M. Pearn et S. Downs (1991) et ceux de M. Knowles (1973). Par ailleurs, les travaux récents de N. Tremblay (1995) ont contribué à faire émerger "des compétences nouvelles nécessaires à l'exercice de l'autoformation et pour lesquelles aucune préparation académique n'existe actuellement" (*ibid.*, p. 35).

Même si l'ensemble de ces travaux se base sur l'observation et l'analyse des pratiques de populations d'autodidactes, le repérage des compétences utiles à la mise en œuvre d'un projet de formation, en dehors de toute institution, apporte des éléments de compréhension susceptibles de guider la recherche dans le domaine de l'autoformation en contexte institutionnel. Pour N. Tremblay (1996), ces compétences repérées devraient être approfondies dans des recherches qui porteraient sur les implications du "changement de paradigme éducatif que constitue l'autoformation" (*ibid.*, p.155), notamment dans les "nouvelles interactions et les nouveaux rapports au savoir" qui s'établissent entre "les éducateurs et les apprenants" (*ibid.*). Il était donc intéressant de faire le point sur les caractéristiques qui font consensus entre les différents travaux cités ci-dessus, à partir des quatre compétences-clés (ou "méga-compétences") qu'elle a repérées.

2.3.1 - *"Tolérer l'incertitude"*

Dans les travaux cités par P. Carré (1992), elle est également nommée acceptation du risque, de l'ambiguïté et de la complexité. N. Tremblay (1996), pour sa part, repère cette compétence comme une exigence résultant de "la nature aléatoire de la démarche et (des) transactions constantes avec un environnement non prévu pour être éducatif ", par rapport aux démarches des formations traditionnelles "où les contenus et objectifs sont fixés habituellement *a priori* et organisés de manière linéaire et séquentielle" (*ibid.*, p.157). L'autodidacte procède "de manière heuristique, c'est-à-dire que l'apprentissage progresse à partir d'intentions qui s'organisent et se redéfinissent à mesure qu'évolue le projet" (*ibid.*). Dans cette perspective, les ressources utilisées, qu'elles soient matérielles ou humaines, interviennent comme des "facilitateurs" (*facilitator*) dans la réalisation du projet d'apprentissage (*ibid.*).

2.3.2 - *"Établir un réseau de ressources"*

Cette méga-compétence est proche des compétences relationnelles et sociales repérées dans les travaux cités par P. Carré (1992), qui permettent de regrouper les cinq traits suivants : l'apprenant efficace est capable d'identifier et de localiser les sources d'information qui l'intéressent ; il sélectionne et utilise de façon efficace ces ressources ; il vérifie régulièrement qu'il apprend en recherchant des situations d'évaluation (*feed-back*) et en posant de nombreuses questions qui lui permettent d'avancer ; il reste à l'affût d'informations sur ses propres performances afin de les améliorer ; il est capable de communiquer les résultats de ses apprentissages et cherche des opportunités pour les transférer et les appliquer à de nouvelles situations.

N. Tremblay (1996) propose d'utiliser le terme de "réseautage" pour désigner "ce processus dynamique par lequel un individu crée des alliances avec différentes ressources et procède à divers échanges de savoir pour assurer lui-même sa formation" (*ibid.*, p.158). Elle signale la différence qui sépare la démarche naturelle de la démarche académique, rattachée aux institutions éducatives. Dans les formations traditionnelles, les contenus disciplinaires sont prépondérants, les ressources et les moyens sont asservis aux contenus. En milieu naturel, en revanche, "les savoirs et la démarche se développent au gré des éléments disponibles dans l'environnement" (*ibid.*, p.159). Ce processus porte en lui une fonction de socialisation importante, car l'autodidacte se trouve en situation de rechercher et de localiser les ressources qui seront les plus utiles à son apprentissage (*ibid.*). L'auteur parle dans ce cas d'intelligence sociale (*ibid.*).

2.3.3 - "Réfléchir sur et dans l'action"

Cette méga-compétence pourrait se rapprocher des compétences organisationnelles regroupées ici en quatre traits à partir des travaux cités par P. Carré (1992) : l'apprenant efficace est conscient de ses besoins de formation ; il les réévalue constamment et il est capable de se fixer des objectifs ; il fait des choix et prend des décisions concernant les lieux et les moyens de son apprentissage ; il se fixe des critères d'évaluation. N. Tremblay (1996) remarque des "simultanéités et (...) alternances des processus d'action/réflexion et de théorisation mise en pratique" (*ibid.*, p.160). Ce qu'elle nomme l'émergence du savoir de l'acte en cours permet la réalisation d'"une sorte d'intégration des connaissances accumulées et des habiletés acquises par de nouvelles mises en rapport" (*ibid.*). L'auteur relève cette propension des autodidactes à théoriser à partir de leurs pratiques, ce qui lui permet d'avancer la notion de "savoirs d'expérience" (*ibid.*, p.161). L'évaluation devient dans cette dialectique de l'action et de la réflexion "une forme d'autorégulation" (*ibid.*). Pour ce chercheur, "les pratiques réflexives exerceraient une fonction critique nécessaire à l'évolution de la démarche" (*ibid.*, p.169).

2.3.4 - "Se connaître comme apprenant"

Selon N. Tremblay (1996), cette compétence "réfère à la capacité d'un individu d'identifier ses manières habituelles de faire ainsi que l'ensemble des règles qui le guident lorsqu'il apprend" (*ibid.*, p.170). Les travaux cités par P. Carré (1992) font état de cette capacité de l'autodidacte à connaître ses préférences en matière d'apprentissage, tout en étant capable d'apprendre de plusieurs manières différentes. Il sait opérer des choix en fonction des besoins et s'adapter aux circonstances. Ainsi, il tire des leçons de la vie de tous les jours. Cet apprenant peut tester plusieurs méthodes et utiliser des moyens divers en fonction de choix qu'il effectue selon le contexte de son apprentissage. Il sait distinguer diverses stratégies ainsi que les types d'opérations intellectuelles requises et sélectionner les capacités à exploiter. Il se sert de ses erreurs de manière positive, afin de développer une meilleure compréhension. Enfin, il a la capacité d'analyser et d'évaluer les réponses obtenues pour les généraliser et les appliquer. D. Maudsley (1979) utilise, dans sa recherche, le terme "méta-apprentissage" pour décrire la capacité de l'apprenant à développer un processus qui lui permettrait de mieux contrôler les techniques qu'il emploie habituellement pour percevoir, chercher, apprendre, se développer.

Pour N. Tremblay (1996), "les autodidactes identifient aisément les principes nécessaires à leur démarche" et semblent posséder "une bonne connaissance de (leurs) préférences et de (leurs) capacités aux niveaux cognitifs, affectifs et sociaux » (*ibid.*, p.163). En complétant des travaux précédents, elle distingue les pratiques réflexives qui "auraient une fonction d'objectivation à l'intérieur de la démarche" et les pratiques de méta-apprentissage qui "auraient une fonction de personnalisation de la démarche" (*ibid.*).

Pour développer l'ensemble des quatre méga-compétences évoquées ci-dessus, les travaux des chercheurs ont montré que l'autodidacte présente des attitudes et comportements qu'il est possible de regrouper en six traits principaux : il prend un rôle actif dans sa formation et dans son développement, il en accepte la responsabilité et il est capable d'initiative ; il adopte une attitude ouverte et confiante, plutôt qu'un mode de pensée défensif, tout en étant capable de remettre en question l'autorité et les idées reçues ; il est curieux, au sens positif du terme, et cherche toujours de nouvelles possibilités d'apprendre, car pour lui, l'éducation est permanente et bénéfique ; il accepte le risque et adopte une attitude de résolution de problème face aux difficultés qu'il rencontre en se montrant créatif et inventif ; il a une perception positive de lui-même en tant qu'apprenant efficace.

N. Tremblay (1996) résume ces compétences en mettant en exergue la fonction active de la "dimension agissante de l'autodidaxie" qui conduit la personne à quatre types de démarches principales : la "localisation des ressources, (les) contrôle et organisation de la démarche, (l') examen critique des savoirs, (le) processus constant d'évaluation" (*ibid.*, p.168). Le grand défi consisterait à "identifier des moyens concrets susceptibles de favoriser le développement de ces compétences" (*ibid.*, p.172).

Il semble qu'aujourd'hui, ce défi est d'autant plus réel et réaliste qu'il se pose dans le contexte d'institutions éducatives qui devraient être en mesure de servir le projet social et politique de former des personnes capables de continuer à apprendre tout au long de leur vie, dans ou en dehors de ces mêmes institutions.

CHAPITRE 3

Proposition d'un cadre théorique pour l'action autoformative

Globalement, trois sources différentes alimentent cet ouvrage : ses bases axiologiques et idéologiques qui fondent la réflexion dans le domaine de l'éducation et de la formation, l'ensemble des travaux menés dans le cadre des méthodologies qui cherchent à développer l'auto-direction des apprentissages, enfin, la réflexion produite sur les outils contemporains de formation et de communication disponibles pour la mise en place de projets ingénieriques dans le cadre de formations ouvertes et à distance.

Ce chapitre a pour vocation d'expliciter le cadre théorique qui oriente le regard du chercheur sur son objet d'investigation, façonne son système perceptif et organise ses outils d'analyse. Cette tentative de mise en cohérence, dans un mouvement dialectique, de la dimension théorique et de la dimension praxéologique d'une recherche menée dans le champ de la formation et de l'éducation, est également une tentative d'élaboration d'un cadre théorique provisoire pour les pratiques d'autoformation en contexte institutionnel. En effet, si la réflexion et la conceptualisation se nourrissent de l'expérience issue de l'action, celle-ci, et notamment l'action éducative, prend sa source au cœur d'une pensée produite par des chercheurs de différents domaines. Ce chapitre s'organise ainsi autour de trois des dimensions qui donnent leur caractère spécifique aux dispositifs d'autoformation en contexte institutionnel : leur caractère innovant, leur rapport à l'autonomie et, pour les dispositifs du corpus, leur ancrage dans un champ disciplinaire particulier.

1 - LES DIMENSIONS INNOVANTES DE L'AUTOFORMATION DANS UN CONTEXTE INSTITUTIONNEL

Si, telle que la définit G. Pineau (1983), l'autoformation appartient au "régime nocturne", née dans cette "auto-compensation (...) de marginaux privés de la culture dominante", son implantation dans des modalités de formation instituées et donc légitimées, qui appartiennent au "régime diurne", peut être qualifiée d'innovation. Cette institutionnalisation d'une modalité de formation qui était, jusqu'à il y a à peine quelques années, considérée comme marginale, est suffisamment étonnante pour que l'on cherche à savoir comment elle est institutionnellement intégrée et quels sont les paradoxes qu'elle soulève.

Comme l'a montré le second chapitre, les classifications produites pour baliser le champ de l'autoformation ne rendent pas pleinement compte des pratiques qui tendent à se mettre en place dans les dispositifs d'autoformation en contexte institutionnel. Ce constat, renforcé par les dates récentes de création de nombreux centres, permet de penser qu'il s'agit là d'une pratique en émergence. S'il n'est pas possible de dire que celle-ci est "nouvelle", puisque la littérature du domaine montre bien qu'il s'agit d'un phénomène ancien que l'on retrouve sous des modalités diverses, on peut en revanche s'intéresser à sa dimension innovante. Cette interrogation sur les dispositifs d'autoformation en contexte institutionnel est éclairée par les apports théoriques des travaux développés en France, notamment ceux de J. Mélèse sur l'analyse des organisations innovantes et ceux de G. Adamczewski, F. Cros, et G. Langouët sur le concept d'innovation dans le domaine de l'éducation et de la formation.

1.1 - Les caractéristiques de l'autoformation comme pratique innovante

Une question se pose donc autour des raisons pour lesquelles l'autoformation émerge aujourd'hui comme innovation dans le contexte institutionnel. Nous avons vu que des raisons d'ordre politico-économique, socio-culturel, éducatif et pédagogique préparent un terrain favorable à l'émergence de cette pratique. Lorsqu'il est devenu impossible de démultiplier les heures d'enseignement, lorsque le milieu de la formation peut investir dans des machines qui favorisent l'individualisation tout en la rentabilisant, lorsque tous les acteurs, l'apprenant y compris, sont prêts à faire un pas de plus sur le chemin qui mène de l'hétéronomie à l'autonomie, alors l'autoformation institutionnelle apparaît comme "l'introduction (...) d'un mieux-savoir, d'un mieux-faire ou d'un mieux-être" (G. Adamczewski, 1996, p.22). F. Cros et G. Adamczewski (1996) analysent l'innovation comme une tentative de perfectionnement de l'existant, un "faire autrement" qui vient se substituer à un savoir-faire habituel qui ne suffit plus.

Cinq paramètres constitutifs de l'innovation dans le domaine de l'éducation et de la formation peuvent s'appliquer aux dispositifs d'autoformation en contexte institutionnel.

1.1.1 - Le contexte de l'autoformation

Dans un exposé de clarification du concept d'innovation dans l'éducation et la formation, F. Cros (1997) souligne l'importance de la contextualisation des pratiques dites innovantes. Elle rejoint ainsi l'analyse de G. Adamczewski (1996), qui affirme que "ce qui est nouveau dans l'innovation, ce n'est pas l'objet en question, son contenu, mais essentiellement son introduction dans un milieu donné" (*ibid.*, p.22). C'est le cas de l'autoformation qui, en tant que pratique de développement personnel, a toujours existé sous des modalités diverses. Il est cependant possible d'affirmer qu'elle n'a jamais été valorisée en tant que telle parmi les modalités françaises de formation académique. Certes, l'idée du travail autonome de l'apprenant a été déclinée sous des formes et des appellations diverses que N. Leselbaum (1994) recense dans son article "autonomie" du *Dictionnaire encyclopédique de l'Éducation et de la Formation*. Mais cette conception de l'autonomie, toujours liée à une instance de formation et d'éducation, est inscrite dans une situation paradoxale d'hétéronomie. L'autoformation, telle qu'elle se présente aujourd'hui dans les dispositifs étudiés ici, est une nouveauté dans les contextes institutionnels de l'université et de l'entreprise. Et même si dans le contexte de la formation continue des adultes, diverses expériences ont été tentées dans ce sens, la systématisation des dispositifs et une validation institutionnelle telles que les labellisations dans le réseau des GRETA, est une nouveauté.

1.1.2 - Un nouvel agencement

A cette nouveauté que représente l'autoformation en contexte institutionnel, vient s'ajouter le fait que les pratiques mises en œuvre constituent "un nouvel agencement de choses déjà existantes par ailleurs" (F. Cros, 1996). En effet, certains composants des dispositifs et certaines de leurs pratiques également existaient déjà bien avant, dans l'institution ou en dehors de l'institution. Ce qui est nouveau, c'est l'agencement différent de ces composants entre eux. Ainsi, par exemple, peut-on citer le cas du centre de ressources. Il ne constitue pas une nouveauté en soi, puisqu'il est possible de le considérer comme le fruit des évolutions technologiques, placé chronologiquement dans la suite des bibliothèques et médiathèques et dans l'anticipation de sites virtuels de consultation documentaire. Sa nouveauté réside donc, non pas dans l'utilisation de technologies sophistiquées, mais dans l'usage qui en est fait. Dans le contexte des dispositifs d'autoformation, le centre de ressources est plus qu'un espace de consultation, puisqu'il porte dans son organisation même une intentionnalité formative, même si celle-ci respecte l'usage que l'apprenant voudra bien en faire (B. Albero, 1998). On peut également citer le cas des ressources humaines qui, si elles existent par ailleurs dans leurs statuts (enseignant, documentaliste, technicien) et dans leurs fonctionnalités (tuteur, conseiller, animateur), présentent une nouveauté dans leur agencement au sein des dispositifs, à la fois dans les interactions qu'elles entretiennent entre elles et dans les interactions qu'elles organisent avec l'apprenant.

1.1.3 - Une émergence à l'intérieur d'une démarche de résolution de problème

En nous appuyant sur l'analyse de J. Mélèse (1979), nous pouvons interpréter l'innovation comme l'"une des manifestations de l'autonomie active" (*ibid.*, p.56). Or, il s'agit là d'une des caractéristiques fortes, au cœur de l'autoformation. En effet, dans une situation qui demande des solutions nouvelles, l'organisation peut permettre cette "émergence d'une combinaison originale de variables existantes, associée ou non à l'émergence de facteurs nouveaux", combinaison qui reste "compatible avec les champs et systèmes transversaux" ; mais, selon J. Mélèse (1979), l'émergence de l'innovation peut être due aussi à "la découverte d'une zone admissible jusqu'alors inoccupée", ou encore à "des variables nouvelles (qui) échappent (momentanément) au contrôle de certains de ces systèmes" (*ibid.*, p.56). L'innovation a donc besoin de certains interstices non entièrement contrôlés dans l'organisation pour pouvoir émerger. Ces failles institutionnelles, positives d'une certaine manière puisqu'elles conduisent à l'exercice de la créativité, peuvent être la caractéristique d'une organisation non "statique" selon les analyses de M. Knowles (1973).

1.1.4 - L'inscription dans un processus

La solution innovante, trouvée dans le cadre d'une "démarche de résolution de problèmes" (F. Cros, 1997, p.16), apportée dans un contexte donné, à un moment donné de son histoire, s'inscrit comme "un processus (...) à l'intérieur d'un espace temporel provisoire" (*ibid.*). Rien n'est véritablement défini, ni définitif. L'autoformation en contexte institutionnel n'a pas trouvé son algorithme. Cette "émergence d'imprévu, d'inattendu, d'aléatoire", que F. Cros (1997) attribue aux pratiques innovantes, peut s'appliquer à cet objet. Or, cette caractéristique peut renforcer d'une certaine manière l'image négative de l'autoformation comme une modalité peu "sérieuse". En effet, elle est, tout comme l'innovation, "un processus avec ses zones d'incertitude (...) livrée à l'imprévisible" (*ibid.*, p.16) aussi bien pour l'apprenant qui tente le plus souvent l'aventure de la découverte d'une nouvelle modalité de formation, que pour l'instance de formation elle-même qui invente les solutions les plus viables, au fil des difficultés rencontrées. F. Cros (1997) souligne cet aspect majeur de l'innovation et le définit comme un "processus d'apprentissage pour ceux qui la mettent en œuvre" (*ibid.*, p.18). Il s'agit là d'une perspective intéressante à appliquer à l'autoformation en contexte institutionnel, dans cette "mise en abîme" (*ibid.*) de l'autoformation : l'instance de formation se met elle-même en situation d'autoformation au moment où elle organise un dispositif d'autoformation pour l'usager ; mais aussi au moment où l'acteur s'émancipe par l'acte même d'émancipation qu'il organise pour un autre. L'autoformation s'inscrit alors dans une pratique innovante qui se construit comme une praxis.

1.1.5 - Une tension essentielle

Si l'autoformation non instituée peut revêtir des formes contestataires lorsqu'elle vient s'insérer dans le contexte institutionnel, elle ne se place pas "à contre courant, mais plutôt (...) dans le flux du devenir" (A. de Peretti, 1996, p.70). Le praticien qui organise, dans ce cadre, une pratique innovante comme celle qui consiste à intégrer l'autoformation dans un contexte institutionnel se trouve placé, comme le scientifique dans le modèle de T. Kuhn (1968), au cœur d'une "tension essentielle" (*ibid.*, p.307). Une tension entre l'inscription dans un continuum de valeurs et de pratiques présentes dans un "mode de pensée convergent" (*ibid.*, p.305) et, en même temps, une capacité à reconnaître les défaillances d'un système et à imaginer des solutions alternatives caractéristiques d'un "mode de pensée divergent" (*ibid.*). C'est dans cette tension que se situe l'action innovante, tout comme pour T. Kuhn, la recherche scientifique.

En contexte institutionnel, les dispositifs d'autoformation s'installent dans le prolongement de pratiques déjà existantes : ils ne viennent pas en remplacement, mais en complément de l'offre traditionnelle, dans une recherche d'optimalisation des ressources. Le discours de l'instance de formation ne va pas dans le sens d'un bouleversement radical de l'institution, mais souligne le souhait de participer à l'améliorabilité des systèmes existants. De tels dispositifs ne modifient donc pas l'ensemble de l'organisation, mais ils sont porteurs de changements à cause de certaines de leurs particularités. Par exemple, lorsque le coût d'investissement est très élevé, il conduit à mettre en place des partenariats financiers entre des entités qui, jusque-là, n'auraient pas forcément mis leurs moyens en commun (universités, conseils régionaux et entreprises, par exemple). Cette situation amène une diversité plus grande des publics dans un même lieu (formation initiale et continue mêlées). A l'intérieur de l'organisation, il peut y avoir mutualisation et échanges de moyens, par exemple dans la création de services inter-UFR ou inter-universitaires. Une telle situation peut également se vérifier à l'extérieur de l'organisation dans la mise en place de réseaux et d'associations qui échangent des expériences, des idées, des matériels constitués en bases de données. Toute cette activité potentielle autour des dispositifs d'autoformation peut être particulièrement innovante si, à l'intérieur d'institutions aux structures relativement fermées et spécialisées, s'agencent des espaces ouverts et multifonctionnels.

1.2 - Un triple paradoxe au cœur de cette innovation

Si l'on accepte le postulat de Y. Barel (1979) selon lequel "là où fonctionne le paradoxe, il y a système vivant" (*ibid.*, p.40), alors le développement des dispositifs d'autoformation peut être un indicateur de bonne santé de certaines de nos institutions. En effet, un certain nombre de questions se posent quant à l'intégration de l'autoformation dans des contextes institutionnels traditionnellement hétéronomes. Ces questions soulèvent des contradictions apparentes. Pourtant si l'on suit Y. Barel dans son analyse du paradoxe, celui-ci soulèverait "quelque chose de plus que la contradiction", quelque chose qui aurait à voir avec "le phénomène de superposition, de con-fusion", quelque chose qui irait dans le sens de "l'identité des contraires" plus que dans celui de "l'unité des contraires" (*ibid.*, p.41).

L'autoformation en contexte institutionnel paraît donc être aux prises avec un triple paradoxe : d'une part, l'intégration d'une modalité de formation originellement marginalisée, dans le cours de formations académiques reconnues et, parfois, validantes ; d'autre part, la recherche d'une solution rentable pour l'institution qui passe non pas par une massification accrue, mais par une individualisation ; enfin, la tension créée par cette modalité, entre des pratiques hétéroformatives et le développement de pratiques autoformatives, est particulièrement heuristique.

1.2.1 - Entre l'héritage de la marginalité et la visibilité institutionnelle

L'autoformation, dont les racines plongent dans des situations de marginalisation tantôt revendiquées et tantôt subies, pourrait prendre le chemin de la reconnaissance sociale grâce à son entrée dans certains des secteurs institutionnels du monde de la formation. Mais de quels secteurs institutionnels s'agit-il exactement ? Quelle part active réserve-t-on à cette modalité dans les cycles de formation des cadres supérieurs ou dans celui des étudiants à l'université, par exemple ? Sans parler de la formation des élites, il est intéressant de constater que cette pratique innovante se développe pour l'instant dans des milieux formatifs que l'on pourrait dire annexes. D'une façon quelque peu caricaturale, on pourrait dire qu'il s'agit, dans les formations universitaires en langues étrangères d'initier les "non-spécialistes", dans les entreprises de proposer une formation aux personnels qui sinon n'en auraient aucune, et en formation continue d'offrir par ce biais des heures d'accès à un apprentissage aux demandeurs d'emploi. Cette modalité innovante semble faire ses preuves et se comporte, pour l'instant, comme un parent pauvre aux côtés de ses cousins plus traditionnels. Lorsqu'il s'agit, en effet, de former des étudiants spécialistes d'une langue étrangère, des cadres supérieurs pressés ou des publics exigeants, ceux-ci continuent à bénéficier de cours ou de stages, comme si l'autoformation portait encore avec elle ce relent de marginalisation d'antan et comme si l'hétéroformation était, implicitement, ressentie comme plus légitime. Entre son côté nocturne et son côté diurne, pour reprendre la métaphore de G. Pineau (1983), sans doute sommes-nous, encore, à l'aube d'une modalité de formation pleinement institutionnalisée.

Si l'on considère avec G. Adamczewski (1996) que "l'innovateur fait (...) figure de passeur, de traducteur et de conquérant" et qu'il "aide au franchissement des obstacles et des frontières, (qu') il transcode le nouveau pur en nouveau recevable et applicable, (qu') il en assure la promotion (et) la diffusion" (*ibid.*, p.22), alors il est permis de penser que l'autoformation a toutes les chances de se développer davantage encore dans des secteurs institutionnels plus larges et auprès de publics plus diversifiés. Aujourd'hui, ce paradoxe peut s'entendre comme un enjeu. Reste à savoir s'il s'agit d'un enjeu économique, technologique ou éducatif, ou peut-être les trois à la fois.

1.2.2 - Entre individualisation et rentabilité

Le deuxième paradoxe réside dans le choix d'une solution telle que l'individualisation pour répondre à une demande sans cesse croissante et donc à une massification de la formation. Un équilibre savant semble s'opérer pour permettre au plus grand nombre d'accéder à une formation dont il serait probablement écarté si l'institution d'accueil devait organiser des cours en présentiel. Le développement d'environnements ouverts et l'utilisation massive des nouvelles technologies harmonisées par une ingénierie de la formation installent ce type de dispositif dans une tension entre une individualisation qui serait autre chose que la seule mise à disposition de machines et une nécessité de rentabilité toujours plus prégnante.

Cette situation est d'autant plus paradoxale que "l'innovation vit de l'incertitude, alors qu'on veut absolument la faire rentrer dans la maîtrise d'une action finalisée" (F. Cros, 1997, p.16), ce qui permettrait de mieux la contrôler. La question se pose alors de l'avenir de l'institutionnalisation de cette pratique : va-t-elle être le moyen d'une "réappropriation par l'individu de son pouvoir, de ses chances d'être lui-même et autre chose qu'une configuration stéréotypée" (A. de Peretti, 1996, p.69) ou va-t-elle être juste un moyen ingénierique, technico-pédagogique dirait P. Galvani (1991), pour résoudre un moment de crise. Le présent semble se jouer à la frontière de ces deux pôles.

1.2.3 - Entre hétéroformation et autoformation

Un troisième paradoxe vient interroger cette première lecture du concept de dispositif d'autoformation en contexte institutionnel ; c'est le caractère double d'une autoformation dont le terme même semble suggérer la part réflexive de l'action du sujet et sa partie institutionnelle qui laisserait entrevoir la médiation d'un tiers. Cette tension entre auto-formation et hétéro-formation semble être au cœur des réflexions menées actuellement pour déterminer quelles pourraient être les spécificités pédagogiques de tels dispositifs par rapport à des modalités plus traditionnelles. "Comment apprendre sans se faire enseigner ?" est la question que pose H. Holec (1991) à propos d'une autoformation qui ne serait pas seulement un enseignement individualisé, mais une véritable formation de soi par soi (G. Pineau, 1983), plus ou moins assistée (B. Schwartz, 1972) selon le degré d'autonomie de l'apprenant.

Les recherches pédagogiques qui intègrent plus complètement le jeu dialectique entre auto- et hétéro-formation ne peuvent se développer que si l'institution accorde une plus grande importance à l'innovation permanente au détriment de la visibilité et de l'effet vitrine, et si elle valorise davantage la qualité de l'individualisation au-delà de la seule rentabilité. Cependant, si "dans toute innovation, il y a des valeurs et création de conflits entre différents enjeux" (F. Cros, 1997, p.16), il est important de les expliciter, afin de rendre plus perceptibles les enjeux et avancer dans le sens d'un enrichissement du concept d'autoformation. Cet enrichissement permettrait, en retour, d'optimiser les moyens mis en œuvre pour l'éducation et la formation afin de les mettre au service d'un projet social d'émancipation et d'autonomisation des personnes.

Il est important de se souvenir comment l'institutionnalisation de la pédagogie préconisée par C. Freinet, encore innovante aujourd'hui par certains aspects, est passée du stade de l'"innovation dérangeante" à celui d'"un simple traité méthodologique" (F. Cros, 1993, p.61). L'institutionnalisation de l'autoformation, en tant que démarche innovante, pose donc la question de l'avenir de cette pratique. Une fois instituée, une innovation est-elle toujours innovante ? L'institutionnalisation peut prêter vie à une pratique de formation qui, jusque là, n'avait pas acquis ses lettres de noblesse mais, sachant que dans toute organisation "l'évolution vers la stabilisation, la régularisation et la réglementation est quasi inévitable" (J. Mélèse, 1979, p.57), cette institutionnalisation peut tout aussi bien transformer un mouvement prometteur en un "épiphénomène" (F. Cros, 1993, p.64).

2 - *AUTOS*, AUTONOMIE, AUTOFORMATION ET PRAXIS

Certains termes, plus que d'autres, sont porteurs de ce que l'on pourrait appeler une constellation sémantique. Le terme autoformation est lié ainsi à une pléthore d'autres termes qui, comme lui, sont porteurs du préfixe "auto" et de toute une imagerie qui renvoie à une activité plus ou moins solitaire, plus ou moins volontaire, plus ou moins marginalisée. Faire le choix de relier ce concept à celui d'autonomie est un parti pris à la fois philosophique et politique. Pour nous, la recherche en sciences de l'éducation est pleinement liée à l'action sociale et citoyenne. Apporter une contribution dans ce champ devrait permettre de faire avancer l'action dans le sens d'un projet pour une société démocratique et émancipatrice. C'est pourquoi nous rejoignons pleinement les réflexions de G. Pineau (1983) qui voit en l'autoformation une "appropriation complète de son pouvoir de formation" (*ibid.*, p.9). Quel est le sens, dans ses acceptions polysémiques, donné à ce pouvoir ? Comment s'instrumentalise de façon complète cette appropriation ? Quel sont les contenus de cette formation probablement multidimensionnelle ?

Le terme autoformation renvoie, en premier lieu, à la compréhension que l'on peut construire du terme *autos* ; il renvoie, presque corrélativement, au sens que l'on attribue au concept d'autonomie. Dans cette partie, l'un et l'autre seront abordés dans une tentative de contextualisation à un environnement formatif précis : les dispositifs d'autoformation en langues étrangères.

2.1 - L'*autos* : dimension intrinsèque à l'autoformation

"Cette seconde moitié du XXème siècle est marquée par la floraison verbale du préfixe auto qui s'accole généreusement à presque tous les substantifs comme pour leur donner une force nouvelle" (G. Pineau, 1984, p.119). On pourrait y voir là une seule question de mode portée par la logique libérale et individualiste de notre société. On pourrait y voir également les jeux subtils qu'analyse P. Ricoeur (1990) de "la dialectique du soi et de l'autre" (*ibid.*, p.13), entre "ipséité" et "mêmeté", dans cette recherche de reproduction de l'identique sous couvert d'attribution de l'identité.

Nous préférons contribuer et travailler à faire de l'autoformation un mouvement d'un autre ordre. Pour cela, il est important de faire un détour par le sens que certains chercheurs attribuent à ce qui peut être beaucoup plus qu'un préfixe. Pour reprendre les termes de E. Morin (1980), "tant qu'on ne pourra concevoir ce que veut dire auto, l'autonomie organisatrice du vivant est condamnée, soit à flotter dans le vide comme un fantôme, soit à se laisser dissoudre par les déterminations hétéronomes" (*ibid.*, p.107). Dans les domaines de l'éducation et de la formation, quel sens peut avoir, aujourd'hui, le développement de dispositifs d'autoformation ? L'autoformation est-elle juste une modalité de plus, qui vient s'ajouter à celles déjà existantes ? Pourquoi ne pas s'en tenir alors aux consultations en centres de ressources comme on consultait, et comme on consulte toujours, en bibliothèque ?

L'autoformation n'est pas seulement, à nos yeux, l'espace d'une dialectique de la présence et de l'absence, de la solitude et de la socialisation. Le préfixe "auto" qui l'initie est beaucoup plus qu'une indication réflexive, au sens de ce qui renvoie au soi. Les travaux d'E. Morin (1980) permettront d'élaborer l'hypothèse de sens selon laquelle l'*autos* est "l'autonomie fondamentale", le "foyer organisationnel" qui conduit chaque être vivant à un comportement précis en fonction des multiples informations apportées par ses dimensions internes et environnementales. L'autoformation se présente alors, non comme une modalité de formation imposée de l'extérieur, non comme une appellation moderniste d'un dispositif, mais comme une émergence potentielle de ce qui fait l'unicité de la personne, une unicité en projet d'actualisation dans ce double mouvement piagétien d'assimilation et d'accommodation du monde. En effet, pour

E. Morin (1980), cette émergence organisationnelle a ses propres lois qui (rétro)agissent à partir d'éléments hétéronomes. *Autos* et *hétéros* ne sont donc pas entendus comme un couple antithétique, mais comme un couple complémentaire, étroitement imbriqué dans un mouvement perpétuel d'influences mutuelles, faites d'équilibres et de déséquilibres. L'un n'ayant de sens et d'existence que par rapport à l'autre. Dans un monde éducatif où prévaut généralement l'hétéronomie, l'autoformation peut être un espace de rééquilibrage des forces extérieures et intérieures qui guident le projet existentiel de chaque personne. De ce point de vue, la notion d'*autos* est donc intrinsèquement liée à la notion d'autonomie. Pour E. Morin comme pour F. Varela, c'est en intégrant des éléments extérieurs et en rééquilibrant sans cesse son organisation interne soumise aux perturbations extérieures qu'un être vivant est autonome. Cette capacité à (auto)produire son identité serait donc constitutive des systèmes vivants. C'est ce que F. Varela (1989) appelle la particularité "autopoïétique" de certains systèmes.

2.2 - L'autonomie interprétée comme un processus biologique

Pour F. Varela (1980), l'autonomie est au cœur de chacune de nos cellules, elle est "constamment réaffirmée par cette capacité des systèmes vivants à maintenir leur identité malgré la fluctuation qu'ils subissent" (*ibid.*, p.37). Et ce, en vertu de deux processus simultanés que F. Varela nomme "l'autopoïèse" et "la clôture opérationnelle". L'autopoïèse permet à chaque système vivant de s'auto-organiser en s'adaptant en permanence aux "perturbations qui proviennent de l'extérieur et (aux) perturbations qui proviennent de l'intérieur (...) intrinsèquement indistinguables" (*ibid.*, p.64). La clôture opérationnelle constitue le système comme "une unité reconnaissable" (*ibid.*, p.86) puisque, pour ce chercheur, "un système opérationnellement clos subordonne toute transformation à la conservation de son identité" (*ibid.*, p.90). Il s'établit donc, au sein du système autonome, un jeu dialectique entre une ouverture qui permet l'adaptation par intégration au système de données provenant de l'environnement et la clôture qui permet la conservation de l'identité du système. C'est ce processus dialectique que F. Varela appelle "le couplage structurel" entre l'organisme et son milieu qui fait du système vivant le produit à la fois de son auto-organisation permanente et des interactions constantes avec son milieu. Dans cette conception, l'autonomie se nourrit donc, paradoxalement, de multiples dépendances internes et environnementales. C'est dans ce double mouvement, que peut traduire l'image d'un processus dialectique entre ouverture et clôture, entre intérieur et extérieur, entre intégration et résistance, qu'émerge l'autonomie comme un processus complexe difficile à circonscrire. On retrouve cette dialectique dans les travaux d'E. Morin (1990) pour qui l'autonomie émerge d'une "auto-organisation vivante, auto-produite et continuellement en prise sur le monde" (*ibid.*, p.75). Pour F. Varela (1980), ces deux processus, de dépendance et d'autonomie, s'inscrivent dans une interaction circulaire qui les rendrait codépendants l'un de l'autre, intriqués, complémentaires, tout en étant conceptualisables et conceptualisés de manière distincte.

2.3 - Autoformation et autonomie : un processus existentiel

G. Pineau est, dans le champ des travaux théoriques sur l'autoformation en France, le chercheur qui développe le plus une interprétation de l'autoformation comme dynamique vitale de la personne. Dans cet élan, la personne se donne la possibilité de s'adapter aux transformations de son milieu et de construire sa propre trajectoire de vie, donnant ainsi un sens, une direction et une dimension à son existence. G. Pineau (1983) donne un sens ontologique à la démarche d'autoformation ; pour lui, "se former, c'est reconnaître qu'aucune forme achevée n'existe a priori qui nous serait donnée de l'extérieur. Cette forme inachevée dépend de notre action. Sa construction est une activité permanente" (*ibid.*, p.113). Pour ce chercheur, non seulement l'adulte n'est pas un être achevé, mais "il a à lutter en permanence pour intégrer les différentes influences et pour exister comme unité, totalité" (*ibid.*).

Le concept d'autonomie est au cœur des interrogations qui portent sur l'autoformation, car, comme l'indique G. Pineau (1983), les diverses formes d'autoformation "reposent principalement sur la dynamique autonome du sujet" (*ibid.*, p.52). Même si nombre de chercheurs conviennent du fait que l'autonomie est "la plus insaisissable des propriétés" (F. Varela, 1980, p.37). C'est pour cette raison, sans doute, que nombreux sont ceux qui s'accordent à penser qu'il s'agit là d'un "terme vague et peu moralisant" et qui refusent donc "d'en parler sous prétexte que c'est une question sans réponse" (*ibid.*, p.8). Et pourtant... Comment ne pas s'interroger, dans le domaine des sciences de l'éducation, sur une propriété qui, pour nombre de chercheurs, fait partie intégrante du monde vivant et donc, de ce qui constitue l'homme dans son identité la plus particulière et de ce qui motive nombre de ses intentionnalités.

En quoi consiste cette autonomie de la personne humaine ? En quoi est-elle en relation avec l'action d'apprendre et de se former ? En quoi est-elle plus intrinsèquement liée à la situation d'autoformation qu'à celle d'hétéroformation ? Pour avancer dans cette interrogation, les hypothèses que formule J. Miermont (1995), dans son étude éco-anthropologique de la communication et de la cognition, sont éclairantes. Pour cet auteur, "l'autonomie est, non seulement la capacité d'un système complexe à organiser lui-même ses propres comportements, à s'autodéterminer, mais encore l'aptitude à émettre et à recevoir des signes de reconnaissance de cette autodétermination performative avec ses contextes vitaux" (*ibid.*, p.311). L'autonomie de la personne résiderait donc dans un processus vital s'actualisant à deux niveaux : d'une part, sa capacité "à constituer, organiser et gérer ses propres ressources matérielles, énergétiques, cognitives" (*ibid.*, p.312) et d'autre part, sa capacité à communiquer, c'est-à-dire à faire reconnaître par son environnement et à accepter de cet environnement qu'il contribue à faire exister, les signes de cette capacité. L'autonomie de la personne n'existe donc que dans et par ce double mouvement de l'ontologique et du social. D'après cette hypothèse, l'autonomisation de la personne, portée par le projet de l'autoformation en contexte institutionnel, ne serait opérationnalisable que s'il y avait mise en œuvre conjointe de "processus permettant l'accès à la connaissance (du monde, d'autrui et de soi-même)", et en même temps de "processus organisant les modalités, tonalités et catégories de la communication" (*ibid.*, p.16), c'est-à-dire de la prise en charge, de l'échange et de la reconnaissance mutuelle des signes de cette autonomie.

L'autoformation en contexte institutionnel peut effectivement porter un projet de développement des personnes, non seulement pragmatique dans l'acquisition de savoirs et de savoir-faire, mais également existentiel. Dans un contexte de formation, cela passe par l'inscription de la personne, mais aussi de son environnement formatif, dans une démarche qui va de l'hétéronomie à l'autonomie. L'hétéronomie s'inscrit dans l'histoire du sujet comme l'enfance de son évolution, l'étape dans laquelle il est dépendant de l'éducation familiale, de l'instruction qui lui est apportée par le système social sous la forme d'enseignements et de formations. L'autonomie, elle, devient l'accession à un âge de maturité qui trouve sa plénitude, non dans une activité naïvement égocentrique, mais dans un recentrage des responsabilités. Ce projet sous-tendrait donc, d'une part, une organisation ingénierique de l'accès aux connaissances qui va dans le sens du premier niveau de l'autonomie défini par J. Miermont, c'est-à-dire l'organisation de ses propres comportements et l'autodétermination dans les voies à prendre pour construire son propre itinéraire de formation. Par ailleurs, il sous-tendrait du côté de l'instance de formation une gestion analogue de ses propres comportements et la mise en œuvre effective des signes de reconnaissance émis et reçus d'une autodétermination primordiale.

Un tel projet pourrait alors, peut-être, répondre aux vœux de G. Pineau (1983, p.75) pour qui "l'autonomisation du moi" devrait développer des motivations éducatives très spécifiques qui conduiraient la personne à mieux se connaître et se comprendre, mais aussi à mieux connaître et comprendre son environnement "pas seulement de façon intellectuelle", mais "de façon opérationnelle pour être capable d'organiser *sa* vie". Pour ce chercheur, de telles motivations seraient en mesure de déclencher de nouveaux processus d'apprentissage davantage liés aux besoins existentiels des personnes qu'à leurs besoins intellectuels ou d'ordre fonctionnel. Inscrire les personnes dans des démarches d'interrogation, de recherche, d'affrontement aux dilemmes et aux paradoxes, à partir de ce qu'ils sont et de ce que sont leurs expériences personnelles, générer des prises de conscience, peut contribuer, pour cet auteur, à créer de nouvelles "mouvances" de formation et certainement aussi, une conception plus humanisée, c'est-à-dire plus complexe, de la formation des personnes.

Cette complexification de l'environnement formatif et du rapport que la personne peut entretenir avec lui n'est pas synonyme de complication. Il s'agit d'un autre regard porté sur le projet inhérent à toute organisation de formation, un projet potentiel pour la personne et un projet de société potentielle.

2.4 - Autoformation et autonomie : un processus social

Pour le philosophe C. Castoriadis (1990), le projet d'autonomisation est "nécessairement social, et non pas simplement individuel" (*ibid.*, p.147). En effet, un projet de formation qui ne se préoccuperait pas seulement d'enseigner des matières spécifiques, mais qui se donnerait pour mission de développer la capacité d'apprendre du sujet (*ibid.*, p.146), s'inscrirait dans un projet politique de société bien précis, puisque "en se créant, la société crée l'individu et les individus dans et par lesquels seulement elle peut être effectivement" (*ibid.*, p.114). Si le projet politique est bien de contribuer à l'auto-production d'une société démocratique, c'est-à-dire "une collectivité qui s'auto-institue et s'auto-gouverne" et dans laquelle chacun de ses membres est capable de "participer à ses activités réflexives et délibératives" (*ibid.*, p.150), alors l'objectif premier d'un tel projet politique est d'aider la collectivité à "créer les institutions dont l'intériorisation par les individus ne limite pas, mais élargit leur capacité de devenir autonomes" (*ibid.*, p.151).

L'institutionnalisation de l'autoformation peut aller dans ce sens, à condition que les projets sous-jacents à la mise en œuvre ingénierique des dispositifs soient porteurs de telles valeurs. Dans le domaine de la formation, le premier pouvoir de la personne qui s'inscrit dans un dispositif est, sans doute, celui de s'autodéterminer quant à ce qu'elle veut apprendre, pourquoi, dans quel but, où, comment, avec qui et enfin selon quels critères elle considère qu'elle a réussi, terminé ou non son apprentissage. Prendre en compte l'autonomie ontologique de chaque personne, c'est lui donner la possibilité d'exercer "une activité réfléchie propre" (*ibid.*, p.150), dans l'activité cognitive d'accès à un savoir et dans sa façon de l'aborder, dans sa manière d'être en relation avec les autres et avec son environnement. Prendre en compte l'autonomie ontologique de chaque personne, c'est également lui permettre de construire "réflexivement ses lois d'être" (*ibid.*, p.131). Pour ce philosophe, "l'autonomie est l'agir réflexif d'une raison qui se crée dans un mouvement sans fin, comme à la fois individuelle et sociale" (*ibid.*). Contrairement à une "société hétéronome" qui impose une loi indiscutable à des individus aliénés, la "société autonome" développe "des individus qui ont intériorisé à la fois la nécessité de la loi et la possibilité de la mettre en question, l'interrogation, la réflexivité et la capacité de délibérer, la liberté et la responsabilité" (*ibid.*, p.139). En ce sens, "l'autonomie est (...) *autolimitation*" (*ibid.*) ; elle n'est pas une liberté débridée et irresponsable dans le laisser-faire général, elle est à la fois acceptation d'un ordre et capacité de mettre en question cet ordre (*ibid.*, p.220).

L'autoformation pourrait être l'un des moyens de développer, à l'intérieur de l'institution éducative, l'autonomie comprise en ces termes. En effet, si l'importance existentielle de la prise en charge individuelle de la formation tout au long de la vie est démontrée, l'autoformation constitue également un défi institutionnel dans un ordre politique qui se veut démocratique.

E. Morin (1980) et C. Castoriadis (1990) montrent à quel point cette démarche de pensée est loin des conduites individualistes et individualisantes qui peuvent constituer une dérive dans le développement des activités formatives fédérées par le terme autoformation et comment, à l'inverse, cette démarche "élargit les solidarités", pour reprendre une expression de G. Pineau (1983, p.101). Ceci à condition que l'autonomisation se joue à deux niveaux : "le niveau phénoménal - celui de l'existence individuelle *hic et nunc* au sein d'un environnement, le niveau génératif (générique et génétique) - celui d'un processus transindividuel qui génère les individus" (E. Morin, 1980, p.105). En effet, pour ce chercheur, reconnaître l'autonomie, c'est accepter que chaque personne est "une auto-organisation qui s'auto-produit" et, en même temps, chaque personne est en interaction avec le monde et les autres, et appartient à une chaîne d'êtres vivants et à une histoire qui l'a produite. L'autonomie est alors "une reconnaissance de l'appartenance de chaque être à un monde vivant, mais aussi social, qui le produit et qu'il contribue à produire" (E. Morin, 1980, p.105). C'est en ce sens que "l'approfondissement de l'autonomie amène (...) un élargissement des solidarités » (G. Pineau, 1983, p.101), par la "jonction avec la communauté symbolique ou avec la chaîne écologique qui relie souverainement les êtres au-delà de leur diversité" et par la "création de valeurs existentielles qui donne à la vie quotidienne de certains être une densité ontologique et historique unique et universelle" (*ibid.*).

En favorisant l'inversion du rapport entre sujet social et institutions par le passage de l'hétéronomie à l'autonomie et en favorisant une relation réflexive à soi-même et au monde, l'autoformation en contexte institutionnel peut participer à la dynamique d'une "société éducative en voie de développement" (J. Dumazedier, 1978). Car si l'hétéronomie - le discours de l'Autre dans les termes lacaniens - est toujours présente dans tout système social, le développement de l'autonomie individuelle à l'intérieur d'un projet politique éducatif peut amener chaque personne à se construire comme sujet de cette collectivité, un sujet dont la "vérité propre" est toujours "participation à une vérité qui le dépasse, qui s'enracine finalement dans la société et dans l'histoire" (C. Castoriadis, 1975, p.145).

2.5 - L'autoformation comme praxis

Un tel projet, émancipateur d'un point de vue philosophique, devient opératoire grâce à la pédagogie, conçue comme action réfléchie et dirigée par une intentionnalité. C'est pour cette raison qu'il est possible d'entendre l'autoformation non seulement comme un projet personnel de développement ou comme un projet social d'éducation, mais aussi, du point de vue de l'institution, comme une praxis. Une praxis comprise comme "ce faire dans lequel l'autre ou les autres sont visés comme êtres autonomes et considérés comme l'agent essentiel du développement de leur propre autonomie" (C. Castoriadis, 1975, p.103). Le passage du projet philosophique et politique à l'action concrète est toujours une confrontation à la complexité de diverses réalités conjointes et aux paradoxes auxquelles elles exposent. En effet, "la praxis est ce qui vise le développement de l'autonomie comme fin et utilise à cette fin l'autonomie comme moyen" (*ibid.*, p.104). C'est en cela que l'autoformation peut se définir comme une praxis, car au-delà du projet sous-jacent à la dimension ingénierique des dispositifs développés, la dimension pédagogique permet la mise en œuvre d'actions concrètes qui négocient avec le paradoxe en permettant de "s'appuyer sur une autonomie qui n'existe pas encore, afin d'aider à la création de l'autonomie du sujet" (C. Castoriadis, 1990, p.147). Pour tout pédagogue et surtout pour le formateur d'adulte, il n'est pas de personne qui ait un degré zéro d'autonomie ; c'est sur ce degré d'autonomie existant, même faible, que le formateur et l'apprenant vont travailler. Et c'est, en toute conscience de la difficulté qui reste, et restera sans doute longtemps à lever, que le représentant de l'institution éducative travaille, car chercher à développer l'autonomie des personnes dans leur environnement d'apprentissage et de formation, tout en sachant que ces mêmes personnes se meuvent dans des environnements plus ou moins hétéronomes, prend l'allure d'un pari militant.

Pourtant, c'est cette dimension incontrôlable et imprévisible qui donne toute sa spécificité à l'action pédagogique, celle-là même qui ne pourra jamais être remplacée par des machines, fussent-elles interactives et intelligentes. Pour C. Castoriadis (1975), "l'objet même de la praxis c'est le nouveau, ce qui ne se laisse pas réduire au simple décalque matérialisé d'un ordre rationnel préconstitué, en d'autres termes le réel et non un artefact stable, limité et mort" (*ibid.*, p.106). Dans un dispositif d'autoformation conduit par un tel projet, il n'y a pas d'algorithmes possibles de la réussite pédagogique. Il y a la mise en œuvre d'un processus toujours recommencé, constitué d'une réflexion intégrative des différences et des paradoxes et d'une recherche de solutions toujours provisoires, mue par la certitude que l'être humain, tout comme son autonomie ontologique, "ne se laisse(nt) pas définir par un état ou des caractéristiques quelconques" (*ibid.*, p.104). Le propre même de ce processus dynamique et créatif engagé par une autoformation ainsi comprise, est que formateur et apprenant, impliqués comme sujets dans cette expérience, sont transformés par cette expérience qu'ils font autant qu'elle les fait. Cette modification continue d'acteurs qui se constituent en sujets, dans un environnement qui les construit autant qu'ils contribuent à le construire, ne peut être ni réifiée, ni déterminée une fois pour toutes. Elle se définit comme projet, "une praxis déterminée, considérée dans ses liens avec le réel, dans la définition concrétisée de ses objectifs, dans la spécification de ses médiations. C'est l'intention d'une transformation, prenant en considération les conditions réelles et animant une activité" (*ibid.*, p.107).

L'autoformation comme praxis est un projet théorique, abstrait, mais dont il est possible d'instrumentaliser certains aspects. Le travail pédagogique, tendu entre l'utopie et la contingence, fraie cependant des chemins de traverse que l'apprenant emprunte en suivant les pas du poète espagnol[11].

Ce cadre théorique tente ainsi de se situer dans la continuité des travaux de chercheurs tels que G. Pineau, J. Dumazedier, M. Lesne ou encore B. Schwartz pour qui "définir un système de valeurs en vue d'un projet éducatif revient à dessiner le type d'homme que l'on veut former et la société dont cet homme est à la fois le produit et l'acteur" (B. Schwartz, 1972, p.31). Aujourd'hui, comme à d'autres époques "d'altération historique" (C. Castoriadis, 1990, p.133), un projet éducatif et politique fondé sur l'autoformation ainsi comprise pourrait s'interpréter comme "produit et moteur de la société" (B. Schwartz, 1972, pp.48-49).

3 - L'APPRENTISSAGE DES LANGUES : UN PROCESSUS COMPLEXE

Le domaine de l'apprentissage des langues étrangères, comme champ d'application particulier, peut se trouver en adéquation de manière privilégiée avec ce cadre théorique dans la mesure où ce type d'apprentissage, peut-être plus que tout autre, concerne la personne tout entière : ses capacités cognitives, affectives, sociales, son histoire personnelle, etc.

A partir des années 80, une série de travaux liés à l'apprentissage des langues comme outils d'échange et de communication a contribué à modifier les conceptions de la formation dans ce domaine. Avec la mise en valeur de comportements différents dans les quatre grandes compétences que sont la compréhension orale et écrite, l'expression orale et écrite, des travaux comme, en France, ceux de S. Moirand (1979), contribuent à montrer les spécificités de chacun de ces canaux de communication. Les compétences dites de communication se présentent comme transversales aux quatre compétences mises en valeur, et des travaux sont réalisés pour montrer que l'acquisition d'une langue étrangère passe aussi par le développement de ces compétences-là. M. Canale et M. Swain (1980) puis plus particulièrement M. Canale (1983) développent une classification de quatre compétences mises en œuvre dans la communication : premièrement une "compétence grammaticale" qui recouvre la maîtrise du code linguistique (morphologie,

---

[11] Allusion au poème d'A. Machado, 1917 : "*Caminante, son tus huellas el camino, y nada mas...*".

syntaxe, phonétique, lexique, orthographe) ; deuxièmement, "une compétence sociolinguistique" qui concerne la maîtrise des différences socioculturelles en jeu dans les échanges (adapter le registre de langue, la gestualité, etc.) ; troisièmement, "une compétence discursive" qui concerne la capacité à combiner des idées de façon cohérente dans la succession linéaire du discours oral ou écrit ; quatrièmement "une compétence stratégique" qui concerne la capacité à mettre en place une stratégie dans l'échange selon une intentionnalité donnée. Ces travaux donnent lieu à de nombreuses recherches dans les domaines de la didactique et de la pédagogie.

Concevoir une approche communicative de l'apprentissage des langues étrangères et le développement de compétences de communication a donc conduit les didacticiens et les pédagogues à s'intéresser à la langue telle qu'elle est usitée dans toute sa complexité. C'est-à-dire non seulement au système morpho-syntaxique et aux structures formelles qui la constituent comme "langue", mais aussi à la dimension symbolique et anthropologique qui lui donne vie comme "parole", pour reprendre la distinction fondatrice de F. de Saussure. L'appui théorique que trouve l'ensemble de ces travaux auprès de la pragmatique et des théories de la communication apporte au champ de la didactique des langues des pistes de recherche : du côté du langage, la pluralité de ses fonctions et ses dimensions culturelles, dans la diversité des règles et des codes mis en jeu dans les échanges ; du côté du locuteur, la dimension individuelle de l'échange dans la conception de l'acte illocutoire et la réhumanisation de la figure du locuteur. Les systèmes de valeurs individuels qui sont examinés, les motivations, l'histoire personnelle, les intentionnalités dans un échange donné, contribuent à configurer l'acte même de communiquer.

Le titre de l'ouvrage de J. Austin (1962) *Quand dire, c'est faire* (*How to do things with words*), est révélateur de la mise en valeur du rôle du locuteur dans la communication. Lorsque ce chercheur élabore la notion d'acte de langage, il en fait l'unité d'analyse du discours, en lieu et place des phrases ou des mots décontextualisés. A partir des travaux de ce courant, "parler n'est pas seulement combiner des signes, mais effectuer une ou des actions, agir sur les autres ou sur le monde" (D. Dubois, 1996, p.238). C'est cette assise théorique qui servira de base à l'élaboration de l'ouvrage *Un niveau seuil* de D. Coste (1978) qui renverse les méthodologies traditionnelles de la didactique, construites sur une progression grammaticale et lexicale. Cette nouvelle approche donne la priorité à une progression basée sur les actes de langage utiles à l'apprenant à un moment de son apprentissage. Dans cette perspective, "communiquer, ce n'est plus seulement transmettre une information, mais (c'est) agir sur autrui ou sur le monde à travers un système complexe qui impose ses règles et ses normes" (D. Dubois, 1993, p.238).

Cette approche de l'apprentissage des langues conduit également à mettre l'apprenant en contact avec des documents et des situations d'échange "authentiques", c'est-à-dire "non conçu(s) expressément pour (...) l'étude de la langue, mais pour répondre à une fonction de communication, d'information ou d'expression linguistique réelle" (R. Galisson et D. Coste, 1976, p.59). Cette notion favorise considérablement l'utilisation de médias pourvoyeurs de documents réalisés pour des natifs, comme autant de documents authentiques pour un enseignant de langues. L'apprenant se trouve ainsi confronté à la langue telle qu'elle est utilisée. Le dispositif pédagogique tente alors de lui fournir des techniques de décodage, de repérage d'indices non verbaux susceptibles de l'aider à développer sa compétence de compréhension. Ainsi, les travaux de C. Compte, dans le domaine télévisuel, tendent à montrer que la complexité du langage du média, au lieu de gêner l'apprenant, facilite sa compréhension à certaines conditions : en utilisant la culture télévisuelle de "l'apprenant-spectateur" (C. Compte, 1985), en systématisant des techniques de décodage et en utilisant le potentiel spécifique du média (*ibid.*, 1993), en amenant l'apprenant à développer des stratégies adaptées (*ibid.*, 1997), en l'aidant à prendre conscience des normes d'écriture communes que l'on retrouve au-delà des télévisions nationales (*ibid.*, 1998).

Les approches communicatives ont recentré les problématiques concernant l'apprentissage des langues sur la situation d'échanges contextualisés et sur l'apprenant comme locuteur potentiel. Elles ont également contribué à considérer l'apprentissage comme un acte individuel, même si, comme la communication, il se fait avec et auprès des autres. En se complexifiant, les travaux qui concernent l'apprentissage des langues étrangères se démarquent clairement des travaux d'inspiration béhavioriste.

Dans le prolongement de ces recherches et en tenant compte de travaux réalisés dans le domaine de la psychologie cognitive qui conduisent à concevoir l'apprentissage comme un processus dynamique auto-organisé (E. Morin, 1980 ; F. Varela, 1980 ; J. Miermont, 1995 ; G. Clergue, 1997), trois dimensions de ce processus vont être abordées par la suite. En effet, les choix théoriques effectués rendent plus explicites le regard qui sera porté dans la suite de l'ouvrage sur l'organisation des dispositifs d'autoformation en langues, les discours d'acteurs de la formation et les témoignages des apprenants.

La première dimension est celle d'une conception de l'apprentissage comme résultat d'interactions diverses qui conduiraient à penser que plus l'apprenant se place dans des situations d'exposition langagière et plus il est en mesure d'enrichir et de contraster son système de références internes selon un processus en spirale (U. Neisser, 1967 ; J. Piaget, 1967 ; D. Gaonac'h, 1987).

La deuxième dimension concerne la conception de l'apprentissage comme résultat d'une action du sujet, une conception vulgarisée par le slogan anglo-saxon *learning by doing* qui conduit à penser que plus l'apprenant est impliqué, activement, volontairement, attentivement, dans son apprentissage et plus il a d'opportunités de créer les liens et connexions nécessaires à l'élaboration des savoirs dont il a besoin (J. Piaget, 1967 ; C. Rogers, 1967).

La troisième dimension concerne la prise en compte des représentations de l'apprenant comme freins ou moteurs de son apprentissage. Cet aspect conduit à penser que, plus l'apprenant est placé en situation de prise de conscience de certaines représentations, plus il a la possibilité de maîtriser intentionnellement ce qui peut bloquer ou au contraire stimuler son apprentissage (J. Piaget, 1967 ; D. Olson, 1974 ; H. Trocmé-Fabre, 1987).

3.1 - Le résultat de diverses interactions : l'importance de l'exposition

Dans la mesure où les processus mentaux reposent sur un substrat biologique (F. Varela, 1989, p. 27), l'apprentissage est le résultat d'interactions de mécanismes biologiques ; mais il est également le résultat d'interactions sociales et d'interactions avec l'environnement dont l'individu fait partie intégrante et qu'il contribue à produire (J. Piaget, 1970) ; L. Vygotsky, 1978 ; A. Weil-Barais, 1993). Cette interprétation rejoint la conception, déjà évoquée, de la personne comme système, siège d'interactions diverses dans ses sous-systèmes internes (E. Morin, 1980 ; G. Lerbet, 1993), et également d'interactions tout aussi diversifiées et complexes avec les autres et avec le monde (E. Morin, 1980 ; G. Pineau, 1983).

Pour J. Piaget (1970), l'apprentissage est "une construction complexe où ce qui est reçu de l'objet et ce qui est apporté par le sujet est indissociablement lié". Pour ce chercheur, la connaissance n'est ni le produit du seul sujet, ni un produit émanant de l'objet qui d'une certaine manière s'imposerait au sujet de manière extrinsèque ; elle est le résultat d'interactions se produisant "à mi-chemin entre les deux et relevant donc des deux à la fois " (*ibid.*, p.12) ; il s'agirait donc d'une "double construction progressive" (*ibid.*), circulaire, sans *input* ni *output*, qui rejoint le concept de couplage structurel développé par F. Varela (1989).

Dans le processus d'apprentissage, la personne (ap)porte avec elle tout un passé d'expériences, de connaissances antérieures, de sentiments de succès ou d'échecs, de freins ou de moteurs psychologiques qui vont rendre l'apprentissage plus ou moins facile. Cela est d'autant plus vrai dans l'acquisition d'une langue étrangère où les facteurs affectifs et motivationnels sont très rapidement mis à l'épreuve. En effet, l'apprenant adulte maîtrise déjà plusieurs systèmes symboliques dont la langue qu'il utilise couramment et, par conséquent, "les catégories cognitives qui (y) sont exprimées" (W. Klein, 1989, p.15). Dans ces conditions, il doit accepter de réapprendre à s'exprimer dans une langue qui lui est étrangère, au double sens du terme. Il aborde donc cet apprentissage avec, entre autre, un certain nombre de règles linguistiques et sociolinguistiques qu'il a intériorisées et avec lesquelles il va commencer à élaborer ses premières hypothèses interprétatives pour reprendre une notion développée par G. Noizet (1980) et à réélaborer certains concepts comme le montre W. Klein (1989). Cette activité mentale, parasitée et/ou dynamisée par les autres dimensions de la personne, procéderait par sélection et reconstruction des données informationnelles provenant de la langue étrangère passée au filtre de l'activité perceptive (U. Neisser, 1976). Cette situation vécue comme phase intermédiaire par la conception classique de l'interlangue, est conçue comme activité mentale par D. Gaonac'h (1983, p.145) et aboutirait à des connaissances, matérialisées par une compétence de compréhension et/ou de production, qui se situerait bien entre un sujet donné et une langue cible : un sujet qui transforme son système perceptif et interprétatif de la langue et qui, sans doute en même temps, modifie d'autres dimensions de lui-même ; un objet, la langue cible, qui se complexifie et se densifie tout en devenant moins opaque au fil des nouvelles acquisitions.

Cette interprétation du processus d'acquisition de la langue étrangère, conduit à suivre certains chercheurs (S. Moirand, 1982 ; H. Trocmé-Fabre, 1987 ; E. Veron, 1987) dans leur proposition de confronter l'apprenant le plus tôt possible à des systèmes complexes (des énoncés et des actes illocutoires) et non à des systèmes simplifiés (des phrases et des répliques). De cette manière, il devrait avoir plus rapidement la possibilité de construire des systèmes élaborés de traitement des données tels que, par exemple, des systèmes de références linguistiques et sociolinguistiques, des stratégies de compréhension, des repérages d'indices extra-linguistiques, etc. Cela exige quelques conditions d'accompagnement de la part du dispositif pédagogique, notamment l'entraînement à la prise en compte, par chaque apprenant, de sa "zone proximale de développement" (L. Vygotsky[12], 1978) dans les différentes compétences langagières, mais aussi dans les compétences d'apprentissage.

3.2 - Les connaissances dérivent de l'action : l'importance de l'implication

Les travaux de U. Neisser (1967) ont montré combien l'interaction entre le sujet et l'objet d'apprentissage conduit à une activité mentale de reconstruction, de réélaboration des structures cognitives du sujet. Pour ce chercheur, les acquisitions constituent une des conséquences de l'activité mentale ; leur rappel n'est pas "une réactivation de traces latentes, mais correspond à une nouvelle construction mentale qui prend comme base les traces laissées par une activité mentale antérieure". Étant donné un matériau (ici, le langage) présentant à la fois une grande variabilité et certaines régularités, l'activité mentale du sujet qui y est confronté consiste à en détecter les régularités et les conditions de variabilité. Cette activité ne se fait pas au hasard : elle est dirigée par les structures cognitives du sujet, qu'elle modifie en retour (D. Gaonac'h, 1987, p. 108). L'acquisition de connaissances est donc liée à l'action mentale du sujet, mais elle est également liée à l'action qu'il peut réaliser sur les objets eux-mêmes. En effet, pour J. Piaget (1970), "l'instrument d'échange initial (est) l'action" (*ibid.*, p.12) ; ce chercheur subordonne toute forme de connaissance à l'activité du sujet qui procède par auto-organisation constructive, développant son intelligence au contact et dans l'interaction avec son environnement. Il s'agit donc d'"assimiler le réel à des structures de transformations (...) qu'élabore l'intelligence en tant que prolongement direct de l'action" (J. Piaget, 1969, p.45) dans la mesure où ces structures, qu'elles soient "structures d'actions élémentaires aux structures opératoires supérieures", contribuent "à organiser le réel (...) et non pas à le copier simplement" (*ibid.*, p.46). Cette adaptation continuelle de l'individu à son milieu et à son environnement se fait grâce à deux mécanismes que J. Piaget

---

[12] L'analyse du développement des enfants réalisée par L. Vygotsky (1978) est utilisée dans cet ouvrage sur le mode d'une heuristique de recherche féconde, applicable au champ de la formation des adultes.

conçoit comme indissociables : "l'assimilation de l'expérience aux structures déductives et l'accommodation de ces structures aux données de l'expérience" (*ibid.*, p.209). Ce modèle n'est pas remis en cause par les travaux contemporains, puisque pour A. Giordan (1995) "l'organisation d'un apprentissage ou encore la structuration du savoir procède fondamentalement de l'activité du sujet. Apprendre devient ainsi une capacité d'action effective ou symbolique, matérielle ou verbale. Cette capacité est liée à l'existence de schèmes mentaux issus de l'action" (*ibid.*, p.113). Pour ce chercheur, "l'apprenant doit exercer un contrôle délibéré sur son activité et sur les processus qui la régissent" (*ibid.*, p.121).

Dans le domaine de l'apprentissage des langues étrangères par les adultes, si l'on suit le modèle piagétien, l'apprentissage ne peut que passer par l'exposition et la pratique de la langue telle qu'elle est utilisée par les natifs dans des contextes précis. De plus, les quatre tâches principales mises en valeur par W. Klein (1989) (analyser la langue, construire l'énoncé, mettre en contexte, comparer) comme devant être résolues en permanence par l'apprenant, militeraient en faveur d'une exposition à la langue étrangère authentique. En effet, c'est dans cet échange entre l'acte, à proprement parler, de langage et la personne en situation d'apprentissage que celle-ci (re)construit ses structures de références internes par l'exposition active à une situation complexe et par la mise en œuvre, également active, de procédures internes de contrôle de la production. D. Gaonac'h (1987) argumente cette interprétation en montrant que l'"on n'apprend pas une langue, mais des situations de langage : la variété des activités de langage conduit à la mise en œuvre d'une variété de compétences" (*ibid.*, p.201). Selon ce chercheur, "les compétences de l'apprenant sont à tout moment liées à la nature de l'activité langagière à laquelle il est confronté" (*ibid.*), parce que "les activités de langage sont en premier lieu structurées par leurs objectifs" (*ibid.*, p.202) : on échange avec un interlocuteur donné, dans un contexte donné, avec une intention donnée. C'est ce qui fait toute la difficulté de l'apprentissage d'une langue étrangère qui demande à l'apprenant non seulement la mémorisation de codes et de symboles arbitraires, mais qui lui demande aussi et surtout, d'après D. Gaonac'h (1987), "l'intégration efficace d'opérations qui se déroulent à des niveaux très différents : des opérations de 'haut niveau', sémantiques, sociolinguistique, textuelles... ; des opérations de 'bas niveau', référentielles, lexicales, morpho-syntaxiques, phonologiques, graphiques" (*ibid.*, p.203).

En s'impliquant activement et volontairement dans ces processus d'exposition et de production, l'apprenant devrait se placer dans une situation optimale d'apprentissage, car il devrait ainsi accéder à des formes d'acquisition plus profondes, au sens où S. Krashen (1981) entendait le terme d'acquisition. Quelques années auparavant, C. Rogers (1969) avait montré qu'il ne peut y avoir d'apprentissage sans l'action volontaire d'un apprenant qui se constitue comme sujet socialisé et motivé et qui inscrit son apprentissage à l'intérieur d'un projet personnel plus global.

Si l'on entend par autoformation ce "processus dynamique auto-organisé" (G. Clergue, 1997) inhérent à tout véritable apprentissage, alors ce processus ne peut se développer que dans et par l'apprenant lui-même. Le rôle du dispositif pédagogique devant être d'offrir à l'apprenant le plus grand nombre d'occasions possibles de confronter ses acquis à des situations authentiques d'échange en langue étrangère, de l'aider à instrumenter l'accès à ces situations et à diagnostiquer les zones de difficulté.

3.3 - Un système d'interfaces entre soi et le monde : l'importance de la prise de conscience

Pour F. Varela (1989), "les événements informationnels n'ont pas de qualité substantive, ce ne sont pas des phénomènes qui existent à l'extérieur de nous, ils sont littéralement *in-formati*, c'est-à-dire formés à l'intérieur" (*ibid.*, p.12). Pour ce chercheur, les données que l'on considère externes sont de l'"in-formation". Cette théorie vient renforcer les hypothèses du fonctionnement de la perception selon lesquelles celle-ci n'est jamais entièrement déterminée par le contenu du message sensoriel mais elle est influencée par diverses variables comme l'expérience antérieure, l'éducation, les émotions, les valeurs, les mobiles, la personnalité, etc. (des facteurs *top down*) (A. Streri, 1993, p.108). D'après ces hypothèses, le sujet est toujours dans un état de préparation ("état central directif") au moment de recevoir des stimulations, qui tient compte de ses expériences antérieures et des événements qui viennent de se produire. Ainsi, l'activité perceptive se marque d'un caractère anticipatoire voire "prédictif". Pour J. Bruner (1958) et pour U. Neisser (1976), le sujet repère des indices dans la complexité du réel et élabore des hypothèses en fonction de ses besoins et attentes, de ses représentations et des stratégies qu'il met en œuvre en vertu de facteurs d'économie et de prise de risque (masquage possible de certaines catégories ou priorité donnée à certains types d'indices selon les situations, par exemple).

Ainsi pour J. Bruner (1958), mais aussi pour d'autres chercheurs comme U. Neisser (1967) ou G. Salomon (1981), la perception est liée aux filtres que sont les représentations élaborées par chaque sujet en fonction de son expérience, de sa culture et de son système de référence, c'est pour cette raison que pour J. Bruner, "toute expérience perceptive est une catégorisation" (A. Streri, 1993, p.108). Dans son ouvrage de synthèse sur le constructivisme, C. Twomey Fosnot (1996) évoque la relation dialectique entre les éléments culturels et les éléments individuels (*ibid.*, p.24). C'est ainsi que les représentations structurent et organisent le réel (A. Giordan, 1995, p.118) et c'est sur leur modification que repose la réussite de l'apprentissage. Or, ce processus est désagréable au sens où "tout changement est perçu comme une menace (car) il change le sens des expériences passées" (*ibid.*, p.121). Il semble que ce soit le dépassement de ce déséquilibre qui permette un apprentissage.

Dans le cas de l'apprentissage d'une langue étrangère, ces représentations élaborées dans une culture déterminée, en fonction d'une expérience et d'une histoire personnelle donnée, contribuent à construire à la fois l'identité individuelle et l'identité sociale de la personne. W. Klein (1989) montre combien cet état de fait peut présenter un frein important dans le sentiment de perte de cette identité que l'apprentissage de la langue étrangère peut susciter chez un adulte. De la même manière, les représentations de la langue et de la culture étrangère, en partie élaborées sur les stéréotypes socialement partagés dans la culture de l'apprenant, peuvent également jouer un rôle de frein ou bien, à l'inverse, un rôle moteur dans l'apprentissage, selon qu'elles sont négatives ou positives. Les représentations de l'apprentissage, et plus précisément de l'apprentissage d'une langue étrangère, élaborées au fil des divers apprentissages vécus dans des milieux naturels ou éducatifs, conduit la personne à avoir un certain nombre d'attentes dans le domaine pédagogique. Selon l'environnement formatif dans lequel elle se trouve, ces attentes peuvent être plus ou moins renforcées. Dans le cas d'une autoformation, même en contexte institutionnel, cette dimension est à prendre en compte. La personne élabore également des représentations d'elle-même en tant qu'apprenant et en tant que locuteur de la langue cible qui peuvent fortement influencer l'apprentissage.

De la même façon, les représentations de l'apprenant interviendraient dans la mobilisation des connaissances nécessaires pour une tâche donnée. Pour l'activité de lecture, par exemple, D. Gaonac'h (1987) montre, en s'appuyant sur les travaux de K. Goodman (1971), que "les processus de réception du langage sont constitués de cycles d'échantillonnage, prédiction, test et confirmation" (D. Gaonac'h, 1987, p.159) et que l'élaboration de prévisions à partir d'hypothèses sont fondées sur des connaissances préalables (*ibid.*, p.160), ce qui corrobore le cycle perceptuel de U. Neisser (1976). Ce serait donc à partir de ces interfaces inobservables, floues, évolutives que travaillent apprenants et intervenants pédagogiques, puisqu'il semblerait que ce soit dans cet entre-deux que se construisent les connaissances, tout au moins dans le paradigme représentationnel, selon l'expression critique de F. Varela (1989).

C'est sans doute à cause de ses caractéristiques impalpables que J. Bruner et J. Piaget mettent la prise de conscience au centre de l'apprentissage. En effet, si les représentations de l'apprenant concernant la langue cible, son apprentissage même, l'image qu'il a de lui en tant qu'apprenant et en tant que locuteur de cette langue étrangère, préfigurent les plus ou moins grandes difficultés qu'il va rencontrer ; si l'apprentissage de la langue étrangère est "contrôlé (par l'apprenant) sous l'effet d'un programme interne" (D. Gaonac'h, 1987, p.124) ; alors, il est de première importance que l'apprenant prenne conscience de ce fonctionnement pour participer aux modifications qui doivent se jouer en lui pour qu'il intègre de nouvelles données.

Pour J. Piaget (1969), "l'intériorisation des actions suppose (...) leur reconstruction" (*ibid.*, p.48) et "cette reconstruction suppose une décentration continuelle" (*ibid.*, p.49). Un travail explicite sur les métaconnaissances peut être l'un des moyens de favoriser cette décentration. Celles-ci sont définies par D. Gaonac'h (1987) comme "les connaissance(s) qu'on a des processus en jeu dans son propre fonctionnement mental" (*ibid.*, p.111) et par A. Weil-Barais (1993), comme "les connaissances qu'ont les individus sur leur capacité, sur leur fonctionnement et sur les connaissances elles-mêmes" (*ibid.*, p.429). Celle-ci s'appuie sur les travaux de J. Flavell et H. Wellman (1977) pour affirmer que "les métaconnaissances dont dispose le sujet interviennent dans le *contrôle cognitif*" (A. Weil-Barais, 1993, p.429) et montre, en faisant référence à une série d'études sur ce sujet, que "la possibilité qu'a le sujet de pouvoir interpréter une procédure enseignée en termes de méta-connaissances est décisive" (*ibid.*, p.430). A. Giordan (1995) confirme cette hypothèse lorsqu'il affirme que l'apprentissage n'est pas seulement une question de niveau opératoire, mais qu'il s'agit à la fois d'"un type de questionnement, un cadre de références, des signifiants, des réseaux sémantiques, y compris un métasavoir sur le contexte et sur l'apprendre" (*ibid.*, p.113), un "savoir sur le savoir" qui permet à l'apprenant de "situer les démarches, de prendre du recul par rapport à ces dernières ou de clarifier le champ d'application du savoir" (*ibid.*, p.124). Si comme le montre G. Noizet (1980), les stratégies de compréhension, à titre d'exemple, fonctionnent davantage sur le mode d'heuristiques plutôt que sur celui de règles figées, alors l'activité de prise de conscience de l'apprenant sur ses propres modalités de fonctionnement dans l'apprentissage est déterminante.

Les travaux des chercheurs en psychologie cognitive font donc apparaître un certain nombre d'éléments dont la prise en compte devrait garantir une plus grande efficacité dans l'apprentissage d'une langue étrangère par un adulte. Ainsi, le dispositif pédagogique devrait pouvoir offrir aux apprenants des moyens diversifiés, appropriés aux besoins de chacun d'eux. Il devrait également être en mesure de tenir compte des dimensions interactionnelles, mais aussi réflexives, nécessaires à l'élaboration du système de références internes d'un apprenant conscient de sa nécessaire implication dans son processus d'apprentissage.

Ce dernier constat, conforté par l'analyse d'E. Morin (1986) pour qui "apprendre, c'est non seulement acquérir des savoir-faire, c'est aussi savoir faire acquisition de savoir" (*ibid.*, p.60), conduit à s'intéresser aux stratégies d'apprentissage mises en œuvre par les apprenants à l'intérieur d'un dispositif d'autoformation en langues. Il conduit donc également à s'intéresser aux travaux qui ont été produits dans ce domaine durant ces dernières années.

4 - INSTRUMENTER L'APPRENTISSAGE : PERSPECTIVE CONSTRUCTIVISTE

C. Rogers (1969), mais aussi M. Knowles (1974) avaient déjà montré que la conception d'une démarche d'apprentissage personnelle à chaque individu et tenant compte de son passé d'apprenant, de ses caractéristiques psycho-culturelles et de la spécificité de son projet personnel, ne peut que passer par l'accompagnement. Dans cette perspective, le rôle de l'instance formative se fait plus discret, et si celle-ci n'en est pas moins présente, la question est moins celle du comment transmettre ou encore du comment faire apprendre que celle du comment aider à apprendre. Dans cette recherche d'une démarche médiatrice, sorte de compagnonnage pédagogique (P. Meirieu, 1989), l'instance formatrice se fait conseiller, facilitateur. Elle aide l'apprenant au moment où il le demande, mais surtout elle lui donne les moyens d'élaborer un parcours de formation, afin qu'il puisse poursuivre sa formation en dehors de l'institution, en situation d'autodidaxie, en sachant profiter de toutes les ressources de l'environnement immédiat.

Cette orientation amène à développer des axes de recherches capables d'instrumenter la formation de l'apprenant. A titre d'exemple, il ne s'agit pas de savoir qu'il peut être bon de clarifier les objectifs prioritaires, encore faut-il être capable de les élucider. De la même façon, il ne suffit pas de savoir que chacun peut évaluer lui-même ses propres progrès sans l'aide d'un spécialiste, encore faut-il être capable de repérer les évolutions et de les orienter vers le but que l'on s'est assigné. Il en va de même pour l'utilisation performante des différents supports de la formation et notamment des médias qui offrent, de façon de plus en plus accessible à l'usager moyennement équipé, des ressources d'une grande richesse. A ce titre, les travaux de chercheurs comme G. Jacquinot (1985), C. Compte (1985), M. Linard (1996) sont révélateurs du potentiel que recèlent de tels outils pour peu que l'on forme les usagers à une utilisation pertinente.

Dans le cadre de la recherche sur laquelle s'appuie cet ouvrage, l'interrogation se réduit à la prise de conscience, par l'apprenant, des stratégies d'apprentissage qu'il met en œuvre dans sa formation en langue étrangère. Dans cette partie du chapitre 3, un bilan de travaux portant sur cette question, est proposé. Une synthèse est d'abord réalisée sur ce que la recherche présente comme étant les conduites d'apprentissage les plus efficaces pour l'acquisition d'une langue étrangère, celles du "bon apprenant" (*good learner*) ou "apprenant expert" comme R. Porquier et R. Vivès (1993, p. 76) préfèrent nommer à juste titre cette entité abstraite, productive d'un point de vue théorique. Dans la lignée de ces travaux, différentes définitions et typologies des stratégies d'apprentissage sont ensuite abordées.

4.1 - Le fonctionnement des apprenants efficaces

D'après le travail de synthèse que P. Cyr (1996) a réalisé sur ce champ de recherche, les résultats actuels se basent essentiellement sur les travaux prospectifs de H. Stern (1975) et de J. Rubin (1975), puis sur ceux de N. Naiman, M. Frölich, H. Stern et A. Todesco (1978). Si H. Stern repère les attitudes et caractéristiques qui distinguent les apprenants les plus efficaces et les apprenants les plus faibles, c'est J. Rubin qui montre que les stratégies déployées par les premiers peuvent être analysées et partagées par les seconds. Par la suite, leurs successeurs approfondiront les voies que ces deux chercheurs ont ouvertes.

P. Cyr (1996) propose quatre groupements de caractéristiques des apprenants efficaces : ils ont une approche active de l'apprentissage, ils considèrent que la langue cible est à la fois un système à découvrir et un instrument de communication, ils prennent en compte la dimension affective de leur apprentissage, ils surveillent leurs performances.

4.1.1 - *Une approche active de l'apprentissage*

Cette activité est décrite par les chercheurs, non en terme d'action au sens négatif d'agitation, mais en terme de réceptivité, d'inscription dans une dynamique positive. L'apprenant efficace adopte une attitude de responsabilité personnelle (H. Stern, 1975), il s'implique dans son apprentissage (H. Stern, 1975 ; N. Naiman et coll., 1978). De ce fait, il recherche et exploite toutes les occasions d'apprendre (N. Naiman et coll., 1978), il planifie cet apprentissage (*ibid.*, 1978), car il a conscience du temps et de l'effort que celui-ci requiert (H. Stern, 1975).

4.1.2 - *La langue cible comme système à découvrir et instrument de communication*

Les travaux de recherche montrent que, contrairement à l'apprenant faible, l'apprenant efficace ne reste pas accroché au système référentiel de sa propre langue, il fait face au défi que représente l'abandon des schèmes provenant de sa langue maternelle et finit par penser dans la langue cible (H. Stern, 1975). Il fait des comparaisons pertinentes avec sa langue maternelle, il analyse la langue étrangère et fait des déductions, il établit des liens entre des éléments nouveaux et ce qui est connu (N. Naiman et coll., 1978).

L'approche active de l'apprentissage pousse l'apprenant à chercher toutes les occasions de pratiquer la langue en situation naturelle (N. Naiman et coll., 1978), hors temps d'apprentissage pédagogique (H. Stern, 1975) : il répète les mots ou les phrases qu'il entend, il regarde la télévision, écoute la radio et prend l'initiative de conversations en langue cible. Il désire communiquer et communique pour apprendre (J. Rubin, 1975). Pour cela, il a recours à son intuition et déploie tous les moyens pour comprendre le sens d'un énoncé ou celui d'un acte de communication (J. Rubin, 1975 ; N. Naiman et coll., 1978). L'apprenant actif s'intéresse au contexte des actes de parole et à tous les indices qui lui permettent de deviner ou inférer le sens des énoncés, en fonction de ce qu'il connaît déjà (H. Stern, 1975 ; J. Rubin, 1975 ; N. Naiman et coll., 1978).

Dans l'échange, ce type d'apprenant utilise différentes stratégies compensatoires : il a recours aux gestes, aux mimiques, aux paraphrases, aux mots apparentés à une langue qui lui est familière. Au besoin, il invente des mots en vérifiant la compréhension de son interlocuteur ou il passe par la traduction dans une autre langue (J. Rubin, 1975 ; N. Naiman et coll., 1978).

4.1.3 - *La prise en compte de la dimension affective de l'apprentissage*

Nombre de travaux montrent que l'apprenant efficace sait gérer la dimension affective de l'apprentissage. Il est capable de faire face au sentiment de régression ressenti au début de l'apprentissage (H. Stern, 1975). Il accepte l'incertitude, l'ambiguïté, le sentiment de frustration et de désorientation (H. Stern, 1975 ; N. Naiman et coll., 1978). Il n'a pas peur du ridicule (J. Rubin, 1975 ; N. Naiman et coll., 1978). Si l'acte de communication est réussi, il ne craint pas de se tromper et il apprend de ses erreurs (J. Rubin, 1975). Il adopte une attitude d'ouverture et de tolérance face à la langue et à la culture cible, avec une certaine empathie pour ses interlocuteurs natifs (H. Stern, 1975 ; N. Naiman et coll., 1978).

4.1.4 - *La surveillance de la performance*

Même s'il est aventureux dans ses tentatives de s'approprier la langue cible (H. Stern, 1975), l'apprenant efficace se soucie du code linguistique (H. Stern, 1975 ; J. Rubin, 1975 ; N. Naiman et coll., 1978). Il analyse, catégorise, fait des associations et des synthèses, il fait la différence entre les éléments du code qui sont importants et ceux qui ne le sont pas (J. Rubin, 1975). Il formule des hypothèses sur le fonctionnement de la langue cible, il ordonne les éléments de la nouvelle langue en un système cohérent et les révise progressivement en établissant des liens entre les éléments nouveaux et ceux qu'il a déjà appris (H. Stern, 1975 ; J. Rubin, 1975).

Son apprentissage est mené de façon consciente et délibérée, il est donc capable de le rendre à la fois agréable et rentable (H. Stern, 1975). Il s'informe auprès des locuteurs natifs, essaie de les imiter (N. Naiman et coll., 1978). C'est à cette aune qu'il s'auto-évalue et se corrige constamment (J. Rubin, 1975 ; N. Naiman et coll., 1978).

4.2 - **Les recherches sur les stratégies d'apprentissage**

Les travaux sur les stratégies et notamment les stratégies d'apprentissage ont fait suite, selon P. Cyr (1996), aux travaux qui concernent les caractéristiques de l'apprenant efficace, notamment dans la voie ouverte par J. Rubin (1975).

Même si un certain nombre de définitions produites (J. Rubin, 1987 ; A. Chamot, 1987 ; R. Oxford, 1989) sont sujettes à discussion (R. Ellis, 1994), on peut retenir avec P. Cyr (1996) qu'une stratégie d'apprentissage est "un ensemble d'opérations mises en œuvre par les apprenants pour acquérir, intégrer et réutiliser la langue cible" (P. Cyr, 1996, p.5). Cet auteur montre comment la conception des stratégies d'apprentissage, sous-jacente à cette définition, est directement liée au modèle théorique proposé par J. Anderson (1981 et 1983) (*information-processing model of learning*), modèle généralement adopté dans les recherches sur les stratégies d'apprentissage (J. Rubin, 1981 ; J. O'Malley et A. Chamot, 1990). Il y distingue trois phases dans l'acquisition des connaissances et des savoir-faire : une phase dite cognitive (activité mentale consciente, connaissances déclaratives), suivie d'une phase associative (traitement, phase de l'interlangue, maîtrise des éléments du code), puis d'une phase d'autonomisation où les connaissances sont automatisées (concentration sur l'utilisation fonctionnelle de la langue, fonctionnements subconscients).

Les recherches sur les stratégies offrent au praticien une meilleure compréhension du fonctionnement mental au cours de l'apprentissage d'une langue étrangère en fournissant des répertoires de référence, des classifications, ainsi que des évaluations menées selon des critères définis par l'étude. Dans la perspective développée par R. Oxford, les recherches théoriques apportent ainsi des outils opératoires à l'enseignant ou au formateur, afin qu'il puisse mieux aider l'apprenant à mettre en place un apprentissage plus rapide, plus aisé et plus effectif selon les termes mêmes de l'auteur (R. Oxford, 1996, p.39), mais aussi plus fortement auto-dirigé (*self-directed*) et plus facilement transférable à de nouvelles situations (R. Oxford, 1990, p.8). L'ensemble des recherches sur les stratégies ont comme objectif commun d'accroître l'autonomie de l'apprenant (R. Oxford, 1990 ; A. Wenden, 1991), dans la mesure où les auteurs partent du principe qu'elles peuvent être développées de façon consciente par celui-ci. En tout état de cause, les stratégies peuvent s'apprendre.

Bien que ces recherches soient majoritairement basées sur des situations d'hétéroformation en groupes, elles sont suffisamment centrées sur l'apprenant (aspects cognitifs) et sur la personne (aspects affectifs et sociaux de l'apprentissage) pour que leur intérêt reste entier dans les situations d'autoformation.

4.2.1 - *Une diversité d'approches*

Le champ de recherche dans le domaine des stratégies d'apprentissage est encore trop récent (tout au plus une vingtaine d'années) pour proposer des pistes consensuelles. Les travaux de R. Ellis (1994) sont éclairants pour tenter de cerner la complexité de la réflexion qui entoure cette notion.

4.2.1.1 - Quelques définitions

R. Ellis (1994) définit le terme stratégie de la manière suivante : *"mental or behavioural activity related to some specific stage in the overall process of language acquisition or language use*[13] (*ibid.*, p.529). La difficulté consiste surtout à définir avec exactitude le terme stratégie d'apprentissage. Par exemple, différencie-t-on avec E. Tarone (1980) les stratégies de production, de communication, des stratégies d'apprentissage ? Mais alors comment être sûr(e) des limites exactes entre chacune d'elles lorsqu'un apprenant en langue étrangère est en situation de production dans un échange oral avec un natif, par exemple ? De la même façon, est-ce que l'on différencie, avec cet auteur, les stratégies d'apprentissage de la langue (*language learning strategies*) et les stratégies d'apprentissage de savoir-faire (*skills learning strategies*) ? Auquel cas, comment distinguer ce qui est de l'ordre de l'apprentissage de la langue et ce qui est de l'ordre de l'apprentissage de savoir-faire lorsqu'un apprenant, par exemple, est en situation de composer un message destiné à être faxé à un natif ?

Pour R. Ellis (1994), certains auteurs perçoivent les stratégies comme étant essentiellement des stratégies comportementales (*behavioural*) et d'autres les perçoivent comme étant des stratégies essentiellement mentales (*mental*). Là encore, cette distinction n'est pas toujours aisée à réaliser lorsqu'un apprenant, par exemple, recherche volontairement toutes les occasions de pratiquer la langue étrangère ; la partie comportementale observable dans les actions qu'il met en œuvre, les initiatives qu'il prend dans les échanges, s'accompagnent d'une part d'action mentale dans la gestion cognitive et métacognitive des situations, ainsi que dans leur gestion motivationnelle, affective et sociale.

L'auteur relève également la distinction que fait H. Stern (1983) entre stratégies et techniques, ou encore celle que fait H. Seliger (1984) entre stratégies et tactiques, alors que d'autres chercheurs ne font aucune de ces distinctions. Le débat qui semble sous-jacent à ces différences terminologiques concerne la dimension consciente et intentionnelle dans l'utilisation des stratégies ou la dimension subconsciente : les uns placent les stratégies du côté des gestes mentaux subconscients et les techniques ou tactiques du côté des gestes volontaires, les autres considèrent que les stratégies peuvent non seulement être utilisées de façon consciente, mais qu'il est possible de les analyser et de les enseigner.

---

[13] R. Ellis, 1994, une stratégie est : "une activité mentale ou comportementale mise en oeuvre à une étape particulière du processus d'acquisition ou de l'utilisation de la langue" (p. 529).

Une autre distinction relevée par R. Ellis (1994) est celle que fait J. Rubin (1981) entre les effets directs et indirects de l'utilisation des stratégies sur le développement de l'interlangue de l'apprenant et que ne reprennent pas des chercheurs tels que J. O'Malley et A. Chamot (1990).

Ces quelques points de discussion soulevés rapidement révèlent que le champ des recherches dans le domaine des stratégies d'apprentissage n'offre pas encore de véritable consensus. Il n'est donc pas surprenant de retrouver ces divergences dans la façon de regrouper les stratégies repérées.

4.2.1.2 - Des classifications différentes

Tout comme les définitions et les délimitations du champ de recherche, l'analyse révèle que l'explicitation des stratégies d'apprentissage en termes intelligibles et opératoires n'est pas développée selon les mêmes critères. Ainsi, si l'on compare les trois typologies dont rendent compte R. Ellis (1994) et P. Cyr (1996), à savoir celle de J. Rubin (1981), de J. O'Malley et A. Chamot (1990), et de R. Oxford (1990), on peut constater que leur organisation révèle des différences notables.

J. Rubin (1981) repère trois groupes de stratégies d'apprentissage, directement inspirés des trois phases d'acquisition des connaissances issues du modèle proposé par J. Anderson (1981 et 1983). Elle regroupe les stratégies selon leurs fonctions : les stratégies mises en œuvre dans les processus de compréhension ou de saisie des données, celles développées dans les processus de stockage et de mémorisation, celles enfin qui gèrent les processus de récupération, utilisation et réemploi.

J. O'Malley et A. Chamot (1990) organisent les stratégies d'apprentissage en trois catégories également, mais ce ne sont pas les mêmes, puisqu'ils choisissent de les regrouper par type. Ces deux chercheurs distinguent ainsi les stratégies cognitives, métacognitives et socio-affectives.

Quant à R. Oxford (1990), elle reprend la grande distinction apportée par J. Rubin (1975) entre stratégies directes et indirectes et classe les stratégies d'apprentissage en six catégories. Les premières contribuent directement à l'apprentissage, les secondes semblent juste le faciliter. Pour sa typologie, R. Oxford (1990) se sert donc à la fois du rôle que peuvent jouer les stratégies dans l'apprentissage et de leur type. Elle classe dans les premières les stratégies mnémoniques, cognitives et compensatoires, et dans les secondes les stratégies métacognitives, affectives et sociales.

De fait, les contenus de ces typologies se recoupent globalement, mais la typologie de R. Oxford (1990) est, en l'état actuel des recherches, la plus accomplie. R. Ellis (1994) qualifie cette typologie de la manière suivante :

"the most comprehensive classification of learning strategies to date"[14] (*ibid.*, p.539). C'est également l'avis de P. Cyr (1996) qui signale que les travaux de R. Oxford "figurent parmi les plus importantes contributions à la recherche et à la diffusion des connaissances en matière de stratégies d'apprentissage d'une L2" (*ibid.*, p.30) et "une large partie des définitions qu'elle propose (...) fait l'unanimité" (*ibid.*).

Même s'il est encore possible de discuter de la place de certaines stratégies dans telle ou telle catégorie (J. O'Malley et A. Chamot, 1990), certaines délimitations étant difficiles à établir de façon nette, la typologie de R. Oxford présente l'avantage de déboucher sur un questionnaire, le *Strategy Inventory for Language Learning* (SILL) qui pourrait se traduire en français par "questionnaire d'auto-diagnostic des stratégies d'apprentissage des langues étrangères" (QADSALE). Celui-ci a été validé auprès de dix mille étudiants dans plusieurs pays du monde, il a été traduit en onze langues et a été le support de près de douze thèses et d'une cinquantaine d'études (R. Oxford, 1996, p.28).

4.2.2 - Le modèle proposé par R. Oxford (1985 et 1990)

Afin d'élaborer de nouvelles propositions de recherches, R. Oxford s'appuie sur de nombreux travaux qui ont été réalisés depuis 1981. Parmi eux : E. Bialystok, 1981 ; R. Politzer, 1983 ; R. Politzer et M. McGroarty, 1985 ; M. McGroarty, 1987 ; Y. Padron et H. Waxman, 1988. Comme l'ensemble de ces travaux porte essentiellement sur les stratégies cognitives et métacognitives, R. Oxford tente d'élargir les recherches sur une variété plus grande de stratégies mises en œuvre. Elle montre comment le travail de l'apprenant sur les stratégies d'apprentissage peut être lié à l'acquisition des compétences de communication repérées par M. Canale et M. Swain (1980). En effet, développer un certain nombre de stratégies, notamment les stratégies métacognitives, affectives et sociales, aide les apprenants à participer, à communiquer de façon authentique dans des situations où l'échange est contextualisé. Ils acquièrent ainsi des compétences nécessaires à la communication en langue étrangère.

4.2.2.1 - Les hypothèses explicitées

Pour R. Oxford (1990), les stratégies sont particulièrement importantes car elles constituent des outils d'apprentissage qui peuvent être

---

[14] R. Ellis, 1994, au sujet de la typologie de R. Oxford : "la classification des stratégies d'apprentissage la plus intelligible actuellement" (p. 539).

auto-contrôlés. La notion d'auto-direction de l'apprentissage est considérée comme majeure par cet auteur qui en fait une condition *sine qua non* de la réussite des apprentissages en langues : "*self-direction is essential to the active development of ability in a new language*"[15] (*ibid.*, p.10). C'est ainsi que pour l'auteur, les apprenants peuvent progresser à la fois dans la confiance qu'ils placent dans leurs capacités langagières, mais aussi dans leur efficacité à communiquer dans la langue cible, ainsi que dans leur capacité à apprendre dans et en dehors de l'institution de formation. En s'émancipant de la tutelle du formateur, ils se donnent ainsi les moyens de continuer à apprendre en dehors des lieux de la formation. Par-là même, l'auteur rejoint les travaux d'A. Wenden (1987) sur les stratégies qui permettent à l'apprenant d'atteindre un plus haut degré d'autonomie dans son apprentissage. L'hypothèse de R. Oxford (1985 et 1990) est que si l'on entraîne les apprenants à repérer et à mettre en œuvre des stratégies d'apprentissage, ces derniers deviennent plus performants et plus autonomes dans cet apprentissage.

4.2.2.2 - Une classification comme outil opératoire pour l'apprentissage

En reprenant les deux grandes catégories de stratégies, directes et indirectes, la typologie que propose R. Oxford comprend, à l'intérieur des stratégies directes, les stratégies mnémoniques, cognitives et compensatoires.

Les stratégies mnémoniques permettent à l'apprenant de stocker, rechercher et retrouver une information. L'auteur regroupe ces stratégies en quatre sous-catégories, selon leur finalité : créer des liens mentaux (grouper, ordonner, associer, contextualiser) ; associer des images ou des sons avec les mots nouveaux (créer des cartes sémantiques, utiliser des mots-clés) ; réviser la nouvelle information de façon à la rendre la plus familière possible ; enfin, utiliser l'action physique, la gestuelle, la kinésique, des sensations et des techniques mécaniques. Pour R. Oxford ces stratégies mnémoniques sont d'autant plus efficaces lorsqu'elles interagissent avec des stratégies métacognitives et affectives.

Parmi les stratégies cognitives qui consistent en la manipulation directe de la langue cible, l'auteur regroupe quatre sous-catégories. Celles qui permettent de pratiquer : répéter, s'exercer au système sonore et écrit, reconnaître et employer des formules toutes faites, recombiner les éléments

---

[15] R. Oxford, 1990 : "l'auto-direction est essentielle dans le développement actif de compétences dans la langue cible" (p.10).

récemment appris, s'exercer à la pratique de la langue cible en situation authentique dans les quatre compétences. Celles qui conduisent à recevoir et envoyer des messages (trouver l'idée principale du message, utiliser des ressources pour s'aider), à comprendre de manière globale sans pour autant s'attacher à la compréhension de chacun des termes. Celles qui aident à analyser et raisonner comme l'utilisation de la déduction, la comparaison, la traduction, le transfert des connaissances acquises dans sa langue maternelle ou dans d'autres langues. Ce sont autant d'actions mentales qui renvoient à l'hypothèse de l'acquisition de connaissances selon une actualisation constante des "*formal model*" (R. Oxford, 1990, p.44) ou des "*schemata*" (U. Neisser, 1967) que chaque personne élabore tout au long de sa vie et auxquels elle se réfère de façon automatique. Enfin, celles qui permettent de structurer régulièrement la compréhension (*input*) et l'expression (*output*), comme, par exemple, prendre des notes, résumer, repérer l'essentiel.

Les stratégies compensatoires, quant à elles, permettent de pallier les manques dans le domaine des connaissances langagières, afin de rester opérationnel dans la communication. L'auteur les regroupe en deux sous-catégories. Celles qui permettent d'utiliser son intuition : utiliser des indices linguistiques ou non linguistiques, comme les indices contextuels. Celles qui permettent de compenser ses carences dans l'expression orale et écrite, telles que recourir provisoirement à sa langue maternelle, demander de l'aide, utiliser des gestes et des mimiques, éviter l'emploi de certains termes ou structures qui posent problème, choisir le thème de l'échange dont on pense mieux maîtriser les éléments langagiers, simplifier le message ou procéder par approximation, créer des mots à partir de suffixes, préfixes ou radicaux connus afin de communiquer l'idée souhaitée, utiliser des synonymes et des périphrases.

Dans la typologie de R. Oxford, les stratégies indirectes contribuent à la gestion globale du processus d'apprentissage. Elles comprennent les stratégies métacognitives, affectives et sociales.

Les stratégies métacognitives aident à la coordination du processus d'apprentissage, l'auteur les regroupe en trois sous-catégories. Celles qui permettent de concentrer son attention et son énergie sur l'acte même d'apprendre comme revoir ses connaissances et créer des liens, porter une attention sélective sur des aspects particuliers de la langue, différer la prise de parole pour se concentrer sur l'écoute. Celles qui conduisent à organiser et planifier son apprentissage : s'informer sur ce qu'est l'apprentissage d'une langue, s'organiser pour se placer dans des situations d'apprentissage optimal, se donner des buts et des objectifs, identifier le but des tâches à

L'autoformation en contexte institutionnel

effectuer et les planifier, rechercher des occasions de pratiquer la langue cible. Enfin, celles qui aident à évaluer son apprentissage, par exemple : auto-contrôler sa production en corrigeant les erreurs repérées, ou encore auto-évaluer ses progrès dans les différentes compétences.

Les stratégies affectives prennent en compte les émotions ressenties, les attitudes et les motivations, l'auteur les regroupe en trois sous-catégories, selon leur finalité : réduire son anxiété (utiliser des techniques telles que la relaxation et la méditation, mais aussi la musique ou le rire) ; s'encourager soi-même (développer une pensée positive, prendre des risques calculés, s'octroyer des récompenses) ; prendre en compte les émotions (écouter son corps, élaborer des listes de contrôle (*checklist*), tenir un journal, échanger avec d'autres sur ses expériences d'apprentissage).

Enfin, les stratégies sociales renvoient au comportement à l'égard des autres, l'auteur les regroupe en trois sous-catégories : poser des questions dans le but de clarifier ou vérifier (faire répéter, parler plus lentement, expliquer) et dans le but de se corriger ; coopérer avec les autres (des pairs, des natifs ou des apprenants plus avancés) ; développer l'empathie à l'égard de l'autre (compréhension de la culture étrangère, acceptation d'idées et de sentiments autres que les siens).

Les catégories détaillées de manière linéaire ci-dessus sont conçues explicitement par l'auteur comme un système dans lequel les sous-catégories fonctionnent en interaction. Comme toute recherche sur un objet complexe, le classement de R. Oxford ne prétend pas à l'exhaustivité, mais il aide à approfondir certaines voies de questionnement et offre un point d'appui dans la formation. C'est en cela qu'il apparaît comme un outil heuristique à la fois pour le chercheur, mais aussi, sur le terrain, pour l'intervenant pédagogique et pour l'apprenant.

CHAPITRE 4

**Derrière le discours théorique,
les discours d'acteurs et les pratiques
déclarées**

Conjointement à l'analyse des travaux théoriques sur l'autoformation, il est important de dresser également un état de la situation dans les discours d'acteurs et dans les pratiques pédagogiques déclarées. Il s'agit d'en repérer les indicateurs caractéristiques, afin d'ouvrir une voie de réflexion et d'expérimentations vers ce qui apparaît comme spécifique d'une situation autoformative.

La principale difficulté méthodologique a consisté à trouver le moyen de produire une étude intelligible de l'objet abordé, tout en rendant compte de sa complexité. En effet, les enjeux institutionnels induits par le développement de tels dispositifs, leur dimension évolutive, l'intense tissu d'interactions qui s'y construit, mais aussi l'énergie, le degré d'investissement et les qualités professionnelles de la plupart des personnels ont fortement conditionné ces choix. Cette double dimension structurelle et éthique a conduit à opter pour la construction d'outils d'observation et d'analyse, garantissant un anonymat qui permette de produire une réflexion conceptuelle et non une comparaison de centres et de personnes.

Afin de comprendre comment s'organisent les caractéristiques émergentes des dispositifs qui pouvaient être considérés comme idéal-typiques, l'analyse des discours et des pratiques s'ordonne selon une approche tridimensionnelle. Celle-ci prend appui sur les thèmes récurrents des entretiens d'acteurs (responsables et intervenants pédagogiques) et sur les travaux de deux chercheurs : M. Lesne (1977, 1984) qui, dans le domaine de la formation des adultes, tente de mettre en regard le projet pédagogique et les pratiques réellement exercées ; J-M. Barbier (1991, 1996) qui, dans le domaine de l'analyse de dispositifs de formation en entreprise, s'intéresse aux processus de production et de gestion du changement. Dans la recherche dont cet ouvrage rend compte, la focalisation est portée sur les relations pédagogiques qui se construisent dans les dispositifs autour de la notion d'autoformation. En effet, l'une des hypothèses fortes est bien que la conception de l'autoformation véhiculée par les dispositifs peut renforcer ou au contraire déstabiliser certains modes acquis d'être apprenant (objet, sujet, agent) et conduire l'usager du dispositif vers un plus grand degré d'autonomie dans son apprentissage. Cette hypothèse est sous-tendue par un certain nombre de conceptions qui tendent à démontrer que tout dispositif pédagogique véhicule un rapport au savoir et un rapport au pouvoir communiqués à l'apprenant. Ce message, pour l'appeler ainsi, vise "à préparer des manières d'être socialement par une manière d'être pédagogiquement", et se constituant en même temps, de façon implicite, comme "point d'appui d'une appropriation cognitive de la réalité" (M. Lesne, 1977, p.35).

L'analyse s'est donc portée sur trois dimensions qui interagissent dans les pratiques : la dimension idéologique au sens large du terme, c'est-à-dire les valeurs, modèles et principes de référence qui guident l'action ; la dimension ingénierique qui comprend l'organisation du dispositif dans ses grandes lignes ; la dimension pédagogique qui se rapporte aux actions, actes, outils qui médiatisent la formation. Cette analyse, doublée d'observations sur le terrain et d'une analyse des écrits produits dans les centres, aboutit à une catégorisation qui se présente, non pas comme une illustration de la réalité, mais comme un "instrument susceptible de provoquer une nouvelle lecture des démarches pédagogiques" (*ibid.*, p.37) dans les dispositifs d'autoformation en langues. De la même façon que pour M. Lesne (1977), les Modes de Travail Pédagogique (MTP) "n'existent pas à l'état pur dans la réalité" (*ibid.*, p.36), les dominantes issues de la catégorisation se présentent comme des tendances, des lignes de force, issues des discours et des observations de terrain. Chacune d'elles peut constituer une modélisation de pratiques possibles et non une modélisation de dispositifs en particulier. En effet, il est tout à fait possible de voir certaines de ces pratiques, tout comme les MTP de M. Lesne, combinées dans un même dispositif.

Ce chapitre propose une analyse comparative des caractéristiques générales des dispositifs du corpus et une analyse des discours produits (entretiens et textes) avec une prise en compte de la parole des acteurs, au sens saussurien du terme, interprétée sur un mode emblématique et non sur un mode personnel.

1 - CARACTÉRISTIQUES GÉNÉRALES DES DISPOSITIFS DU CORPUS

Il a été possible de mettre en évidence cinq caractéristiques générales qui seront abordées tour à tour.

1.1 - L'autoformation en contexte institutionnel : un phénomène récent

Si l'on tient compte de la date déclarée de l'ouverture effective du centre, la figure 2 montre la nouveauté du phénomène : 52% des dispositifs d'autoformation en langues contactés on été créés après 1994.

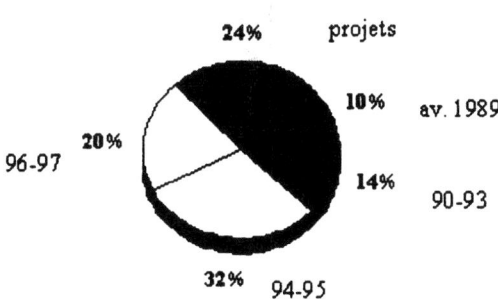

Figure 2 : Créations de dispositifs d'autoformation en langues

Dans les années 70, un seul dispositif est créé dans un centre de recherche universitaire et dans les années 80, une autre création se fait dans un grand centre culturel public. Il s'agit là de deux cadres institutionnels particuliers. Le développement de ce type de dispositif semble commencer effectivement dans les années 85 (4 centres sur 37 ouverts entre 84 et 89) avec un développement plus important dans les années 90 (7 centres sur 37 ouverts entre 90 et 94) et un franc démarrage à partir de 94 (24 centres sur 37 ouverts entre 94 et 97). Si l'on ajoute aux dispositifs du corpus les centres contactés qui n'ont pas été analysés car trop récents (6) et ceux qui sont encore actuellement en projet (6 déclarés dans les centres contactés), il est possible de dire que la majorité des dispositifs (36/49) se sont mis en place après 1994. Il s'agit donc là d'un phénomène très récent, ce qui peut expliquer à la fois le caractère innovant des pratiques dans la plupart des institutions et la diversité de la terminologie employée.

1.2 - Des environnements institutionnels diversifiés

La plupart des dispositifs du corpus (figure 3) sont inscrits dans des environnements d'enseignement supérieur publics ou privés (22/37), un peu moins dans des entreprises nationalisées ou privées (6/37), des GRETA (5/37), des organismes grand public (4/7).

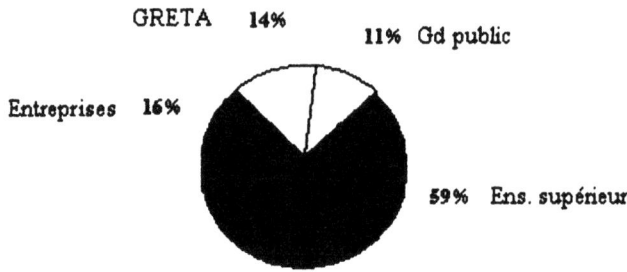

Figure 3 : Les environnements institutionnels

Excepté la sur-représentation de l'institution universitaire dans le corpus de dispositifs repérés (figure 3), les trois autres environnements institutionnels sont représentés de façon presque égale.

1.3 - Des appellations extrêmement diverses, mais significatives

Le nom sous lequel le centre est désigné offre une première approche de ce que représente l'autoformation dans des contextes institutionnels. C'est pourquoi il a paru intéressant de classer les termes à partir desquels les centres s'identifient, selon le type d'activité connoté par ces choix. En effet, si 5% des dispositifs mettent l'accent sur leur appartenance institutionnelle ("universitaire", "départementale") dans une recherche de légitimation ou de visibilité, la plupart mettent en avant l'activité pédagogique. Trois cas de figure se présentent alors :

a) 8% des centres affichent dans le terme qui les identifie ("médiathèque"), la neutralité fonctionnelle qu'ils offrent à leurs usagers. Ils proposent ainsi le dispositif comme lieu d'étude ou de consultation de supports, sans autre aide que celle de la personne responsable des ressources. Le choix terminologique est lié à l'histoire institutionnelle d'espaces dont l'offre se diversifie : dans une salle contiguë à la bibliothèque municipale, traditionnellement réservée aux livres, une médiathèque est apparue et, avec elle, un espace réservé aux langues.

b) 16% des centres renforcent l'image du dispositif comme "centre de ressources" en spécifiant, soit le contenu des ressources proposées ("langues"), soit l'activité suggérée à l'usager ("autoformation"). Il s'agit de lieux qui présentent peu de contraintes pour l'usager et qui offrent des ressources humaines dont le rôle pédagogique est limité, puisque la mise à disposition des ressources matérielles est privilégiée par rapport à la dimension formative. Les autres dispositifs se divisent globalement en deux groupes différenciés par l'utilisation des termes "centre" ou "espace".

c) 16% des dispositifs utilisent le terme "centre", suggérant de ce fait un environnement de formation organisé, dont l'ingénierie est contrôlée et finalisée par un projet d'ensemble. Le rapprochement terminologique avec l'environnement institutionnel est éclairant, car il s'agit, dans tous les cas, de centres implantés dans des environnements universitaires et dont les parcours d'autoformation aboutissent à une validation par des diplômes internes ou de dimension internationale. Lorsque le terme "technique" vient s'ajouter à celui de "centre", il contribue à accentuer la dimension pragmatique et utilitaire de la formation, lorsque l'importance d'un tel apprentissage est relativisée, voire minorée, par le fait de s'adresser à des non-spécialistes en langues. Pour des scientifiques, par exemple, la langue étrangère permet juste une ouverture sur la communication internationale des recherches de haut niveau ; cette formation reste donc encore peu valorisée dans le cursus des étudiants. Lorsque c'est le terme "autoformation" qui vient s'ajouter à celui de "centre", il semble mettre en valeur l'activité même, suggérant ainsi que les contenus proposés pourraient être élargis à d'autres contenus tels que la physique, la chimie, les mathématiques ou la bureautique. Ce n'est pas le cas, lorsque les contenus sont directement affichés par le terme complémentaire "langues".

Le terme "espace", choisi dans 30% des cas, tend à suggérer un environnement ouvert, multidimensionnel, une organisation flexible. Il s'agit, majoritairement, de dispositifs organisés dans un grand centre culturel, une entreprise nationalisée ou encore dans plusieurs GRETA. Les acquisitions n'y sont pas nécessairement validées par des diplômes. L'usager a donc, dans sa pratique d'apprentissage, une grande latitude. C'est également le terme que le réseau des GRETA a choisi pour labelliser les centres qui présentent les critères de qualité définis par une norme interne. Un praticien définit ainsi l'Espace Langues où il exerce : "un espace où (l'apprenant) ne va pas seulement avoir un ordinateur ou une télévision ou un magnétophone, mais où il va pouvoir parler anglais, lire en anglais, où la

L'autoformation en contexte institutionnel

langue va véritablement entrer dans sa vie quotidienne" (Er3)[16]. Lorsque le terme "espace" est suivi d'un nom propre, cela semble renforcer l'identité du lieu comme celui d'un environnement repérable par ses particularités à l'intérieur de l'institution, suggérant également une familiarité conviviale. Lorsqu'il est suivi du terme "multimédia", ce choix paraît accentuer l'aspect contemporain du lieu et mettre en valeur l'appareillage technologique, comme un signe de modernité.

27% des dispositifs complètent une première appellation de termes qui mettent en valeur une activité pédagogique : soit l'activité est centrée sur l'action de l'instance de formation : "enseignement assisté par ordinateur", "évaluation", "formation individualisée", "initiation et recyclage", "assistée par professeur" ; soit elle est centrée sur l'activité des usagers : "autoformation", "apprentissage et perfectionnement" ; "apprentissage auto-dirigé".

Le terme d'autoformation apparaît rarement seul, comme s'il ne se suffisait pas à lui seul. L'activité pédagogique apparaît alors conjointement, suggérée par un terme supplémentaire : "avec tuteur", "guidée", "avec soutien", "assistée", "accompagnée". La diversité des termes utilisés pour identifier chaque dispositif est révélatrice de l'état d'un champ qui se construit . Il est possible, cependant, d'envisager certains regroupements (figure 4).

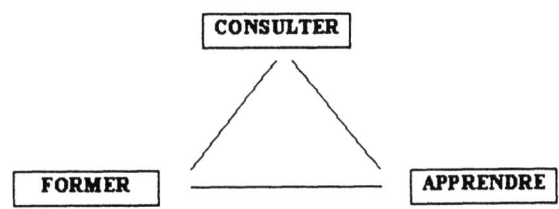

Figure 4 : Centration de l'activité dominante
connotée par le choix des appellations

Certains dispositifs proposent une consultation de matériels en libre service (4/37) et, d'autre part, offrent également une formation (33/37)[17]. Parmi ces derniers, les uns semblent centrer leurs activités principalement

---

[16] Entretien de responsable, dispositif 3.
[17] Voir pour plus de détail : Albero B. et Glikman V., 1996.

sur les actions de formation, les autres davantage sur les actions d'apprentissage. Si certains dispositifs se rapprochent sans ambiguïté des pôles "consulter", "former" ou "apprendre", d'autres en revanche se placent d'emblée dans des zones intermédiaires qui laissent présager une "hybridation" de certaines pratiques, selon le terme de J. Perriault (1996).

1.4 - Une offre diversifiée

Pour 8% des dispositifs, les langues sont un contenu parmi d'autres, aux côtés des mathématiques, de la physique, de l'informatique, de la bureautique etc. Dans les autres cas, c'est l'autoformation qui se présente comme une modalité parmi d'autres. Elle côtoie alors des cours, plus ou moins intensifs, en groupe ou particuliers, par téléphone ou à distance, des stages qui combinent des cours et des séances en médiathèque ou des abonnement à une consultation en libre-service. 22% des centres proposent la formation comme une activité parmi d'autres, parallèlement à la préparation à des examens, à un départ à l'étranger, à des communications en langue cible, à l'embauche. Activités auxquelles s'ajoutent un service de traduction ou des actions culturelles. On peut se demander si cette diversité de situations influe ou non sur l'organisation pédagogique de l'autoformation dans l'espace matériel et temporel accordé aux langues.

Il est difficile de considérer l'offre de formation sans tenir compte du nombre de langues proposées, très variable d'un endroit à l'autre. Si l'anglais constitue, selon certains praticiens, environ 80% de l'activité de formation en langues étrangères et si la plupart des centres offrent entre deux et quatre langues, 11% peuvent en proposer entre dix et seize ; un seul centre va jusqu'à cent vingt-six langues et dialectes, mais il a le statut institutionnel tout particulier de centre culturel grand public. Là encore, on peut s'interroger sur l'influence possible du nombre de langues proposé sur l'organisation du dispositif. Il est alors possible de supposer que plus l'offre est importante en terme quantitatif, plus l'activité pédagogique peut se trouver réduite à une assistance globale et générique.

1.5 - Un public divers

Si 30% des centres ne s'ouvrent qu'à un public interne (personnel d'entreprise ou étudiants), les autres s'adressent à un public plus large tel que des demandeurs d'emploi, des personnes en formation continue ou en stages de reconversion, parfois même au grand public par le biais de la formule libre-service. On peut donc se demander si la diversification du public ne contribue pas à infléchir, là encore, le dispositif vers une offre d'autant plus standardisée d'un point de vue pédagogique qu'elle aura pour mission de répondre à un public plus large.

1.6 - Un premier état des lieux

Dans cette étape de l'analyse, un certain nombre de caractéristiques communes se dessinent pour l'ensemble des dispositifs : ils sont tous inscrits dans une mouvance contemporaine d'utilisation des technologies pour une individualisation de la formation ; ils font tous appel, à des degrés divers, à l'autonomie de l'usager dans la prise en charge, là encore à des degrés divers, de son apprentissage. La différenciation provient de l'existence d'un suivi pédagogique. 10% des dispositifs s'organisent sur des modalités de libre-service, plaçant ainsi l'apprenant en situation de mise en œuvre de pratiques autodidaxiques. Dans la catégorisation finale, ce groupement constituera un extrême du continuum, illustratif d'un type de pratiques. En revanche, l'analyse détaillée porte sur les deux groupements qui proposent une formation, afin d'en repérer similitudes et différences autour de trois axes repérés comme différenciateurs. En effet, d'après les appellations, certains dispositifs se centrent sur l'action former, d'autres sur les moyens de la formation, notamment les technologies utilisées, les derniers enfin, sur l'action apprendre.

2 - LES VALEURS, MODÈLES ET PRINCIPES DE RÉFÉRENCE

Les valeurs, modèles et principes de référence des acteurs de la formation sont loin de présenter une homogénéité idéologique. S'ils font apparaître trois grands points de convergence, ils font également apparaître trois points importants de différenciation.

2.1 - Trois points de convergence

Dans l'appareillage idéologique qui étaie les choix des responsables de centres (Er)[18] et ceux des intervenants pédagogiques (Eip), les points de convergence qui apparaissent semblent révéler une zone d'unification, sorte d'identité des dispositifs d'autoformation.

---

[18] Les extraits d'entretiens ainsi que les extraits de textes écrits ou de bande son des vidéos, sont codées de la manière suivante : Er (entretien de responsable de centre) ; Eip (entretien d'intervenant pédagogique) ; T (extrait de texte écrit) ; V (visite) ; Vi (extrait de la bande son d'une vidéo). Le nombre qui suit l'un de ces codes correspond au code attribué de façon aléatoire à chacun des centres qui ne sont pas cités, pour des raisons déontologiques.

2.1.1 - *Entre humanisme et pragmatisme*

Les discours semblent tendus entre deux postures : un idéal de formation empreint d'idées humanistes et la prise en compte des contingences, telles que les obligations d'équilibre budgétaire, les demandes d'usagers à satisfaire, etc. Dans cette tension, trois thèmes apparaissent de manière récurrente.

2.1.1.1 - *Le souci de la personne*

L'ensemble des acteurs défend l'image de l'unicité de la personne qui doit pouvoir apprendre à son rythme, selon ses besoins propres et ses particularités, "tous n'apprennent pas la même chose, au même moment, au même rythme, avec les mêmes motivations, en empruntant les mêmes parcours et en utilisant les mêmes moyens" (T24)[19]. Il s'agit de tenir compte de ces différences, de cette hétérogénéité, des "acquis personnels", mais aussi "des contraintes professionnelles" (T23). D'ailleurs, c'est sans exception que tous les dispositifs prennent en compte les difficultés que peuvent rencontrer les apprenants : "c'est pas facile de venir hors temps de travail (...) quand vous avez fait votre journée, vous n'avez pas forcément envie de recommencer avec une heure d'anglais ou d'espagnol" (Er31) ; "c'est un public de personnes qui travaillent en entreprise, qui ont des horaires très chargés (...) quand ils viennent jusqu'à dix heures du soir, ils s'endorment en cours (...) il y a des gens extrêmement volontaires, motivés (...) ce système est fait pour que les gens puissent travailler où ils veulent (...) en réalité, ils font 90% de temps de travail à la maison et 10% en centre de ressources (...) les gens passent tellement d'heures dans les transports (...) donc on a beaucoup de matériaux sur cassette son, c'est plus facile à utiliser chez eux" (Er20). Dans de telles conditions, "permettre aux gens qui travaillent de venir quand ils veulent, c'est vraiment un atout" (Er6).

Le lieu de la formation est parfois un lieu où les intervenants sont amenés à "faire du social" (Er22). Ils apportent un soutien psychologique, rassurent l'apprenant et l'encouragent à continuer, malgré les difficultés : "pour ça, il faut aller au devant de la personne" (Er22). En dernier ressort, il apparaît important de permettre à l'apprenant en échec de sauver la face en lui montrant que "c'est pas une tare de pas parler anglais" (Er22). La relation qui s'établit parfois, "c'est plus une relation de personne à personne qu'une relation d'animateur ou de formateur à apprenant" (Eip34)[20]. Quelles que

---

[19] Texte, dispositif n° 24.
[20] Entretien d'intervenant pédagogique, dispositif n° 34.

soient les modalités pédagogiques mises en œuvre, la prise en compte de l'apprenant dans sa particularité individuelle est considérée comme primordiale ; il s'agit de l'un des "critères de réussite" du dispositif (Er22). "On demande à la personne ce qu'elle veut faire, pourquoi elle est là, quel est son objectif" (Er31), car "chaque apprenant est particulier" (Eip34), "il y a des étudiants qui ont envie de faire de l'écrit, (d'autres) qui n'ont envie que de faire de l'oral, (certains) veulent travailler sur des journaux télévisés, (d'autres) ne (les) supportent pas, il y a (ceux) qui veulent faire des films (ceux) qui ne veulent pas, (et ceux) qui veulent faire de la grammaire, (certains) font de l'écrit puis de l'oral, (d'autres) préfèrent d'abord faire de l'oral, après faire de l'écrit" (Er27). On retrouve cette diversité au niveau des rythmes, "il y a (ceux) qui font beaucoup d'heures au début de l'année, presque plus à partir du mois de mars (et ceux qui font l'inverse)" (Er27). Pour l'ensemble des dispositifs, l'organisation souple du centre de ressources permet à chacun de travailler "à son rythme sur les domaines qui l'intéressent" (Er11, dans T11). Ce type de dispositif permet donc de "répondre mieux à l'hétérogénéité des niveaux, des motivations et des besoins" (Er27). Il s'agit là d'une dimension qui motive considérablement les personnels et, dans une certaine mesure, a fait qu'ils ont choisi de travailler dans une telle structure : "ce qui me plaît, c'est d'aider chacun (...) cette idée que chacun peut (réussir) à apprendre" (Eip6) ; "c'est le système dans lequel le respect de l'individu est le plus important (...) on respecte son désir d'apprendre, ses besoins, son rythme, sa personne (...) il n'a pas la frustration d'être largué, de ne pas comprendre, de se sentir inférieur aux autres, de se sentir plus nul" (Eip34).

2.1.1.2 - La prise en compte de contraintes contextuelles : publics, coûts

Cette dimension humaniste de la formation ne fait pas pour autant oublier les contingences. L'ensemble des responsables est obligé de considérer la question du coût, souvent liée à la prise en compte, soit de nouvelles conditions d'exercice, soit à l'intégration de nouveaux publics. Pour les uns, cette modalité "coûte moins cher" (Er22) ; globalement, "ce dispositif représente plus de 20% en chiffre d'affaire, alors qu'il représente 10% de l'effectif stagiaire" (Er13). Dans ce cas, la question se pose de savoir si la "formation à petit prix" (T31) se fait au détriment de la qualité, car, lorsqu'un effort est fait du côté de l'encadrement pédagogique, cela "augmente un peu le coût" (Er4) ou cela conduit à un coût égal à la formation traditionnelle (Er27, Er24). Le constat semble établi sur le fait que "les coûts de fonctionnement par étudiant sont relativement faibles (car) une fois l'investissement initial effectué, un centre de ressources peut accueillir un nombre croissant (d'apprenants) sans augmenter les coûts de fonctionnement", lorsque la "capacité d'accueil" le permet (T24).

Par la mise en place de modalités de formation "plus souple(s)" (Er13, Er4, Er31), "plus flexible(s)" (Er19), ces dispositifs permettent de répondre à de nouvelles réalités : cela peut être au premier abord une question de "mode, tout le monde parle de multimédia, ça intéresse, et c'est motivant" (Er4). C'est surtout un moyen de mettre en place "un dispositif d'entrée et de sortie permanente" (Er30), ainsi l'instance de formation est "capable de prendre n'importe qui, quasiment à n'importe quel moment" (Er13). Et puis, "socialement, on est dans un moment où la notion d'enseignement sur mesure est tout à fait essentielle dans la relation de l'institution aux apprenants (...) il y a une demande, un besoin net d'être responsabilisé, d'être individualisé, (c'est) une exigence très forte de la part des utilisateurs des systèmes de formation, aujourd'hui" (Er27). De cette façon, les dispositifs d'autoformation répondent "à une clientèle" (Er13), car les instances de formation ont "de plus en plus de demandes précises" (Eip34) qui obligent à concevoir des réponses "plus adéquate(s)" (Eip34).

Cette souplesse présente pour certains des difficultés car "plus le dispositif est souple pour le stagiaire et plus il est contraignant (et compliqué) pour l'organisme sur le plan administratif" (Er13) ; ce qui fait penser que cette modalité de formation "est un changement de conception qui remet en cause des tas de choses" (Eip12) et cette remise en cause peut constituer "un frein" (Eip12). Cependant, dans sa globalité, l'autoformation est aussi une façon d'ouvrir la formation à un public plus large qui, sinon, n'y aurait pas accès. C'est également une manière d'assouplir l'offre de formation ; "à l'université (...) c'est un moyen (...) de réussir à offrir une qualité moyenne de la prestation pédagogique (...) qui donne beaucoup plus de garantie que les conditions dans lesquelles on est obligé de travailler le plus souvent" (Er27), une sorte de gestion paradoxale de la pénurie.

2.1.1.3 - *Une conception pragmatique de l'apprentissage des langues*

Quelles que soient les conceptions didactiques et pédagogiques qui forment le soubassement du dispositif d'autoformation, la langue cible est largement perçue dans son usage communicatif. "Il n'est plus question de viser à la connaissance d'une langue et (à) sa pratique à travers la maîtrise des capacités linguistiques" (T25). C'est l'une des raisons qui poussent l'ensemble des responsables de centre à prendre position, dans un premier temps, contre les apprentissages scolaires : "à l'Éducation Nationale en

France, c'est l'acquisition de connaissances, mais pas (des) compétences (...) on apprend d'interminables listes de verbes irréguliers, on fait des traduction, des analyses de texte, mais on n'apprend pas à parler, on n'apprend pas à comprendre" (Er4) ; "les langues sont enseignées de façon rébarbative à l'école, au lycée et même à l'université" (Er31). Le constat est commun sur le fait que "les gens ont une image des langues qui est souvent détestable, ils ont très souvent de mauvais souvenirs, que ce soit de l'apprentissage à l'école (ou) du séjour linguistique en Angleterre" (Er31). Nombre de responsables de centre d'autoformation ne veulent donc pas "être le relais de (cette situation)" (Er31) et cherchent à se démarquer de la formation initiale : "on essaie de faire en sorte que l'École soit mise de côté et qu'on s'occupe vraiment de la communication et non plus de l'apprentissage scolaire de la langue" (Er20). L'approche partagée est donc centrée sur les aspects communicatifs (tenir compte de l'interlocuteur, du contexte de l'échange, etc.) et l'acquisition de compétences telles que "parler et écrire, comprendre l'écrit et l'oral" (Er4).

L'organisation du système est basée sur "l'idée que ce ne soit pas une contrainte (...) il faut que ce soit quelque chose de libre, de spontané, de léger (...) on ne forme pas des écrivains (...) derrière un comptoir, on ne vous demande pas de parler la langue de Shakespeare (...) on vous demande d'être capable de comprendre, de demander de reformuler si vous ne comprenez pas ou de reformuler vous-même pour vérifier que vous avez bien compris (...) l'important ce n'est pas tant de ne pas comprendre que d'être capable de dire qu'on n'a pas compris" (Er31) ; "l'objectif poursuivi dépend des besoins professionnels (ultérieurs)" (T25) ; il faut donc "viser l'efficacité et non pas la perfection" (Er31). Dans une telle perspective, l'image que les acteurs de la formation se font de l'apprenant est très différente de celle véhiculée par une pédagogie plus traditionnelle.

2.1.2 - *L'image d'un apprenant autonome et responsable, mais non isolé*

Les dispositifs d'autoformation se caractérisent, globalement, par le fait que l'essentiel de l'apprentissage se fait en dehors de la présence d'un formateur, tout en prévoyant des moments d'interaction avec lui et, éventuellement, avec d'autres intervenants pédagogiques et/ou d'autres apprenants. Cela nécessite, de la part de chacun d'eux, une certaine indépendance à l'égard de la figure du formateur.

2.1.2.1 - La référence à l'autonomie et à la responsabilité individuelle

Les dispositifs offrent une réelle alternative par rapport aux cours en présentiel dont la multiplication "ne ferait que renforcer la dépendance (des apprenants) à l'enseignement" (T25). Ils permettent de "mieux responsabiliser" l'apprenant (Er11, dans T11 ; T24). Ainsi, l'autoformation "permet de développer l'autonomie" (T23) ou, tout au moins, "une plus grande autonomie d'apprentissage" (Er11, dans T11) de façon à l'amener à "maîtriser (son) apprentissage", notamment "dans une perspective professionnelle" (T25). Nombre de dispositifs affichent ainsi l'autonomisation comme l'un des buts de la formation. La référence à l'autonomie et à la responsabilité individuelle est quasi-constante dans les discours, peut-être parce que "l'idée de liberté, de responsabilité, l'idée que l'individu soit partie prenante (est liée à) l'évolution de notre société (...) on sent qu'on ne peut pas être contre l'idée d'autonomie, parce que c'est dans l'air du temps" (Er12). Cependant, si cette référence est fortement affirmée, elle ne semble pas reposer sur les mêmes bases théoriques et elle n'a pas forcément le même type d'implication ingénierique et pédagogique.

2.1.2.2 - L'apprentissage ne peut se faire dans l'isolement

Dans certains cas, on revient sur des positions passées : "on avait imaginé un système seul, avec un ordinateur, une collection de cédéroms sur la grammaire, une collection sur la compréhension orale et (la personne) se débrouille toute seule" (Er22) ; les organisateurs pensaient qu'un "dispositif d'autoformation, c'est sans formateur, libre-service, il n'y a plus personne dans les rayons, donc, on supprime des heures de formateurs" (Er30) ; ils se sont dit : "si c'est un apprentissage sans enseignement, on économise les heures d'enseignement, ce qui est archi-faux" (Er12).

Le constat est sévère : "on en revient" (Er30), "il n'y a aucun centre de langues dans lequel ça a marché" (Er22) ; "c'est bien de faire de l'autoformation, mais si elle n'est pas guidée, ce sera voué à l'échec (...) ça ne suffit pas d'avoir de beaux laboratoires, de la vidéo, de l'EAO, il faut qu'il y ait quelqu'un derrière" (Er31) ; "tous les centres qui avaient fonctionné en autoformation pure, 100%, s'étaient cassé la gueule... il y avait un désintérêt des stagiaires, un problème de motivation" (Eip34) ; "si on n'accompagnait pas les gens, si on ne les encourageait pas, ce serait voué à l'échec" (Er31) ; "les centres de ressources montés sans encadrement ni suivi pédagogique ne marchent pas" (Er11, dans T11).

L'expérience partagée montre toute l'importance du "contact humain" (Er22), non seulement d'un point de vue affectif grâce à des "contacts informels" (Er22), mais aussi d'un point de vue pédagogique, grâce à des rencontres prévues ou demandées. Peut-être parce que "on n'apprend pas une langue comme on apprend à utiliser un logiciel informatique ou bureautique" (Eip34). En effet, l'ensemble des responsables et intervenants pédagogiques, dans les dispositifs d'autoformation en langues du corpus, sont convaincus que "l'autoformation ça marche (...) si c'est encadré" (Er4) ; "autoformation, ça ne veut pas forcément dire que vous êtes tout seul" (Er30) ; "il ne faut pas que les stagiaires soient tout seuls, la personne ne doit pas se retrouver seule" (Er30) ; "auto, est-ce que ça veut dire 'tout seul' ? Pour moi, certainement pas" (Er27). La conclusion fait consensus : "l'autoformation n'a de valeur que orientée et guidée" (Er6), "il ne saurait y avoir d'apprentissage individualisé sans suivi pédagogique" (T24). Cette dimension humaine est d'autant plus importante que l'apprenant est mis au contact de machines durant une grande partie du temps d'apprentissage et cela peut avoir des conséquences négatives sur sa motivation : "c'est de la technique... Finalement au bout de trois utilisations, il y a une démotivation" (Er22) ; "une machine toute seule, ils vont venir deux fois, trois fois et puis ils vont laisser tomber, ils vont pas tenir" (Er31) ; "au début, il y a l'énergie (...) la nouveauté et puis, au fur et à mesure, ça se dilue et on ne voit plus les progrès, et moins on voit les progrès, moins on a envie de continuer" (Er6) ; "se parler tout seul, c'est un frein (...) Ne pas avoir à proximité des gens pour vous renseigner, c'est un frein bien plus supérieur, donc c'est très important qu'il y ait un contact" (Er22). Ces témoignages renforcent les résultats de l'étude menée par J-F. Barbier-Bouvet (1982, p.104) : le pourcentage d'usagers de la médiathèque langues de Beaubourg, qui ne propose pas d'aide pédagogique, mais qui propose pourtant une aide technique très conviviale, chute à partir du troisième mois d'utilisation. Dans la typologie des utilisateurs produite par l'auteur, "les nouveaux", "les apprentis" et les "néophytes zélés" dont l'ancienneté est égale ou inférieure à trois mois d'utilisation, totalisent 70% des utilisateurs de l'Espace des Langues.

Dans le centre de ressources, les machines semblent avoir pour principale fonction de "remplacer la partie fastidieuse de l'apprentissage d'une langue" (Er4), même si "l'aspect communicatif" (Er4) n'est pas oublié pour autant. Dans certains cas, des expériences ont été tentées avec des machines : "on a mis en place un service télématique à la disposition des apprenants (...) ils peuvent poser une question au formateur (...) réponse sous quarante-huit heures maximum, on a fait le constat que personne n'allait sur le minitel poser sa question" (Er30). En réalité, "dans 32% des cas, les apprenants demandent de l'aide aux autres stagiaires" (Er30). Le relation humaine permet de rééquilibrer cette situation d'un point de vue psychologique et social : "je leur dis bonjour, je les salue, s'ils ont un petit souci, je les aiguille, je leur réponds (...) il faut parler aux gens" (Er22) ; "il ne faut pas délaisser le côté convivial et rencontre" (Er6) ; "on veut que les stagiaires se rencontrent de temps en temps" (Er30). Cet effort fait dans le sens de l'échange convivial et de la communication peut être un élément motivant : "il y en a beaucoup qui viennent parce qu'il y a une bonne ambiance" (Er31). Ce rééquilibrage se fait aussi d'un point de vue pédagogique, car tous les responsables affirment vigoureusement que "le guidage est important" (Er19), ainsi que "l'encadrement pédagogique" (Er27) : "seul, ça ne veut pas dire du tout sans scénario pédagogique" (Er27). Dans cette perspective, "l'autoformation est une formule aboutie si la personne est bien guidée, bien accompagnée" (Er6). D'où la nécessité d'apporter une logistique précise selon des modalités qui peuvent, en revanche, être très différentes d'un dispositif à l'autre : certains développent une "autoformation assistée par professeur" (Er4), d'autres encouragent "le travail en binôme" (Er30), d'autres encore proposent "un minimum de contact vraiment en face en face (et) le petit groupe pour l'expression orale" (Er27). Les "contacts de proximité" et la présence d'"un prof qui travaille dans la durée" sont, pour certains, deux des "critères de réussite" (Er22) d'un dispositif.

2.1.3 - Intégration affirmée des nouvelles technologies et variété des moyens matérialisée par le centre de ressources

Pour la plupart des acteurs, "le centre de ressources (est) le pivot" (Er28), "la clef de voûte" (Er3) du dispositif : "une salle équipée, plusieurs collections" (Er22), "un fond de ressources pédagogiques conséquent" (Er27), des "machines (qui sont) de plus en plus performantes pour mettre l'apprenant face à des situations authentiques et de plus en plus interactives avec la venue du cédérom" (Er28). Pour les responsables, il est important de pouvoir proposer à l'usager "une palette d'outils" (Er6), afin qu'il puisse "faire des choix (...) un tri d'outils et de matériels pédagogiques qui peuvent (lui) être utiles" (Er6) ; un tel dispositif "permet de diversifier les sources de savoir" (Er11, dans T11). Certains affirment avoir "une obligation de moyens à mettre à disposition des (apprenants)" (Er31). "Le matériel mis à disposition" fait donc partie des "critères de réussite" (Er22) du dispositif.

Les technologies sont donc présentées comme un vecteur de modernité, de réussite et d'adaptabilité.

De modernité d'abord, de par l'ancrage dans la contemporanéité qu'elles offrent de prime abord, il s'agit de "techniques modernes" (T10), de "matériels pédagogiques modernes" (T10), le "*nec plus ultra* des nouvelles technologies éducatives" (T11). La mise en valeur de termes comme "multimédia" ou "interactif" donne un caractère magique et mystérieux à une nouveauté tellement nouvelle qu'elle n'est pas encore banalisée.

Elles sont présentées aussi comme un vecteur d'individualisation, condition d'une meilleure réussite. Selon les discours des acteurs, elles permettent d'apprendre dans le domaine des contenus lorsqu'il s'agit d'"approfondir (des) connaissances" (T35) ; dans le domaine des méthodes, lorsqu'il s'agit d'"améliorer (sa) façon de travailler" (T35) ; elles permettent une remédiation lorsqu'un apprenant est en situation de "combler quelques lacunes" (T35) ; elles peuvent servir à une relative socialisation, puisqu'il est question de "travailler dans un même lieu avec d'autres" (T35), dans le but de se cultiver et de s'informer, afin d'"exercer (sa) curiosité et (son) intérêt autour des domaines de formation" qui sont ceux de chaque apprenant (T35). La mise en valeur de termes comme "optimiser", "moduler", "gérer" (notamment le temps) montre bien le souci des acteurs d'utiliser les nouvelles technologies dans un but d'adaptation à la diversité, voire à "l'hétérogénéité" (V1) du public. Elles sont donc présentées également comme un vecteur d'adaptabilité, dans la mesure où elles permettent un "apprentissage souple, libre et personnalisé" (T10).

2.2 - Trois points de différenciation entre deux pôles : la centration sur l'acte "former" et la centration sur l'acte "apprendre"

A l'intérieur d'un appareillage idéologique qui révèle un certain nombre de points communs, il est possible de repérer des différences de conception.

2.2.1 - Un éventail de représentations de l'autoformation

L'ensemble des responsables et des intervenants pédagogiques rapprochent les pratiques développées dans leur centre des pratiques d'autoformation, en les différenciant nettement des formules de cours. Majoritairement, ils développent des parcours dans lesquels l'apprenant alterne des moments de travail personnel et des moments avec un intervenant pédagogique, ou avec un groupe d'apprenants, ou bien les deux à la fois.

Selon les contextes institutionnels, l'autoformation constitue une réponse à des contraintes diverses, avec, parfois, des enjeux très différents. C'est ainsi qu'en contexte universitaire, le dispositif d'autoformation est, le plus souvent, une solution à la massification des formations, particulièrement celle des non-spécialistes en langues, ou de certains niveaux, notamment les premiers cycles. Dans ce cas, le cours n'est plus le moment privilégié de l'apprentissage et l'autoformation vient relayer l'action de l'enseignant.

A l'opposé, il est possible, en contexte industriel, de voir dans l'autoformation un moyen qui permet d'apporter une réponse très précise aux demandes hiérarchiques. L'apprenant est alors placé dans un environnement formatif privilégié, entièrement modelé en fonction de ses besoins spécifiques et de ses contraintes professionnelles. Malgré cet état de fait, les représentations semblent liées davantage aux personnes qu'à l'environnement institutionnel dans lequel elles évoluent.

2.2.1.1 - L'autoformation comme palliatif

Dans certains cas, l'autoformation est perçue comme un palliatif et les formations de type traditionnel sont défendues comme étant les plus efficaces. Certains responsables et intervenants pédagogiques pensent "qu'en langue, on progresse plus vite en salle avec un prof" (Er22), que "on peut toujours apprendre soi-même, sans avoir recours à un professeur (...) mais c'est peut-être une question d'efficacité (...) la meilleure solution, si la possibilité existe, est de suivre des cours avec un professeur" (Er4). En fait, le type de formation plus conventionnel, mieux connu et mieux maîtrisé par l'ensemble des acteurs de la formation, apprenant inclus, est perçu comme "plus complet" (Er22). Avec l'autoformation, "on progresse moins vite qu'avec d'autres formules" (Er22) et la question demeure : "est-ce que c'est aussi efficace que de suivre des cours ?... Peut-être pas..." (Er4) ; en tout état de cause, ce n'est "certainement pas la garantie que le contenu d'enseignement est meilleur que celui d'un très bon enseignant" (Er27).

Bien qu'ils privilégient "la formation en salle avec un formateur" (E22) et malgré leurs convictions, ces responsables organisent tout de même des espaces d'autoformation. C'est, en fait, parce que ce type de dispositif est "un moyen de répondre à une demande à laquelle (ils) ne répondai(en)t pas avant" (Er22) et parce que "malheureusement, il y a toujours des personnes qui ne peuvent pas suivre des cours" (Er4) ; c'est aussi "un moyen de savoir utiliser ponctuellement, spécifiquement, des compétences de haut niveau en les optimisant" (Er27). Mais la situation d'"autoformation (reste) un frein" (Er22) ; "pour qu'un système d'autoformation fonctionne, il faudrait qu'il soit adapté à chacun" (Er22). Cette formule au conditionnel semble prédire une impossibilité de réalisation. L'autoformation est ainsi perçue comme un moyen parmi d'autres pour former à l'utilisation d'une langue étrangère : "je n'ai pas pour objectif principal de construire l'autonomie des étudiants... j'ai pour objectif principal qu'ils apprennent l'anglais" (Er19). C'est sans doute pourquoi nombre de dispositifs tendent à mettre en place "un entre-deux", selon la formule chère à G. Lerbet, composé d'un mi-temps de formation en cours traditionnel et d'un mi-temps en médiathèque sur prescription du formateur.

2.2.1.2 - L'autoformation : modalité complémentaire de l'enseignement

L'autoformation est conçue comme une activité qui s'organise parallèlement et dans la continuité des enseignements habituels. L'instance de formation utilise l'expression "enseignement en autoformation guidée" (T1). L'autonomie est alors la situation de l'apprenant qui travaille en centre de ressources, en dehors de la présence de l'enseignant, sur la base d'"activités organisées en fonction d'objectifs précis, répondant à des critères de compétences repérées en fonction du niveau et du type d'enseignement suivi (par ailleurs) par l'étudiant" (T1) ou sur la base d'"un programme défini en début d'année pour chaque niveau" (T33).

Selon la perspective de politique éducative de l'institution, le dispositif d'autoformation peut être conçu de façon à "améliorer les enseignements" (Er11, dans T11), à la fois dans la proposition de contenus de formation qui vont au-delà des seuls acquis linguistiques et dans l'élaboration d'outils technologiques plus adaptés à ce que peut être la formation aujourd'hui. L'autoformation promet d'atteindre des objectifs difficilement réalisés par des modalités plus classiques : "outre l'obtention d'un niveau de compétences donné dans un cursus, (l'autoformation) vise à stimuler l'initiative et la prise de conscience de l'étudiant quant à la détermination des objectifs, la définition des contenus et les progressions, la sélection des matériaux didactiques, le contrôle du déroulement de l'acquisition" (T1). L'instance de formation peut donc espérer de la part des apprenants, "au-delà d'acquis ponctuels (...) des habitudes de travail en autonomie, de prise en charge continuée d'un projet de formation et d'utilisation meilleure des ressources offertes par l'institution" (T1).

Le dispositif d'autoformation devient "un lieu de pédagogie différenciée, sans groupe-classe" (Er11, dans T11), il peut servir "à des enseignements de perfectionnement ou de rattrapage" (T1) et, parfois, exclusivement à cela lorsque l'apprenant a un niveau trop faible pour suivre un cours collectif (V14).

2.2.1.3 - L'autoformation comme opposition idéologique à l'hétéroformation

Dans ce cas, la conception de l'autoformation se construit en opposition à l'hétéroformation traditionnelle et notamment scolaire : "j'ai toujours été persuadé qu'on apprenait beaucoup mieux par soi-même que par des méthodes classiques, traditionnelles (...) j'ai adhéré tout de suite, sans aucun problème à ce système de formation (...) L'autoformation, j'y crois énormément (...) c'est le meilleur moyen pour apprendre" (Eip34).

Les technologies apparaissent alors comme le tiers-savant qui se substitue de façon avantageuse à l'enseignant. Cela est perçu comme un fait incontestable qui n'a pas lieu d'être discuté : "tout cet aspect théorique, littérature, c'est pas vraiment notre tasse de thé... on travaille sur du concret... on a un outil, des stagiaires, est-ce que l'outil va convenir aux stagiaires, est-ce que les stagiaires vont être à même de tirer un maximum de profit de cet outil-là (...) on a des demandes de formation, quel est sur le marché l'outil qui va nous permettre de répondre au mieux à la demande qui nous a été formulée" (Eip34). L'outil technologique devient le cœur du système : "notre souci, c'est d'avoir les outils les plus pertinents, les plus efficaces, tout en ne les multipliant pas... c'est important que les stagiaires n'aient pas trop de mal à se repérer dans la panoplie des outils que l'on a, il faut que ça soit clair pour eux (...) chaque fois qu'on intègre un nouvel outil, c'est toujours en lieu est place d'un autre" (Eip34). Pourtant, le constat est dressé sur l'impossibilité de "s'auto-suffire" (Eip34) et il est fait appel à une aide extérieure pour assurer "une formule de tutorat, de suivi" (Eip34), afin "d'assurer un certain niveau de motivation" des apprenants sur toute la durée de la formation de quatre-vingt dix heures (Eip34). Dans le domaine des langues, "l'autoformation ne peut pas se suffire (...) le tutorat est indispensable" (Eip34). L'autoformation, interprétée exclusivement comme un temps de formation par soi-même grâce à un outil pédagogique approprié, est le moment d'un apprentissage, adapté aux besoins de la personne. Pour des raisons de maintien de la motivation dans la durée, il est nécessaire, dans cette perspective, que cet apprentissage soit guidé par un spécialiste.

2.2.1.4 - L'autoformation comme voie d'acquisition

L'autoformation est vécue par d'autres acteurs comme une interaction entre travail personnel réfléchi, internalisé et médiation éducative. Ce n'est pas tant une opposition entre auto et hétéroformation qui se joue, qu'une savante complémentarité, qui serait la voie privilégiée pour une véritable acquisition. "L'autoformation, c'est la possibilité d'apprendre ce qu'on veut, comme on veut" (Er6), cela sous-entendrait que c'est bien l'apprenant qui reste maître de l'élaboration de son parcours. En effet, "chacun a sa façon d'apprendre, chacun son rythme (...) l'autoformation respecte l'auto-apprentissage avec toutes ses particularités" (Er28) ; "étant donné ce qu'on sait de la diversité des apprenants, pour un certain nombre (d'entre eux), c'est un moyen d'apprendre des langues, s'ils ne l'ont pas, ils ne les apprendront pas. Pour d'autres, c'est une autre façon d'apprendre qui vient s'ajouter à celles qu'ils connaissaient déjà, et donc on augmente les chances qu'ils apprennent et qu'ils apprennent bien" (Er12). Il s'agit "d'apprendre à apprendre en découvrant de nouvelles formes sociales de travail, et en développant de nouvelles attitudes face à l'apprentissage" (T24).

Les objectifs de ce type de formation sont donc de donner l'occasion à l'apprenant de "réfléchir à ses motivations et à ses objectifs de travail, repérer ses attitudes d'apprentissage et identifier ses stratégies, prendre en charge son apprentissage et s'impliquer par des choix personnels, évaluer la pertinence et l'efficacité des processus mis en œuvre" (T24). Dans ce cas de figure, les responsables sont obligés de se placer dans une démarche de conviction d'une partie du public qui n'est pas acquis à ce type de pratiques et qui tend à considérer l'autoformation "comme une solution ultime, quand on n'a pas le choix parce qu'on ne peut pas entrer dans une structure plus classique d'apprentissage" (Er6). Certains apprenants vivent cette situation "comme une solution palliative" (Er6) en fait, "on apprend seul quand on ne peut pas apprendre avec les autres" (Er6). Le problème qui est alors posé aux responsables, ce sont les réticences face à la crainte d'être isolé et d'échouer. Un intervenant rapporte ainsi les paroles d'apprenants : "j'ai personne derrière moi pour me faire avancer et puis je vais être tout(e) seul(e), je vais lâcher (...) vous allez me larguer dans une grande médiathèque tout seul (...) je vais faire quoi (...) comment je vais me débrouiller et si j'ai un problème comment ça se passe" (Er6). D'après les formateurs, l'autoformation a mauvaise presse auprès des apprenants : "je vais être tout seul dans la panade et je peux très bien le faire chez moi" (Er6) et comme "le stagiaire (...) ne connaît rien à cette démarche (...) (son inscription) passe par une démarche de conviction qui commence au téléphone, qui se passe ensuite dans (le) bureau (du/de la responsable qui) les reçoit tous, qui est repris par le formateur (...) et qui est repris à chaque séance de conseil, c'est capital" (Er28).

Pour réussir ce qui semble relever du pari, il faut "une équipe d'enseignants non seulement sensibilisés, mais qui croient à cette démarche" (Er28) ; "il faut commencer par combattre cette image négative et ensuite trouver cette petite chose qui va permettre de le considérer comme une solution en soi intéressante et valorisante" (Er6) ; "le système étant complexe (et) n'allant pas de soi (les responsables) doivent être totalement motivés, totalement sûrs du bon fonctionnement (du dispositif)" (Er3).

L'autoformation est alors avant tout un temps de formation au sens large, pendant lequel on apprend aussi une langue étrangère, mais la difficulté à modifier les mentalités dans ce sens conduit certains dispositifs à prévoir "un plan d'entraînement à l'autoformation (qui concerne) aussi bien les enseignants que les apprenants" (T24). Cette perspective semble donc apporter un plus grand bouleversement des habitudes, aussi bien celles des apprenants que celles des formateurs. Elle entraîne un véritable processus d'adaptation, par le biais d'une formation qui semble se faire en parallèle de l'acquisition de la langue cible.

2.2.2 - *Les représentations de l'autonomie*

Bien que l'ensemble des acteurs fasse référence à l'autonomie comme caractéristique primordiale de la personne pour la réussite de son apprentissage à l'intérieur du dispositif d'autoformation, la réalité que recouvre cette notion peut être très différente, selon les cas.

2.2.2.1 - *L'autonomie comme pré-requis à la formation*

A l'intérieur de cette représentation, plusieurs nuances apparaissent corrélées dans les discours et les attitudes des acteurs éducatifs.

- L'autonomie ne se pose pas comme une problématique pédagogique

Certains responsables ne font pas référence à l'autonomie ; leur discours est essentiellement centré sur le contenu (la langue cible) (Er22) ou sur les outils de la formation (Er4). Les discours laissent penser que, puisqu'il s'agit d'un public adulte, l'autonomie est une partie constitutive de la personne et appartient à sa sphère privée. Ce n'est donc pas une préoccupation de l'instance de formation. Pourtant, on peut voir se dessiner, en creux, la mise en place d'une relation de dépendance pédagogique : "ils viennent tous, les deux premières fois (...) mais il y a la fameuse étape de la trois, quatre, cinquième fois où là, on commence à voir quel est le niveau, qu'on doit progresser et que c'est dur, et qu'on peut pas tout faire tout seul" (Er22). Dans ces conditions, l'organisation pédagogique du dispositif doit permettre de (re)motiver l'apprenant afin qu'il poursuive son parcours de formation.

- L'autonomie est une forme de liberté intrinsèque à chaque personne

Dans d'autres discours, l'autonomie semble liée à la liberté intrinsèque de la personne et donc, du côté de l'instance de formation, à un certain "laisser-faire", pour reprendre une catégorie d'attitude pédagogique proposée par J. Lautrey (1980) : "on essaie de leur dire (...) mais ils font ce qu'ils veulent" (Er31) ; "les apprenants choisissent librement" (Er27) ; il y a une "prise de responsabilité et d'initiative large laissée à l'apprenant" (Er27), avec "cette idée de liberté, de ne pas avoir besoin de quelqu'un d'extérieur (...) ce n'est pas exclusivement par le biais de quelqu'un qui a le savoir qu'on peut progresser" (Eip6) ; "les gens sont livrés à eux-mêmes, ils apprennent, ils passent plus de temps sur ce qui semble le plus important pour eux, ils vont à leur rythme, il n'y a personne autour d'eux ou à côté pour contrôler si effectivement ils ont des capacités, s'ils apprennent vite (ou) pas" (Eip34). L'avantage pour l'apprenant adulte reste le fait que, dans cette modalité de formation, "il n'y a pas de jugement, a priori, du travail qu'ils effectuent" (Eip34).

Le discours qui se rattache à l'action de l'apprenant est parfois injonctif : "il faudrait qu'ils..." (Er22), "ce qu'on veut c'est" (Er31), "il faut que" (Er19), "je demande que" (Er13) comme si l'attitude, autonome ou non autonome, de l'apprenant était un état de fait immuable et que le seul domaine d'action pour le formateur était le contenu à transmettre.

- L'autonomie : un pré-requis indispensable à l'autoformation

Pour d'autres, la nécessité de l'autonomie est affirmée : "je ne suis pas certaine que ce soit la panacée parce que c'est vraiment difficile de travailler seul et ça demande un réel degré d'autonomie que n'ont pas la majorité des personnes, ça demande d'être autonome, à la fois dans la démarche et dans l'apprentissage" (Er6) ; l'autoformation "demande un engagement réel de la part du stagiaire (...) ça demande une autonomie, une prise en charge de soi-même au niveau de l'apprentissage de la langue" (Er13). L'instance de formation se place dans une attitude d'observation en constatant la présence ou l'absence de ce facteur jugé essentiel : "au fur et à mesure que les gens travaillent, l'autonomie grandit" (Er13). Parfois, le constat se fait plus précis : "il y a des degrés d'autonomie très variables" (Er28). Le degré d'autonomie est alors lié, soit au niveau de formation initiale : "plus les gens ont un niveau d'études élevé" (Er28) plus ils sont autonomes, ce qui n'est "pas le cas de tout le monde... il y a des gens qui sont très peu autonomes"

(Er28) ; soit au niveau des apprenants dans la langue étrangère étudiée : "c'est un problème pour les débutants... (un problème) énorme" (Er28). La formation initiale est alors rendue responsable du manque d'autonomie de certains adultes : "je ne pense pas que les enfants soient préparés à être autonomes dans l'apprentissage, quand on est adulte je ne sais pas si on est beaucoup plus préparés" (Er6) ; "(le stagiaire) n'a que ses souvenirs scolaires, un prof et un groupe, un prof qui le prend en charge totalement" (Er28) ; "la majorité des gens ont tous appris les langues d'une manière très, trop, traditionnelle... quand on leur parle de semi-autonomie, d'apprendre à apprendre, ils nous disent : d'accord, moi, je veux parler anglais" (Er3). Ce constat des praticiens est étayé par la thèse de M-J. Barbot (1993) qui montre dans sa recherche doctorale que les apprenants inscrits dans des systèmes d'autoformation ne sont pas préparés à ce type de pratiques d'apprentissage, ce qui exige une organisation du dispositif qui tienne compte de cette réalité. On en trouve des exemples, lorsque l'instance de formation développe une attitude active d'assistance et de guidage : "ils sont grands, vaccinés, c'est eux qui se débrouillent, on essaie d'être à l'écoute pour pouvoir répondre à ce qu'ils demandent" (Er20). En reconnaissant que le degré d'autonomie est variable, l'instance de formation cherche à apporter une réponse différenciée à chacun sans toutefois prendre en charge la responsabilité de l'apprentissage qui n'appartient qu'à l'apprenant.

2.2.2.2 - L'autonomie comme objet de formation

L'autonomie est considérée comme pouvant être acquise, ou tout au moins développée : "l'autonomie ne se décrète pas, elle se construit" (Er19). C'est un "moyen supplémentaire pour l'individu de dominer son environnement, de ne pas (en) être le jouet (...) de dominer ses comportements" (Er12). L'instance de formation se sent concernée : "je suis très préoccupée par l'autonomie que les gens peuvent avoir par rapport aux contenus d'apprentissage" (Er27), au point d'en faire un élément de la formation même : "on responsabilise l'apprenant au niveau de ses choix" (Er27). "L'autonomie, c'est avant tout développer la capacité d'apprentissage (de chacun), c'est donc leur donner des outils pour qu'il puissent apprendre (de cette façon-là)" (Eip12). Cette formation au sens large, acquise par le biais de l'apprentissage d'une langue étrangère, est donnée comme transférable : "on équipe les individus d'un système de connaissances, de représentations, de savoir-faire, de techniques, dans une certaine mesure pour la vie" (Eip12). Cette démarche formative se justifie, entre autre, par le fait que "maintenant, les ressources (dans) la langue

L'autoformation en contexte institutionnel

étrangère sont immenses, elles sont très variées et elles sont très proches des gens. Et les gens les utilisent" (Eip12). Ce phénomène social interrogerait donc les pratiques formatives traditionnelles : "on peut se poser le problème du rôle d'une institution de formation qui n'est pas de fournir un contenu que, maintenant, les gens peuvent trouver ailleurs, mais de fournir des outils d'utilisation efficace de (ces) contenus" (Eip12).

Ce mode de fonctionnement qui semble prendre en compte non seulement l'autonomie dans la pratique de la langue cible, mais aussi l'autonomie dans son apprentissage, paraît conduire de plus à "une certaine autonomie de réflexion, et de prise de décision. On s'aperçoit que, (pour certains), ce développement, dans le cadre de l'apprentissage des langues, les amène à se poser des questions dans des domaines tout à fait différents" (Eip12). La formation prend donc en compte la liberté intrinsèque à chaque personne puisque, "de toute façon, c'est l'apprenant qui médiatise, qui analyse" (Eip12) mais en se posant la question de comment "amener le stagiaire à être le plus autonome possible" (Eip28), elle favorise le développement de son autonomie sur ces trois registres et développe de ce fait "sa façon de médiatiser" (Eip12). Dans ce cas, les discours qui se rapportent à l'action de l'apprenant semblent prendre en compte la dimension processuelle de cet apprentissage : "(il) arrive à", "au début... au bout de ..., ils ...", "ils intègrent" (Eip12), "il arrive à..." (Eip28).

Ces conceptions de l'autonomie corroborent la double représentation de l'apprentissage que l'on retrouve dans les discours des responsables de centre et des intervenants pédagogiques des dispositifs du corpus.

2.2.3 - *Les représentations de l'apprentissage en général et de l'apprentissage des langues en particulier*

Sur ces domaines, deux positions s'opposent : l'apprentissage est considéré comme un modelage des conduites qui doit être bien mené ou bien l'apprentissage est conçu comme un processus interne que chaque personne est seule à pouvoir prendre en charge.

2.2.3.1 - L'apprentissage de la langue étrangère est considéré comme un modelage des conduites

En situation d'autoformation dans cette conception, l'apprentissage d'une langue s'organise de trois manières : suivi d'une prescription apportée par un spécialiste de la langue cible ; utilisation de ressources prévues à cet effet (méthodes éditoriales ou internes, sur divers supports) ; ou encore la combinaison des deux. La nécessité de parcours pré-construits par l'instance de formation pour l'apprenant est prégnante : "d'abord, il y a un passage, au préalable construit par un didacticien" (Er19). Dans ce cas, il s'agit d'un "professeur" (Er22, Er4, Er31) ou d'un "tuteur" (Er22, Er30). En effet, "il ne faut pas passer à côté de certaines règles" (Er31) ; les parcours prévoient donc "des passages obligés qui sont détestables, quand il faut apprendre la grammaire, il faut apprendre la grammaire et quand il faut apprendre la conjugaison, il faut apprendre la conjugaison" (Er31) ; "dans un domaine comme la langue, ça passe obligatoirement par le vocabulaire, certaines structures de phrases, de notions grammaticales" (Eip34) ; "c'est bête, mais il n'y a pas trente-six façons de faire rentrer" (Er31). Si les conditions ingénieriques sont réunies, "l'intégration se fait naturellement et ça rentre beaucoup mieux puisque finalement l'acquisition des connaissances se fait à l'insu même de la personne... donc ça rentre et ça reste" (Eip34). Le ton se fait admiratif lorsque l'apprenant suit ce parcours jusqu'au bout : "certains ont tout fait, il faudrait leur donner une médaille, ils ont fait tous les cédés de grammaire... il y en a quinze, c'est ennuyeux..." (Er22).

Dans ce schéma, l'apprentissage de la langue cible se conçoit "par niveaux" (Er22), certaines choses ne se font "absolument pas avec des débutants" (Er31) par souci de "ne pas décourager" (Er31). Ces niveaux sont calculés en fonction de référentiels internes standardisés : "s'il est au niveau 5, il fait des progrès, il passe au niveau 6" (Er4). L'apprentissage est conçu comme se faisant de manière "progressive (...) en partant d'un niveau n pour aboutir à un niveau $n+1$" (Eip34). Dans ces conditions, l'apprentissage ne peut se faire convenablement sans des contraintes externes qui aident l'apprenant à continuer : "maintenant, ça marche mieux, parce qu'on a davantage formalisé, on donne des notes (...) il y a des contraintes : au bout de quatre annulations (de séance), on annule le cours" (Er22). Dans le discours, l'apprenant paraît infantilisé : "c'est mes petits" (Er19). Cette situation produit, en miroir, soit une attitude d'autorité : "il faut être sec" (Er22), "au début (...) je suis un peu dur avec eux" (Er22), soit une attitude de protection : "j'ai un sentiment de responsabilité vis à vis des élèves (...) c'est mon devoir" (Er19) ; "beaucoup de stagiaires ont peur dès qu'on leur dit deux mots d'anglais" (Er22) ; "si on leur met un natif, aux débutants, ils vont paniquer" (Er31) ; "certaines personnes trouvent que c'est trop difficile (...) cela leur fait peur" (Er4). C'est ainsi que le cadrage pédagogique se resserre.

Cette conception est en de nombreux points opposée à celle qui place l'activité de l'apprenant au centre de ce qui est perçu comme un processus.

2.2.3.2 - L'apprentissage de la langue est perçu essentiellement comme un processus global internalisé

Cette conception part du constat qu'il est impossible de faire apprendre quelque chose à quelqu'un qui ne le souhaiterait pas. La prise en charge de l'apprentissage par l'apprenant est donc la première condition du succès de l'autoformation : "ce qui est fondamental, pour moi, du côté de l'apprenant c'est l'idée d'action... de prise de responsabilité" (Eip12). Cette conception dépasse d'ailleurs le cadre de l'autoformation, puisque "même dans les moments d'enseignement, il faut aussi que les gens se rendent compte que c'est à eux de prendre en charge, c'est pas parce que nous, on fait le *gugus* pendant deux heures qu'ils vont apprendre" (Eip12).

Cela exige toute une démarche de prise de conscience qui se construit avec l'apprenant. Pour certains, cela passe par "la prise de conscience après la réussite dans l'action" (Er19) ; pour d'autres, cela passe par l'explicitation des procédures d'apprentissage (Er20, Eip6, 12, 13, 28). Il s'agit de la "construction (d'une) compétence (...) c'est-à-dire d'une potentialité, d'une virtualité qui n'est jamais exprimée complètement, mais qui, peu à peu, s'épaissit, s'étoffe, en terme de savoir, de savoir-faire" (Er19). Cette compétence est essentiellement linguistique pour les uns (Er19), la progression se faisant par "paliers", par "seuils" (Er19). Elle est aussi d'ordre "méthodologique" pour les autres (Er20, Eip6, 12, 13, 28), et dans ce cas, la notion même de progression est remise en cause (Er20, Eip12) avec l'intégration forte de la dimension temporelle de l'acquisition pour un processus qui est perçu comme "relativement lent" (Eip12). Dans ce schéma, le dispositif favorise le contact avec la langue authentique et avec la contextualisation des échanges : "ici, on a un dispositif clos, ce que l'on tend à faire, c'est que le centre de ressources simule, en gros, la situation dans laquelle on est dans la vie réelle (quand on pratique une langue)" (Er20). De ce fait, le statut même de l'erreur est modifié : "quand il (commet) des erreurs, ce n'est pas forcément parce qu'il a fait des fautes de grammaire, mais c'est parce que, à ce moment donné, par exemple, la formulation qu'il a choisie était impolie" (Eip12).

La notion d'évaluation est également modifiée lorsque l'auto-évaluation est conçue comme une prise de conscience de ce qui est acceptable ou de ce qui ne l'est pas pour l'apprenant lui-même et non pour l'instance formative : "on fait très rarement une évaluation, sauf sur la demande expresse de l'apprenant ou quand on pense que c'est nécessaire (...) mais c'est 20% des cas (...) et puis ils ont une idée de ce qu'ils ont fait, ils savent s'ils ont été bons ou pas pour eux" (Er20). L'évaluation, c'est finalement "toujours très subjectif, on n'a rien d'objectif, sauf dans les ressources, et dans les ressources, curieusement, ils ne font jamais de statistiques (pourcentages de réussite, par exemple, dans une série d'exercices...) c'est curieux parce que spontanément, ils n'y pensent pas, je crois que c'est un réflexe de prof" (Er20).

Comme le montre la figure 5, dans le domaine de l'autoformation, les conceptions semblent s'organiser autour de deux pôles.

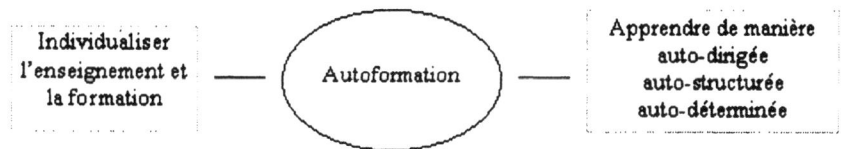

Figure 5 : Une organisation des discours autour de deux pôles

Ces deux tendances rejoignent deux positions idéologiques qui concernent la formation des adultes. Soit l'on considère que l'adulte est une personne accomplie et l'instance de formation fournit un enseignement ponctuel sur un contenu donné. Soit l'adulte est perçu comme une personne inachevée, inscrite dans un processus dynamique de formation permanente jamais terminé, et le contenu (ici, une langue étrangère) est le support d'une formation plus approfondie (par exemple, acquisitions méthodologiques ou développement de son degré d'autonomie initial).

Ces postures idéologiques sont liées aux représentations des acteurs concernant l'apprentissage, et notamment l'apprentissage des langues. D'un côté, les positions idéologiques, héritées des thèses béhavioristes, vont dans le sens d'un apprentissage conçu comme un processus qui est engagé dans un environnement stimulant, qui sollicite, voire contraint l'apprenant. Pour cela, une organisation pédagogique adéquate prévoit des tests, des objectifs, une progression, des évaluations, des renforcements positifs ou des avertissements, tout un ensemble d'étapes qui pousse l'apprenant à mener son parcours d'apprentissage jusqu'au bout. D'un autre côté, les positions idéologiques, inspirées par les thèses constructivistes, vont dans le sens d'un apprentissage conçu comme un processus internalisé, que seul l'apprenant peut dynamiser en intégrant les données nouvelles qu'il sélectionne dans son environnement. Le dispositif fournit donc des ressources susceptibles de l'aider dans son évolution personnelle, mais ne cherche pas à prendre, à sa place, la responsabilité de son parcours de formation.

Globalement, deux postures donc qui semblent s'opposer : une posture idéologique qui se centre sur l'acte former et une posture qui se centre sur l'acte apprendre. Si certains se positionnent sans ambiguïté près des pôles extrêmes repérés, d'autres se trouvent plutôt placés dans des positionnements intermédiaires, caractéristiques sans doute de démarches de transition et d'adaptation. Par exemple, il est possible de trouver des dispositifs dont les pratiques quotidiennes sont tiraillées entre une conception humaniste de la formation qui se rapproche de prises de position politiques et syndicalistes affirmées et une conception héritée de modèles anciens. Ou encore, il arrive qu'une opposition idéologique se double d'une opposition de personnes entre le responsable et un formateur. Le dispositif s'organise alors dans une tension interne entre deux postures : l'une prescrite par le responsable, l'autre mise en œuvre effectivement par le formateur.

3 - LA DIMENSION INGÉNIERIQUE

Dans cette deuxième phase d'interrogation des données, il s'agit de faire apparaître la manière dont les valeurs, modèles et principes de référence, contribuent à organiser l'architecture générale du dispositif.

Trois zones de convergence et quatre zones de différenciation ont ainsi été mises en évidence.

3.1 - Trois zones de convergence entre les dispositifs du corpus

Les nouvelles technologies placées au cœur des dispositifs, la diversité des ressources matérielles comme condition *sine qua non* de sa réussite et une organisation globale presque canonique des parcours d'apprentissage semblent être les trois aspects qui font consensus.

3.1.1 - L'utilisation des nouvelles technologies

De la "salle équipée" (Er22) au "centre de ressources" (Er28), en passant à une nouvelle acception du terme "laboratoire" (Er31), tous les dispositifs se servent des technologies comme supports privilégiés pour l'apprentissage individualisé. De nombreuses "collections" (Er22) sur support audio, vidéo, informatique ou cédérom sont présentes dans l'ensemble des centres. L'outil informatisé propose des "parcours" préfabriqués, qui ont pour objectif de faciliter "l'orientation de l'étudiant" (Eip11, dans T11). Dans certains cas, les outils technologiques servent à la communication entre le formateur et l'apprenant, que ce soit le fax (Er22) ou le minitel (Er30), plus rarement, pour l'instant, le courrier électronique.

Parfois des abonnements à des services externes au dispositif, comme Vifax[21], permettent d'enrichir régulièrement le fonds d'exercices disponibles sur support multi-média ou même, dans certains cas, l'accès à Internet et la réception de télévisions étrangères par câble ou satellite apportent une ouverture directe sur le monde des langues étudiées.

Ces "outils fabuleux" (Er19) permettent à l'instance de formation de "construire un milieu très riche, évolutif, vivant, dynamique qui offre les meilleures stimulations possibles" (Er19), quels que soient les besoins et les caractéristiques de l'apprenant.

3.1.2 - La diversité des ressources matérielles

Dans des proportions certes différentes, tous les dispositifs proposent dans leur centre de ressources des supports variés : papier, audio, vidéo, informatique, cédérom, parfois vidéodisque. A l'intérieur du centre, chacun de ces supports peut avoir son espace privilégié regroupant les machines qui permettent les consultations. Pour chaque support, les types de documents peuvent être tout aussi divers, qu'il s'agisse de produits pédagogiques tels que des méthodes ou des outils d'entraînement, de documents didactisés tels que des extraits d'émissions radiophoniques ou télévisées remontés à des fins pédagogiques ou bien encore de documents authentiques avec ou sans accompagnement. Ces documents sont généralement de provenance diverse : éditoriale, de fabrication interne ou obtenus par échange dans un réseau constitué de plusieurs centres. Majoritairement, les compétences sont différenciées (compréhension orale ou écrite et expression orale ou écrite, plus rarement des compétences de communication) ; les entraînements visés allient entraînement lexical, morphologique, syntaxique ou phonétique ; les thèmes de travail, enfin, peuvent être axés sur des aspects communicatifs, socioculturels ou culturels, professionnalisés et plus ou moins spécialisés.

3.1.3 - L'organisation des parcours d'apprentissage

L'organisation globale des parcours de chaque apprenant, indépendamment des contenus, répond à un schéma relativement commun.

---

[21] Basé dans les universités de Bordeaux, Strasbourg et Berne, Vifax propose des exercices à partir d'extraits d'émissions de télévisions étrangères. L'abonné enregistre l'émission du jour sur son magnétoscope, afin de visionner les extraits sur lesquels portent les exercices qui lui sont faxés. Le lendemain, l'abonné reçoit les corrections des exercices ainsi que les transcriptions intégrales des extraits vidéo.

Elle est généralement composée de trois étapes : l'accueil, la mise en situation de formation et l'évaluation finale. Dans le cas des dispositifs d'autoformation, ces étapes sont plus ou moins individualisées et personnalisées, plus ou moins centrées sur le dispositif ou sur l'apprenant.

3.1.3.1 - Accueil, visite du centre, test linguistique

De manière globale, il est possible de distinguer trois phases.

Une phase d'information individualisée (Er28) ou collective (Er20,30) qui se déroule avant (Er30) ou après l'inscription (Er20), en une ou plusieurs séances. Elle consiste en un rendez-vous avec le responsable pour les questions plus formelles, puis avec un formateur pour la visite du centre de ressources et les questions d'ordre pédagogique (Er28). Elle peut également se présenter sous la forme d'une séance collective d'information, de visite, de réponse aux questions, suivie d'un rendez-vous en face à face qui vise à personnaliser la relation pédagogique (Er20). Cette phase semble répondre a plusieurs objectifs : en premier lieu fonctionnels, dans la mise en valeur du caractère particulier du dispositif par rapport à une formation plus traditionnelle et la facilitation de l'appropriation de l'espace ; en second lieu psycho-pédagogiques, dans l'amorce du transfert symbolique d'une partie de la prise en charge du parcours, de l'instance de formation à l'apprenant lui-même ; relationnels enfin, dans l'instauration d'un lien de confiance personnalisé avec chacun des apprenants.

La deuxième phase est celle de l'élaboration du contrat pédagogique qui scelle, habituellement, l'entrée dans le parcours d'autoformation. Le plus souvent dévolue au responsable du centre, elle s'organise généralement autour d'un rendez-vous en face à face. Dans les centres qui n'ont pas un nombre d'inscrits trop élevé, le responsable rédige le contrat signé avec l'apprenant. Dans les centres qui reçoivent en formation des personnels d'entreprises, l'inscription en autoformation est le résultat d'un accord tripartite, signé à la fois par l'apprenant, son supérieur hiérarchique et le responsable du centre.

La troisième phase est celle du test individuel qui permet, dans presque tous les cas, de placer l'apprenant sur une échelle de niveaux organisée en fonction d'un référentiel donné. Tout comme dans la phase d'évaluation finale, des différences très importantes sont repérables sur ce point entre les dispositifs.

3.1.3.2 - Alternance entre des temps de travail personnel et des temps de travail avec un intervenant pédagogique et/ou des pairs

Le parcours d'autoformation est scandé, sauf exception (Er4, Er22), par des temps de travail personnel généralement au centre de ressources, des temps en face à face avec un intervenant et des temps collectifs lors de regroupements d'apprenants. Chacune de ces modalités est ensuite déclinée selon l'organisation propre à chaque dispositif ou selon les apprenants. Dans tous les cas, cette alternance de modalités différenciées d'apprentissage est une façon de lutter contre l'isolement et la démotivation. Elle est aussi une façon d'amener des moments d'échanges avec des pairs pour l'entraînement à l'expression orale, le recadrage pédagogique du parcours ou la prise de conscience et l'explicitation des pratiques personnelles d'apprentissage.

3.1.3.3 - Évaluation finale sanctionnée par un diplôme ou une attestation

La fin du parcours de formation peut être aussi formalisée que le début. Elle est généralement sanctionnée par la passation d'un examen ou d'un test. Celle-ci débouche sur une validation du parcours en terme de diplôme ou d'unité de valeur dans les universités, ou bien sur une attestation de l'organisme de formation. L'analyse montre qu'à ce niveau du parcours d'apprentissage s'amorcent des différences importantes dans les pratiques de formation entre certification, évaluation standardisée et auto-évaluation.

Les similitudes ingénieriques relevées apportent une identification structurelle aux dispositifs d'autoformation par rapport aux dispositifs d'hétéroformation. Elles ne masquent cependant pas très longtemps des différences importantes qui fondent la diversité des pratiques pédagogiques dans les dispositifs du corpus.

3.2 - Quatre zones de différenciation entre les dispositifs du corpus

Dans cette dimension ingénierique et au-delà des ressemblances, certains aspects sont apparus comme différenciateurs.

3.2.1 - Un public cible diversifié

La différence la plus remarquable est celle qui a pu être relevée entre un public captif, un public que nous appellerons semi-captif et un public non-captif. En effet, si un public non-captif paraît aller de pair avec une modalité telle que l'autoformation, il semble paradoxal de l'imposer à un public captif.

3.2.1.1 - *Un public captif*

Pour R. Galisson et D. Coste (1976), un public captif est "destinataire" d'une modalité de formation. Il "doit se réunir en groupe dans un lieu institutionnalisé et à des moments précis pour recevoir les messages qui lui sont destinés" (*ibid.*, p.78). Dans le corpus, c'est le cas de nombre d'étudiants dans des universités qui proposent l'autoformation comme seule modalité d'apprentissage d'une langue. Le parcours est sanctionné par l'obtention d'une unité de valeur obligatoire dans le cursus : "ce sont des étudiants (...) il y a une certification (...) une évaluation (...) une note à la fin de l'année" (Er19).

3.2.1.2 - *Un public non-captif*

A l'opposé de la situation précédente, les publics non-captifs ont la liberté d'adhérer aux propositions pédagogiques qui leur sont faites ou de les refuser (R. Galisson et D. Coste, 1976). En formation continue, l'inscription en autoformation correspond plus souvent à une volonté propre de la personne. Elle garde une marge plus large de négociation du contenu et elle peut, à tout moment, en interrompre le cours. Dans ce cas, "ne rentrent en formation que les gens qui se sentent capables d'apprendre seuls (...) c'est une sélection qui se fait naturellement, les stagiaires adhèrent ou n'adhèrent pas au dispositif ; s'ils adhèrent, ils donnent suite, s'ils n'adhèrent pas, ils vont refuser de s'engager" (Er30). Les organismes de formation sont forcés d'adapter leur offre puisque "après tout, ce sont des clients" (Er13) et parce que le "public(...) est de plus en plus constitué de salariés d'entreprise qui peuvent être des secrétaires ou des assistantes, des ingénieurs, des techniciens, des commerciaux (...) ils ont tous des soucis de travail, de disponibilité" (Eip6). Ce public-là a donc toute liberté d'écourter sa formation ou de ne pas se réinscrire.

3.2.1.3 - *Un public semi-captif*

Ce troisième type de public a émergé de l'analyse des données. Il s'agit de personnes qui ont le choix de l'inscription dans un parcours d'autoformation, mais qui se trouvent dans une situation institutionnelle relativement contrainte. C'est le cas de personnels d'entreprises qui s'inscrivent en autoformation lorsqu'aucune autre possibilité ne leur est proposée par l'environnement institutionnel : ceux par exemple, "qui n'ont pas de besoins immédiats en anglais, (qui sont) sédentaires (et) motivés" (Er22). Ces publics sont placés dans une situation de réactualisation de savoirs scolaires, sans véritables enjeux de carrière : "quelqu'un qui a étudié six ans ou sept ans à l'école, mais il y a une quinzaine d'années et (il) a tout oublié" (Er4). Un autre exemple est apporté par les personnes inscrites dans un parcours d'autoformation après avoir signé un contrat tripartite avec le centre et leur hiérarchie, ce qui les place quasiment dans une situation d'obligation de résultats, surtout lorsqu'elles ont une mission à l'étranger ou un changement de poste en vue.

Globalement, chacune de ces catégories de publics est reliée à un environnement institutionnel, mais pas dans tous les cas. En effet, certains centres universitaires acceptent des publics non-captifs, extérieurs à l'université, dans une modalité de libre-service, de façon à amortir les installations sans pour autant augmenter les coûts de fonctionnement. Certaines entreprises organisent des centres de ressources proches des sites de travail, sans contrôle de présence, afin d'y accueillir la plus grande quantité possible de personnels. Certains centres de formation continue sont amenés à signer des contrats tripartites avec la hiérarchie d'entreprises pour des personnes qui se retrouvent, de ce fait, dans un environnement plus contraint, puisque leur formation est prise en charge par leur employeur. On voit donc, sur cette notion, des formes d'hybridations se mettre en place, formes qui vont se retrouver ultérieurement sur d'autres aspects.

3.2.2 - *Le contenu des différentes phases du parcours d'autoformation*

Dans les trois phases du parcours, communes à l'ensemble des dispositifs, c'est le traitement de chacune d'elles qui différencie les groupements de dispositifs entre eux, notamment par la place qui est accordée à l'apprenant.

3.2.2.1 - *L'accueil : de l'écoute des consignes à l'élaboration du parcours*

Avant l'inscription dans un parcours, certains apprenants ont le choix entre cours traditionnels et autoformation (Er6, Er20). Ils bénéficient d'une information et d'une présentation du dispositif, soit sur support écrit (Eip34), soit oralement lors d'une réunion collective (Er30). Dans certains cas, ils peuvent avoir à passer un "test de motivation" (Er22) et à signer un contrat qui a, parfois, valeur de contrainte : "ça fait partie du contrat de départ, quand la personne prend contact avec nous, elle est parfaitement au courant qu'il y aura des entretiens de suivi, qu'il y aura des groupes d'expression orale (...) c'est clairement précisé... parce que, pour nous, c'est indissociable" (Eip34). L'apprenant peut se trouver alors dans deux situations très différentes : il entre dans un dispositif qui organise sa formation à partir d'un test de niveau (Er4, Er22 et presque tous les autres dispositifs) ou bien il lui est demandé de participer activement à la mise en place de son parcours d'autoformation au cours d'une séance collective de préparation spécifique (Er20).

Les premiers rendez-vous individuels donnent le ton de la relation qui s'établit entre l'instance de formation et l'apprenant. Ce sont généralement les résultats au test qui entraînent le choix des moyens. Selon les dispositifs, le formateur "conseille de prendre tel ou tel cédérom" (Er4), "définit un programme pédagogique individualisé, oriente sur les différentes méthodes (...) accompagne" (Er31) tout au long du parcours. Parfois, au contraire, ce sont les objectifs, les besoins et les préférences de l'apprenant en matière d'apprentissage qui déterminent la construction de son parcours (Er20).

3.2.2.2 - L'alternance des temps de travail : du menu à la carte

Tous les dispositifs du corpus (sauf deux) font alterner des temps de travail personnel, des temps en face à face avec un intervenant pédagogique et des temps collectifs. Les moments de face à face aident l'apprenant à faire le point sur le parcours d'apprentissage, alors que les moments de regroupement "permettent une mise en pratique ou une mise en situation de ce qui a été vu lors des plages de travail en autonomie (...) (ils) permettent aussi aux apprenants de prendre contact avec (des pairs)" (T7). Ce qui différencie les dispositifs entre eux, c'est l'organisation et le contenu de ces différents temps de travail.

Selon les dispositifs, les entretiens en face à face et les séances de regroupement peuvent être obligatoires ou facultatifs. Pour certains, le rôle de l'instance de formation est de réguler ce qui peut être interprété comme un dysfonctionnement : "c'est notre rôle : veiller à ce que le groupe soit suffisamment étoffé pour pouvoir faire un travail productif (...) veiller à ce que chaque stagiaire participe bien à un groupe d'expression orale, à ce qu'il y ait son nom sur un nombre suffisant d'entretiens de suivi" (Eip34). Parfois, la directivité sert à pallier ce qui pourrait être interprété comme du laxisme : "systématiquement, toutes les quatre ou cinq séances d'autoformation, on lui met un entretien de suivi pendant une séance d'autoformation" (Eip34). Pour d'autres, entretiens et regroupements sont des propositions du dispositif, des modalités d'entraînement, de mise au point, d'auto-évaluation que l'apprenant utilise s'il le souhaite ou s'il en a besoin : "les séances de conversation, c'est libre, les gens s'inscrivent quand ils le veulent, au rythme qu'ils veulent, à concurrence de dix heures" (Er13), il peut également s'agir, ce qui est plus rare d'une "séance de deux heures de méthodologie (...) le premier de chaque mois, les gens s'inscrivent quand ils veulent" (Er13).

La centration des entretiens varie également selon les dispositifs : ils sont centrés sur le contenu ou sur l'apprenant. Lorsque les échanges sont consacrés au contenu, il s'agit de "cours avec un professeur toutes les quatre heures" (Er4), ou bien d'un entretien qui vise à répondre aux "questions dans le domaine grammatical, par exemple" (Eip34). Lorsqu'il est centré sur l'apprenant, les entretiens peuvent être plus espacés et se présentent d'une toute autre façon : "trois fois dans l'année (des) entretiens de type non-directifs et non-prescriptifs, non évaluatifs, non-surveillant" (Er27).

En ce qui concerne les regroupements d'apprenants, "il n'est pas question de faire pendant ce rassemblement de groupe ce qui peut être fait par ailleurs face à un didacticiel, une bande vidéo, ou avec une cassette son (...) il y a toute une partie des activités classiques de l'enseignant face à un groupe, qui n'a pas lieu d'être là" (Er27) ; "c'est un des rares moments où les gens ont un enseignant qui est à leur disposition, où ils ne sont pas face à une machine ou à un objet inerte (...) il faut privilégier l'expression orale, la spontanéité, ne pas corriger de la même manière qu'on corrigerait dans un système de groupe classique, la procédure doit être déjà différente" (Er27).

Les durées et les rythmes d'alternance sont gérés par l'instance de formation ou par l'apprenant. Dans le premier cas, l'organisation est entièrement prévue à l'avance : "tous les mois et demi, pour les assidus, ils rencontrent le tuteur durant une demi-heure (...) c'est-à-dire toutes les cinq ou six séances" (Er22) ; "au bout de quatre séances, (l'apprenant) a un cours de une heure avec un professeur" (Er4). Certains responsables conviennent de l'ambiguïté : l'apprenant "n'est pas maître" (Er30) de son planning : "on n'est plus dans un système de progression à son rythme" (Er30).

3.2.2.3 - L'évaluation finale : du référentiel externe au référentiel internalisé

La fin du parcours de formation est généralement sanctionnée par la passation d'un test de langue standard qui évalue les progrès dans les quatre compétences. Ce test est complété d'un rendez-vous individuel de fin de parcours : "une heure de rendez-vous, test à nouveau, bilan et conseils (pour la) suite" (Er22). En revanche, certains dispositifs accordent une plus grande place à l'auto-évaluation où l'apprenant réalise sa propre évaluation à partir d'un questionnaire proposé par le responsable (Er20).

Les points de divergence repérés dans l'organisation ingénierique des dispositifs posent la question de la diversité des parcours eux-mêmes et des raisons de cette diversité.

3.2.3 - *Des parcours de formation plus ou moins diversifiés*

Selon que les parcours sont prédéterminés ou organisés avec chaque apprenant, ils sont plus ou moins diversifiés. Ainsi, plus les parcours sont hétérostructurés, plus ils sont homogénéisés par une série d'objectifs et d'outils choisis par l'instance de formation en fonction du niveau global de l'apprenant dans la langue cible ; plus les parcours sont autostructurés, plus ils sont diversifiés, puisque chaque apprenant élabore son apprentissage en fonction des caractéristiques qui lui sont propres.

3.2.3.1 - Des parcours hétérostructurés, différenciés selon les niveaux des apprenants en langue cible

Les dispositifs qui centrent leurs activités sur l'action "former" peuvent être regroupés dans ce cas. La plupart organisent "des parcours de formation" (Eip34) en s'appuyant sur des produits éditoriaux ou sur des méthodes produites par le centre et proposent, soit "plusieurs collections par niveaux" (Er22), soit un seul "logiciel (qui) s'adresse à un faux-débutant jusqu'à un post-intermédiaire relativement avancé" (Er4). Ils favorisent ainsi une diversité des parcours en fonction des niveaux fixés par le test initial standard que passe l'apprenant après son inscription et par le référentiel du centre. C'est à partir de ce test de départ que l'instance de formation "définit un programme pédagogique (et) oriente sur les différentes méthodes" (Er31). Au fil du temps, l'instance de formation "valide la pertinence de (nouveaux outils qui arrivent sur le marché et) les intègre aux cursus de formation qui existaient déjà" (Eip34). Régulièrement, certains dispositifs refont "tous les parcours de formation" (Eip34). Dans certains cas, le "programme est défini en début d'année pour chaque niveau", les apprenants travaillent alors sur les "produits indiqués par leur enseignant" (T33). Même si les objectifs sont fixés par le formateur de manière personnalisée pour chaque apprenant, "sur les attestations, le formateur fait part des objectifs atteints (...) on se rend compte qu'il s'agit de textes semblables d'un stagiaire à un autre" (Er30).

3.2.3.2 - Des parcours autostructurés, différenciés selon les caractéristiques individuelles de chaque personne

Les dispositifs qui centrent leurs activités sur l'action "apprendre" peuvent être regroupés dans ce cas. Ils ne proposent pas de parcours pré-construits, mais tentent de donner à chaque apprenant les moyens de "travailler à son rythme, à son niveau, (choisir) le type d'activité, de contenu, la répartition des heures dans l'année" (Er27), ainsi que les moyens d'"utiliser au mieux (son) style d'apprentissage" (T7). Dans ce type d'organisation, les contenus peuvent être très différents d'une personne à l'autre : "il y a des personnes qui ne font que de l'écrit et qui ne viennent jamais au rendez-vous avec les natifs" (Er20) ; d'autres, au contraire, favorisent toutes les activités liées à l'expression orale. Certains travaillent "un anglais général" (Er6), d'autres se consacrent à des apprentissages très spécialisés. "Il n'y a pas de voie tracée (...) il faut tracer sa voie et en même temps on peut tracer la voie qu'on veut (...) tout le monde ne comprend pas la même chose, tout le monde n'a pas les mêmes connaissances (...) les gens ne progressent pas au même rythme, (ils) ne vont pas trouver les mêmes choses simples et faciles" (Eip12). Dans ce cas, le dispositif est là pour aider chaque apprenant à construire son propre parcours.

Cette opposition sur le plan des contenus pose la question du contrôle de la formation et du degré d'autodétermination de l'apprenant.

3.2.4 - L'agent de contrôle de la formation

L'analyse des entretiens fait apparaître deux grands types d'attitudes qui semblent s'opposer. Le dispositif organise l'ensemble du parcours pour l'apprenant, en situation d'hétéro-contrôle, ou bien c'est l'apprenant lui-même qui, placé en situation d'auto-contrôle, construit son parcours avec l'aide du dispositif.

3.2.4.1 - Dans l'hétéro-contrôle, l'instance de formation reste au pilotage

Le suivi de l'apprentissage est affirmé comme indispensable par tous les responsables et intervenants. Cependant, dans certains cas, il est considéré comme devant pallier l'absence du professeur. Il s'agit alors d'offrir "des scénarios pédagogiques et de ne pas laisser les apprenants trop tôt, trop vite et de manière inadéquate dans des situations où ils sont dans un vide d'encadrement pédagogique" (Er19).

L'instance de formation négocie un contrat pédagogique avec chaque apprenant ; en réalité, le plus souvent, "tous les contrats de formation sont standard" (Eip34). Elle met en place des parcours de formation "adaptés à chaque cas particulier (...) une évaluation intermédiaire, des entretiens de suivi, qui permettent d'ajuster au fur et à mesure" (Eip34), mais en réalité, "les parcours sont prédéfinis" ; dans le contrat pédagogique, "le stagiaire s'engage à respecter le programme de travail proposé par le centre" (T30).

Dans la mesure où "sur le marché, il existe des centaines et des centaines d'outils d'autoformation", l'instance de formation "monte une ossature de base et autour de cette ossature de base que sont nos produits (...) on greffe des produits complémentaires" (Eip34). Elle organise ainsi des "parcours progressif(s) (en) six étapes... Chaque étape comporte des objectifs intermédiaires (...) (avec) des objectifs en terme de fonction langagière et de notion grammaticale, et des outils qui vont permettre de les atteindre" (Eip34). Lorsque l'apprenant se trouve au centre de ressources, "il n'est pas question (qu'il y) aille comme ça, sans prescription" (Er13).

L'instance de formation propose également des durées fixes : "stage(s) de cinquante heures d'autoformation" (Er4) ou "contrat de formation (...) d'une durée de quatre-vingt dix heures" (Eip34), ainsi que des "séance(s) (en centre de ressources) d'une heure" (Er4).

Le lieu de la formation est principalement le centre de ressources parce que "les gens (ont là) des ressources qu'ils ne trouvent pas ailleurs" (Er30) et parce qu'ainsi, il peut y avoir "émargement" de chaque apprenant à l'accueil (Er31), ce qui facilite le contrôle du travail effectué.

A l'intérieur du cadre pédagogique défini par l'instance de formation, il peut y avoir une relative négociation mais cela "dépend de l'investissement de la personne" (Er31). Il existe des marges de négociation dans les temps d'alternance prévus entre travail personnel en centre de ressources et entretiens en face à face avec un intervenant pédagogique (Er13) : "le programme dure cinquante heures dont dix heures avec un professeur. D'une certaine manière c'est modulable, parce que, si par exemple le stagiaire n'a pas de questions à poser ou pense qu'il fait des progrès, qu'il n'a pas besoin du cours avec le professeur, on peut (le) décaler" (Er4). Pourtant la durée de travail avec un formateur est conçue comme incompressible et l'apprenant devra prévoir de "faire deux heures suivies" lors de l'entretien suivant (Er4). Il peut y avoir une marge de négociation dans le choix des outils pour la formation : "(des) personnes ont une demande particulière (...) parmi tout le panel d'outils qu'on leur propose, ils peuvent, en accord avec nous-mêmes, puis avec le conseiller linguistique, mettre beaucoup plus l'action sur tel ou tel produit qui est le plus utile... si c'est quelqu'un qui reçoit beaucoup de clients étrangers au téléphone, il va consacrer beaucoup plus de temps que prévu sur le parcours standard à travailler sur des produits (adaptés) ou sur des produits qui (ciblent davantage) un anglais commercial qu'un anglais général (...) ce sont des options que les personnes peuvent prendre dans le parcours standard" (Eip34). Il peut y avoir des modifications en cours de formation : "certains stagiaires, en pratiquant la langue dans leur activité professionnelle, vont se rendre compte qu'ils ont des carences dans tel ou tel domaine (...) ils vont pouvoir mettre l'accent sur ce domaine parce qu'ils font un auto-constat, par eux-mêmes, des domaines qu'ils doivent travailler le plus" (Eip34). Il peut y avoir également modification de la durée de formation : "les auto-évaluations sont incorporées aux outils en fonction des constats qu'ils font, on peut changer le parcours, en cinq étapes (au lieu de six)" (Eip34).

Ailleurs, les durées de formation sont libres : "chacun vient autant de temps qu'il veut" (Er31) ; en réalité, l'instance de formation se trouve confrontée à une situation où la sanction de l'usager peut avoir des conséquences importantes sur l'avenir de la structure : "si on les oblige, ils ne viennent plus" (Er31). Malgré cet état de fait, l'instance de formation tente d'intervenir tout de même dans l'organisation des parcours : "on leur conseille toujours de (...) mais ils sont libres (...) on les a avertis, on a fait notre devoir de les avertir, on ne peut pas les obliger" (Er31).

Le discours révèle une action qui vient essentiellement de l'instance de formation : "on leur propose", "on leur a donné", "on trouve", "je leur dis", "(l'enseignante) teste", "il faudra que vous", "il vous autorise à" (Er22) ; "lui montrer", "le familiariser" (Er4) ; "on vous définit", "on vous oriente sur", "on vous accompagne", "nous assurons", "on met" (Er31) ; "monter une formation (...) des modules" (Er19) ; "on a construit", "on a avancé", "on a validé", "c'est programmé (...) on gère tout ça", "l'animateur programme tout ça", "veiller à ce que", "on conseille de" (Eip34). Dans le contexte de ce discours, l'apprenant est perçu de trois manières différentes. Sous une facette négative ou défini par un jugement de valeur : "certains ne savent pas", "ils ne veulent pas", "ils repoussent", (Er22) ; "certaines ont du mal à", "elles ne sont pas capables de" (Er4) ; "il vaut mieux qu'ils continuent à venir, même s'ils n'utilisent pas les meilleures méthodes" (Er31). Sous une facette positive, mais passive : "quand elle a compris", "ils se sentent bien", "ils sont rassurés" (Eip34). Ou bien encore, sous une facette positive, lorsqu'il agit selon les prescriptions de l'instance de formation : "ils viennent", "ils ont fait", "ils rencontrent", "ils posent leurs questions" (Er22) ; "vous pouvez demander" (Er31). Une attitude protectrice peut alors se développer du côté de l'instance formatrice pour un public dont le degré faible d'autonomie se révèle en creux, puisque le manque "d'obligation morale au niveau des horaires (...) vis à vis d'un groupe, vis à vis d'un formateur" (Er13) est perçu comme un obstacle. Le manque de contrainte qui pourrait apparaître comme un avantage dans ce type de formation d'adultes est transmuté en inconvénient : par exemple, la "réservation du poste de travail sur demande du stagiaire" (Er13) et le fait que "sur soixante heures, il y a treize heures avec quelqu'un et le reste face à des machines"

(Er13). L'instance de formation peut alors avoir tendance à se substituer à l'initiative de l'apprenant : "on le rappelle", "on lui parle", "on lui propose", "on lui explique", "on lui montre", "on lui réexplique" (Eip34).

3.2.4.2 - Dans l'auto-contrôle, la personne apprend à piloter sa formation

A l'opposé de cette attitude, des responsables de centre et des intervenants pédagogiques tentent d'organiser les dispositifs d'autoformation sur d'autres bases, car "de toute façon, à un moment donné, les gens sont seuls" (Eip12), c'est donc "l'apprenant lui-même qui décide" (Eip12). L'instance de formation se fait informante : "on leur conseille de (...) ils font ce qu'ils veulent en fait (...) ils sont majeurs (...) c'est eux qui décident (...) on les aidera, mais ça viendra d'eux" (Er20). En effet, dans cette perspective, les besoins de chaque apprenant sont perçus comme trop particuliers pour être pris en charge par un programme standard et des outils éditoriaux : "certains contenus sont très professionnels ou très spécifiques, eux seuls peuvent (les) fournir" (Eip12).

L'analyse de la dimension pédagogique montrera comment s'organise concrètement ce changement de focalisation. D'un point de vue ingénierique, ce type de pratiques apporte une plus grande flexibilité pour l'usager, dans la mesure où les durées et les rythmes sont variables : "l'inscription se fera sur une durée globale de quarante ou quatre-vingts heures (...) si le stagiaire a atteint ses objectifs avant, il peut redéfinir de nouveaux objectifs ou arrêter" (Er30).

L'apprenant a toute liberté de gestion de son temps : "ce sont les apprenants qui font leur emploi du temps" (Er30). L'organisation temporelle est d'autant plus adaptable que le lieu de travail privilégié n'est plus seulement le centre de ressources, mais celui qui convient le mieux à l'apprenant. Les dispositifs favorisent alors cette diversité en prêtant le matériel de travail aux apprenants demandeurs (Er20, Eip34) et en valorisant une gamme de produits aux formats légers : "des petits livrets qu'on met facilement dans une poche, (pour les) dix minutes de métro" (Eip34) ; "très faciles à utiliser" (Eip34). Les intervenants pédagogiques ont pour but de permettre à l'apprenant de "développer des critères de choix" de façon à ce qu'il soit capable d'"évaluer ce qu'il (lui) faut apprendre et comment faire pour apprendre" (T7). Cette souplesse et cette adaptabilité du dispositif aux profils particuliers de chaque personne sont considérablement facilités par une conception de l'évaluation qui privilégie l'auto-évaluation comme principe de validation (Er20, Eip12).

Les discours des responsables et intervenants révèlent une interaction plus importante entre instance de formation et apprenant. On peut y trouver, paradoxalement, une forme de prescription : "on lui fait découvrir" (Er12, Eip12) ; "on essaie de", "on arrive à leur faire sortir", "déprogrammer", "apporter", "les faire réfléchir à", "montrer", "expliquer", "on détermine", "on leur fait remplir", "on a prévu", "on demande de", "il va falloir qu'ils prennent le plus tôt possible en charge leur apprentissage" (Er20). Mais l'interaction est pleinement suscitée : "on intervient avec lui" (Er12) ; "on discute", "on essaie d'approfondir", "on parle de", "ça les amène à réfléchir", "on retravaille" (Er20) ; "vous convenez de (...) avec (...)" (T7).

Il peut y avoir trace, parfois, d'une forme de constat négatif au sujet de l'apprenant : "ils ne savent pas bien encore", "ils n'ont aucune idée de" (Er20) ; un changement fort de perspective est mis en œuvre : du côté du formateur : "on sert de", "être à l'écoute", "répondre à" (Er20) ; "on reste à sa disposition" (Eip34) ; "(il) suggère", "mise à disposition de" (Eip12). Mais les formules négatives sont plutôt du côté de l'instance de formation : "il ne corrige pas" (Er20) ou elles s'inscrivent dans un refus affirmé d'adopter certaines attitudes : "c'est pas la peine d'attendre de nous qu'on leur dise ce qu'il faut faire" (Er20) ; "(le formateur) ne prend pas les décisions", "(il) ne fixe pas" (Eip12). Du côté de l'apprenant, les termes qui renvoient à la prise en charge sont plus nombreux et révélateurs d'un changement qui s'amorce : "ils gèrent (...) mesurent (...) réservent" (Eip34) ; ou d'un changement effectif : "chercher", "préparer", "ils viennent (...) font (...) disent (...) voient (...) reconnaissent (...) travaillent (...) s'expriment (...) s'évaluent (...) reviennent (...) "ils ont la possibilité s'ils le souhaitent de" (Er20) ; "il médiatise (...) analyse", "ils intègrent", "elle veut confronter" (Eip12).

Dans leur dimension ingénierique, les dispositifs d'autoformation en langues présentent de nombreuses ressemblances structurelles (centre de ressources, utilisation des nouvelles technologies, alternance de temps de travail personnel, en face à face et collectif). Mais des différences importantes apparaissent dans l'organisation générale des dispositifs qui se regroupent autour des deux pôles, centration sur l'acte "former" et centration sur l'acte "apprendre", laissant apparaître plus clairement deux types de contrôles de la formation : l'hétéro-contrôle et l'auto-contrôle du parcours.

Pour certains dispositifs, le positionnement est clair dans la prescription et le pilotage du parcours par l'instance de formation ou bien dans l'aide à la prise en charge par l'apprenant de son parcours. En revanche, d'autres dispositifs se trouvent pris dans des situations de tensions, plus ou moins assumées. Il arrive, par exemple, que le responsable se trouve opposé aux formateurs, lorsque sa tentative de rendre plus flexible le dispositif s'oppose à une réaction militante de conservation des situations d'hétéroformation qu'ils maîtrisent mieux. Le projet du responsable reste, de ce fait, un potentiel non-réalisé, ce qui conduit le dispositif à s'orienter vers une dominante hétéro-contrôlée des parcours. Il peut arriver également que l'organisation ingénierique s'adapte à la personnalité des formateurs. Ainsi, selon leurs caractéristiques (personnalité, expérience, formation), les parcours des apprenants sont plus auto- ou plus hétéro-contrôlés. L'équipe pédagogique, consciente de cette particularité, organise le suivi des apprenants, selon un système d'affinités entre formateur et apprenant. La dimension ingénierique de ce dispositif reste donc ouverte et admet des modalités d'organisation diversifiées.

4 - LA DIMENSION PÉDAGOGIQUE

A ce moment de l'analyse, le discours des acteurs, chargés de la mise en œuvre de l'action formative, permet de procéder à quelques repérages quant à sa réalisation effective. C'est à ce niveau d'interrogation que les éléments de différenciation apparaissent le plus clairement.

4.1 - L'organisation des ressources matérielles

Le centre de ressources est le pivot des dispositifs et matérialise la logistique prévue. Il offre de nombreux outils et permet l'alternance des temps de travail : collectifs, en groupe, en face à face, ou personnel hors présence d'un formateur. Il fallait donc repérer, dans un premier temps, les différences dans l'organisation des ressources matérielles et analyser la manière dont les choix d'outils dominants dans le centre de ressources contribuent à configurer, au sens informatique du terme, les pratiques pédagogiques et les pratiques d'apprentissage.

4.1.1 - Les matériels dominants : des documents clos aux documents adaptables

Dans le centre de ressources, des choix sont faits par l'instance de formation pour créer, puis enrichir le fonds existant. Les matériels les plus fréquents sont les méthodes éditoriales, présentes sous formes de "collections" (Er22), sur un support privilégié de type numérique (Er4, Eip34) ou sur des supports variés. Il s'agit de "méthodes classiques (ou de) méthodes professionnelles adaptées" (Er31). Certains centres, notamment dans les entreprises, reçoivent des apprenants qui ont des besoins langagiers propres à leur pratique professionnelle. Ils sont donc amenés à réaliser, soit des "méthodes internes" (Er31) qui prennent en compte la dimension professionnelle, soit des "*mini-modules* (sur des thèmes professionnels) sur cassettes audio ou vidéo, plus support écrit (...) qui se travaillent en trois, quatre ou cinq heures par soi-même" (Er31), des "modules de formation (complets)" (Er19), ou "des glossaires orientés métiers" (Er31). A ces méthodes s'ajoutent des documents authentiques destinés à un public de natifs, mais détournés de leur fonction première par un traitement pédagogique : un choix de séquences est remonté ou utilisé par extraits, accompagné de questions ou d'exercices. Leur forme est variée, elle peut aller "des enregistrements où tout se passe en anglais (avec) des transcriptions de ces bandes et des questions" (Er31). Il y a aussi des "dossiers d'autoformation", documents authentiques qui répondent à certains besoins du public "accompagnés d'indications sur la manière de tirer profit du support (ou bien encore) une aide lexicale, (des) exercices, etc." (T24).

D'autres centres privilégient les documents dits authentiques (Eip6), c'est-à-dire ceux qui n'ont subi aucun traitement pédagogique. Dans ce cas, ils sont proposés par le dispositif de manière non-contrôlée (satellite, câble, Internet). Leur contenu peut être extrêmement ciblé (enregistrements de vols dans telle compagnie aérienne ou enregistrements de conférences dans telle université scientifique). Ils peuvent également être sélectionnés par les apprenants eux-mêmes, dans leur propre environnement privé ou professionnel, en fonction de leurs besoins particuliers (articles spécialisés, émissions de radio, télécopies ou courriers administratifs, etc.). Même si nombre de ces matériels sont présents dans presque tous les centres, la différence réside dans le rôle et l'importance que chaque dispositif attribue à chacun de ces types de documents dans le centre de ressources, mais aussi dans la valorisation explicite qui en est faite par les intervenants pédagogiques auprès des apprenants. Ainsi, peut-on remarquer une réelle dichotomie des pratiques selon les centres du corpus de recherche. Un grand nombre d'entre eux oriente les apprenants vers les produits éditoriaux : une seule méthode pour l'ensemble de l'apprentissage ou une combinaison, plus ou moins variée, de plusieurs méthodes et de plusieurs outils d'entraînement. Alors qu'un autre groupe de centres, plus petit, oriente les apprenants vers un travail de décodage des documents authentiques et vers un repérage de l'ensemble des ressources disponibles dans leur environnement proche. Par exemple, "les ersatz d'experts linguistiques que sont les grammaires, les méthodes et les dictionnaires" (Eip12) et "les ersatz du natif que sont tous les documents authentiques" (Eip12). Pour aider l'apprenant à travailler avec des documents authentiques, certains dispositifs peuvent être amenés à élaborer des fiches ou des "dossiers d'aide méthodologique" (T24).

Aux côtés de ces produits, figure toute une gamme de documents, le plus souvent de facture interne au centre, destinée à jouer deux rôles principaux. Le premier est un rôle de communication périphérique. On trouve les planifications d'inscription, les panneaux d'affichages d'informations, les documents explicatifs comme les "guide d'utilisation de tous les supports d'autoformation (ou) fiche pour expliquer ce qu'est l'autoformation" (Er22). L'utilisation d'un étiquetage de couleur qui informe sur les niveaux de difficulté des documents, les fichiers ou tout autre matériel qui prend en charge le rôle d'information et d'orientation, relayé lors des échanges par un intervenant pédagogique. Le deuxième est un rôle intermédiaire entre le support matériel de travail proprement dit et le moment de l'interaction avec un formateur ou des pairs. Cela peut être le cas de *quids*, fiches d'auto-évaluation, suggestions, un questionnaire qui aide l'apprenant à comprendre comment il s'organise dans son apprentissage, quels sont ses objectifs, les moyens qu'il se donne, etc. (Er20).

L'importance accordée à l'un ou l'autre de ces types de documents et l'utilisation majoritaire qui en est faite sont des éléments qui différencient nettement les types de pratiques.

4.1.2 - De la valorisation des fonctions d'enseignement (hétéro-contrôle) à la valorisation des fonctions d'apprentissage (auto-contrôle)

Dans les centres de ressources, certaines tâches, habituellement dévolues à l'enseignant, sont, en partie, prises en charge par les supports technologiques. Il en est ainsi du rôle de transmission des contenus, généralement le fait des méthodes éditoriales. Celles-ci présentent, pour certains dispositifs, quelques carences : "très peu de collections démarrent très bas" (Er22) ; "c'est très difficile de bien traiter les très bas niveaux, les débutants et les super-niveaux" (Er22). Avec parfois, la préoccupation de trouver "des didacticiels qui soient vraiment encadrants (...), sans être enfermants" (Er19). C'est également le cas pour l'entraînement à l'utilisation de structures grammaticales, à l'emploi lexical, à la répétition de sons et à la correction phonétique qui sont pris en charge par de nombreux produits informatiques. Dans certains dispositifs, l'entraînement même à l'expression orale est assuré par un multimédia : "il y a des situations où il faut faire un jeu de rôle, il y a un dialogue entre deux personnages, ensuite on se met à la place d'un personnage et on doit prononcer les mêmes paroles que lui, mais en temps réel (...) déjà pour faire un petit dialogue de deux minutes, on peut travailler pendant quarante minutes (...) il y a parfois des jeux de rôle amusants" (Er4) ; "pour l'expression orale, l'ordinateur est interactif, on peut se mettre à la place de l'un des personnages, on a la possibilité d'écouter les dialogues, ensuite de se mettre à la place de l'un des personnages, de s'enregistrer avec l'un des micros (...) (on peut) travailler les quatre compétences" (Er4).

Les dispositifs utilisent différemment ces avantages apportés par les technologies. Ils peuvent être mis au service d'un projet d'enseignement ou d'un projet de formation plus global. Dans le premier cas, les produits remplacent en grande partie l'activité professorale qui est alors réduite au contrôle et au suivi du programme prescrit à l'apprenant. Cette relation est reconnue comme nécessaire sur un plan psycho-affectif de renforcement, de relance de la motivation et de mise en place des nouvelles phases du programme. Il arrive même que l'apport des matériels technologiques soit survalorisé par rapport à d'autres : "la réussite réside dans l'utilisation régulière de logiciels multimédias extrêmement performants" (T21). Dans le deuxième cas, les produits sont mis à disposition de l'apprenant qui choisit ceux dont il a besoin dans le parcours qu'il élabore avec l'aide de l'intervenant pédagogique. Ce dernier prend appui sur la diversité des produits et sur la complexité de la situation dans laquelle est placé l'apprenant pour l'amener à prendre conscience de ses besoins et à les expliciter en termes opérationnalisables : buts, échéances, contraintes de temps et de déplacements, moyens qu'il se sent capable de dégager et critères qu'il se donne pour estimer qu'il a atteint ses objectifs. C'est à partir de cette réflexion que l'apprenant réduit le champ d'exploration des produits et choisit ceux qui servent ses desseins. De la même façon, les situations de tests, contrôles et validations sont révélatrices de cette dichotomie dans les pratiques pédagogiques, quels que soient les supports adoptés. Elles sont organisées de deux manières différentes : soit sous forme hétéro-contrôlée, soit sous forme auto-contrôlée. Dans leur forme hétéro-contrôlée, les résultats sont interprétés et exploités par l'instance de formation. C'est, par exemple, le test de niveau linguistique qui permet de "faire le point sur (les) connaissances scolaires" (Er4), du "test final" (Er22, 4), ou de "réévaluations régulières" (Er31). Cela peut être le cas du contrôle de l'assiduité de l'apprenant avec les feuilles d'émargement à l'accueil (Er31), "un planning affiché (avec) un système de présence" qui permet de "mieux contrôler" (Er22). Ou encore le rythme d'apprentissage par le biais du "contrat pédagogique" à partir duquel "on précise, par exemple, le nombre d'heures hebdomadaires sur lequel (l'apprenant) s'engage" (Er30). Cela peut être aussi le parcours d'apprentissage durant lequel "chaque personne a un dossier qui reprend ce qu'est l'autoformation (...) les objectifs (et) les propositions de travail (figurent) dans la fiche parcours, vous avez : 'utiliser le cédé (nom du produit) pour le *present perfect*, cassette 1 à 2'" (Er22), "(le) niveau (y) est marqué, le programme (suivi) avec le temps que passe (l'apprenant)" (Er31) ; la "fiche d'étape" (Eip34) peut jouer ce rôle également. Il peut s'agir d'un contrôle du travail réellement effectué et des progrès réalisés. Ainsi "l'ordinateur enregistre les scores de chaque personne (...) (le professeur) peut évaluer les progrès " (Er4).

Dans leur forme auto-contrôlée, les résultats sont interprétés et exploités par l'apprenant seul ou, s'il le souhaite, avec l'aide d'un intervenant pédagogique. On utilise alors des fiches d'auto-évaluation en cours ou en fin de parcours (Er20) ou des "dossiers d'auto-évaluation" qui "permettent (à l'apprenant) de faire le point sur les compétences acquises, ainsi que sur celles qui ne le sont pas encore" (T24) ; tous les outils créés dans le centre à cet effet "ont une fonction d'évaluation formative" (T24).

4.1.3 - L'exposition à la langue cible : de la progression à l'immersion

L'exposition à la langue est prévue et organisée. Elle prend la forme d'une progression qui répond à un référentiel grammatical pour les méthodes traditionnelles (Er14, 22) ou à un référentiel d'actes de parole pour les méthodes communicatives (Er3, 31). Il peut y avoir utilisation de documents authentiques, mais plus souvent de documents adaptés pour en faciliter l'accès à des apprenants (Eip6, 7, 11, 28, 32).

D'autres dispositifs, au contraire, favorisent la confrontation aux documents authentiques, quels que soient les niveaux des apprenants : revues, journaux, films en version originale, chansons, enregistrements de documentaires, journaux télévisés, ou autres émissions de télévision (Eip12, 26, Er24, 20). C'est le cas également lorsque le dispositif met en place, dans le centre de ressources, un espace de consultation libre des télévisions étrangères grâce au câble ou au satellite (Eip29, Er31). Le dispositif vise à développer un micro-environnement, grâce à des espaces conviviaux où la langue est parlée dans les échanges quotidiens (Er31, Eip37). Des repas, des sorties, des soirées culturelles sont organisés dans cette langue (Eip19). L'effort va dans le sens d'une acquisition de stratégies de décodage et de repérage d'expressions langagières aux fonctions diverses dans la communication.

Ainsi, dans le dispositif d'autoformation, les ressources matérielles sont-elles étroitement imbriquées, liées, tissées, en miroir ou en complémentarité avec tout un jeu d'interactions humaines.

4.2 - Les modalités d'intervention des ressources humaines

Le degré d'implication et la quantité de travail effectuée sont des points communs à la quasi-totalité des centres d'autoformation, où les personnels sont "débordé(s) par la multiplicité des fonctions à remplir" (Eip6). Une polyvalence nécessaire est reconnue quasiment par tous les acteurs interrogés : "il y a différentes fonctions, mais tous les formateurs assurent quasiment toutes les fonctions" (Er13). C'est une activité professionnelle qui demande beaucoup à ceux qui l'exercent : "il faut que les gens soient polyvalents, il faut qu'ils puissent tout faire... qu'ils aient une bonne expérience pédagogique et qu'ils aient envie de s'enrichir pédagogiquement (et qu'ils aient) une grande capacité d'adaptation" (Er28). La nécessité du travail en équipe conduit à des jeux de complémentarités : "le tuteur n'existe pas tout seul, il est tuteur à côté d'autres" (Er19). Cet état de fait apporte également une marge de liberté quant à l'interprétation des différents rôles joués par les intervenants : "chaque formateur décline le concept de formation-conseil" (Er13) en fonction de son expérience propre, de sa personnalité et en fonction de l'apprenant.

Ainsi, les discours font apparaître plusieurs rôles liés aux différentes étapes du parcours d'autoformation des apprenants, ainsi qu'à la particularité de l'environnement qui caractérise le centre de ressources et qui oblige les intervenants pédagogiques à une création permanente de matériaux.

4.2.1 - L'information et l'accueil de chaque apprenant

Dans presque tous les cas, le démarrage du parcours d'autoformation se fait en plusieurs étapes plus ou moins individualisées et personnalisées. L'ordre de ces étapes diffère selon les centres. Du point de vue ingénierique, il y a une ressemblance structurelle dans l'organisation des parcours, mais d'un point de vue pédagogique, des différences sont à remarquer.

4.2.1.1 - L'entrée dans le parcours : de l'information à la formation préliminaire

La "réunion d'information" (Er30) collective, les rendez-vous individuels avec le responsable ou les séances prises en charge par un intervenant, peuvent s'organiser selon un procédé magistral. Une information est apportée, renforcée par "une documentation écrite" (Er34), car il s'agit "de faire comprendre" les caractéristiques d'un "dispositif d'autoformation avec un certain nombre d'acteurs autour d'eux » (Er30). En complémentarité à ce moment magistral et à la visite du centre de ressources, certains dispositifs organisent une "séance de départ" (T20) au cours de laquelle un travail de réflexion est amorcé sur ce que représente pour chacun l'apprentissage d'une langue étrangère et particulièrement en situation d'autoformation. La séance regroupe alors "huit personnes maximum" (Er20) de façon à la rendre "réellement interactive" (Er20). Le but est de placer l'apprenant, le plus tôt possible, en situation de réflexion, de prise de conscience et d'explicitation de ses représentations, de façon à optimiser ses pratiques d'apprentissage.

4.2.1.2 - Du test de langue à la mise en situation réflexive

Après la phase d'accueil, l'apprenant est amené, dans la plupart des cas, à passer un test de langue : "individuel" (Er30), "de niveau" (Er22, 4, 31), "de positionnement linguistique" (Er13, Er19). Il permet de l'inscrire à un niveau repéré par le référentiel du centre. Quelquefois, un "test de motivation" (Er22) passé auprès du responsable anticipe le "test de niveau avec le prof" (Er22), afin de vérifier si les personnes présentent les conditions pour aller jusqu'au bout.

Parfois, aucun test de niveau n'est passé, mais le parcours commence par "un premier rendez-vous avec le conseiller" (Er20). Dans ce cas, ce qui est valorisé ce n'est pas tant le niveau global de l'apprenant à un test donné, que les besoins concrets qu'il exprime en matière de connaissance de la langue cible et de compétences qui lui sont nécessaires, les échéances qu'il se fixe, les temps de travail qu'il est capable de libérer pour atteindre ses objectifs. Ce n'est donc pas l'instance de formation qui statue sur son niveau. Le conseiller conduit l'apprenant à prendre conscience d'un certain nombre de points : ce qu'il sait et ce qu'il sait faire dans une compétence donnée, ce qu'il souhaite savoir et ce qu'il souhaite savoir faire dans cette même compétence, du temps et des moyens qu'il se donne pour atteindre les objectifs d'apprentissage qu'il se fixe.

4.2.1.3 - Du contrat formel ou contrat de formation

La signature d'un contrat matérialise les échanges verbaux qui ont eu lieu dans les différents moments qui l'ont précédé (Er28, 31, Eip6). Il se veut être un acte d'"implication avant même l'entrée en formation" (Er30).

... discours d'acteurs et pratiques déclarées

Certains dispositifs favorisent davantage un "projet de travail prévisionnel" pour un nombre d'heures données (T20) que l'apprenant, dès le premier entretien avec l'intervenant, est amené à se fixer (Er8, 12, 26).

Dans cette étape, six aspects se développent différemment selon les centres, suivant deux types de scénarii synthétisés dans le tableau 1.

	hétéro-contrôle	auto-contrôle
Marge d'autodétermination	réduite	importante
Objectifs	standardisés	personnalisés
Critères d'évaluation	institutionnels	personnalisés
Temps et rythmes de travail	fixés par un planning et un échéancier externe à l'apprenant	fixé par les contraintes personnelles de chaque apprenant
Lieux de travail	centre de ressources	divers selon les situations
Contenus et supports	prescrits	à la carte

Tableau 1 : Six étapes selon deux scénarii

4.2.2 - L'animation et le suivi pédagogique

Tous les dispositifs organisent un suivi de chaque apprenant, mais sa définition est davantage orientée par la prescription du formateur ou par l'activité et les demandes de chaque apprenant. Ce guidage pédagogique intervient à plusieurs moments du parcours.

4.2.2.1 - Le centre de ressources : de l'isolement à la socialisation

Malgré l'affirmation commune de la nécessité d'une socialisation, des ressources humaines ne sont pas toujours disponibles pour l'apprenant. Il peut se trouver relativement isolé dans son travail personnel et travailler seul dans une pièce (V4, V22), face à son poste dans une cabine (V20, Eip34) ou, au contraire, se trouver dans des espaces plus ouverts (V13, 35, Vi24).

Sur les temps de travail en centre de ressources, un point commun à l'ensemble des dispositifs est qu'ils prévoient des niveaux d'aide différents. Il s'agit d'un rôle d'assistance technique "accueillir le public (...) donner le matériel, (...) ranger (...) organiser" (Er13). Parfois, le rôle est plus pédagogique : conseils sur les produits et orientation (T7), lorsque l'apprenant peut bénéficier de l'aide d'un animateur "à tout moment" (Er31) ou bien lorsqu'il aborde "un nouvel outil" et que l'animateur passe le temps nécessaire "pour lui expliquer le mode de fonctionnement de l'outil" jusqu'au moment où "on le laisse tourner toute seul" tout en restant "à sa disposition en permanence" (Eip34). Certains dispositifs s'orientent vers la présence constante d'un intervenant pédagogique capable de répondre aux demandes d'ordre "linguistique et méthodologique" (T7), "pas seulement quelqu'un à l'accueil qui se contente de brancher la machine, de noter le rendez-vous et de donner la bonne méthode, mais quelqu'un qui soit capable de répondre à toutes les questions de grammaire, de vocabulaire, de syntaxe, d'explications pédagogiques, de discuter avec la personne" (Er31).

4.2.2.2 - Le suivi général du parcours : du contrôle à l'accompagnement

Dans tous les cas, l'apprenant est suivi par "un formateur durant son temps de formation" (Er13). Ce qui varie, ce sont les appellations de ces formateurs : "professeur", "enseignant", "conseiller linguistique", "formateur conseil", ou "conseiller". Ces variantes ne sont pas neutres, elles renvoient à des modalités différentes d'intervention qui s'organisent en fonction du projet prévu par l'instance de formation. Le suivi pédagogique recouvre la prise en charge de l'apprenant depuis le test de départ, la mise en place d'un programme de travail personnel, les entretiens et l'aide apportée en centre de ressources. Certains dispositifs proposent "des programmes extrêmement détaillés... tel jour, il a telle méthode, telle leçon, tel exercice" (Er31) ou bien un "guidage" qui impose à l'apprenant "le choix des produits" à utiliser et donne une démarche méthodologique à suivre par le biais d'un "document remis à l'entrée" (T33). Pour d'autres, "c'est un accompagnement au quotidien" (Er31). Pour d'autres encore, il s'agit de donner à l'apprenant les moyens de prendre son apprentissage en charge (Eip12, 20, 26).

4.2.2.3 - Les entretiens individuels : du cours au conseil

Selon les dispositifs, les entretiens sont conçus très différemment. Tantôt ils sont envisagés comme "des cours particuliers" (Er4) durant lesquels un professeur s'entretient avec l'apprenant pour s'assurer que les notions importantes sont bien acquises, explique, répond aux questions, prescrit la nouvelle étape de travail personnel ; "toutes les dix heures (...) séance de révision, un cours particulier (...) où on reprend tous les points que vous avez étudiés" (Er31). Tantôt la séance s'oriente moins vers la prescription de contenu que vers la réflexion sur l'organisation du parcours : "trois heures au total, ce qui représente environ cinq ou six rendez-vous (il s'agit de définir) les objectifs pédagogiques, ensuite les outils, les méthodes, et puis, vraiment le contenu de la formation" (Er13). Dans ce cas, "le guidage est assez fondamentalement différent de la relation habituelle entre enseignant et apprenant (il s'agit) de parler le moins possible, de ne pas contrôler, de ne pas surveiller, de ne pas dire qu'on pense que tel projet n'est pas bon (...) il s'agit de faire parler les apprenants, de ne pas être directif" (Er27). Les décisions sont prises en commun sur la base, éventuellement, d'"une palette de possibilités offertes par l'intervenant pédagogique" (T7). Celui-ci peut également amener l'apprenant à confronter des supports de formation comme, par exemple, le contrat initial et le carnet de bord (T25). Cela peut conduire à une réflexion sur les écarts possibles entre les objectifs prévus et les moyens effectivement mis en œuvre pour les réaliser (temps consacré, supports choisis, compétences travaillées, etc.). Il s'agit alors de travailler avec l'apprenant à un autre niveau de connaissance, non pas exactement celles qui concernent la langue cible, mais celles qui se rapportent davantage à ses démarches d'apprentissage : "durant le premier rendez-vous, on va déterminer les objectifs globaux de toute la période (les durées, les rythmes, le temps disponible) à partir d'un questionnaire qu'on leur fait remplir sur place ; on reprend rendez-vous, ils travaillent, ils reviennent nous voir et puis, on discute de ce qu'ils ont fait, on essaie d'approfondir, ce qu'ils ont aimé, pas aimé, pourquoi" (Er20). Il se dessine alors une modalité d'intervention différente : "le conseil" (Er20) qui est menée de façon "non directive" (T20) : "on essaie de les faire réfléchir à ce qu'ils font quand ils apprennent une langue et d'utiliser les moyens qu'ils trouvent (autour d'eux) (...) de les aider à faire quelque chose de leurs documents compte tenu de leurs objectifs, à penser leur apprentissage (...) il y a tout un travail de réflexion (pour) se donner des objectifs, se donner les moyens (...) on essaie de montrer aux gens comment ils peuvent se débrouiller pour réussir à apprendre ce qu'ils veulent apprendre dans un cadre complètement libre, varié, diversifié (...) ils n'ont aucune idée de l'évaluation qu'ils peuvent faire des matériaux ambiants (...) on essaie aussi de les rassurer, en se fixant des objectifs moins importants" (Er20).

Dans les séances avec le conseiller, l'apprenant est amené à décrire les "méthodes de travail" qu'il a utilisées, en faisant part "des difficultés linguistiques ou méthodologiques (qu'il) n'a pas su résoudre seul" (T20). Ces séances se définissent plus particulièrement comme des "entretiens de méthodologie" (T20). Leur fréquence est variable d'un centre à l'autre. Leur nombre peut être fixé par le contrat en fonction de la durée du parcours, ou laissé au libre-arbitre de l'apprenant qui demande un rendez-vous lorsqu'il estime en avoir besoin. La langue utilisée dans l'échange peut être imposée par l'instance de formation : le français est privilégié, lorsqu'il est estimé que l'échange doit se centrer sur les aspects qui concernent l'apprentissage et ne constitue pas un entraînement à l'expression orale. Dans cette situation, l'intervenant n'a pas nécessairement une compétence dans la langue étudiée par l'apprenant. A l'inverse, celle-ci est privilégiée avec des niveaux élevés, lorsque l'entretien est conçu comme un moment de communication authentique en langue cible. Mais la langue de l'échange peut aussi bien être laissée au choix de l'apprenant, lorsque l'entretien n'a pas un format précis et peut se présenter sous des formes diverses comme une "discussion sur le plan de travail", des réponses "aux questions des étudiants", une "explication grammaticale" ou "une discussion à bâtons rompus" (T27) sur des sujets divers qui intéressent l'apprenant. On est proche, dans ce cas, des séances d'entraînement à l'expression orale. Dans tous les cas, la dimension conviviale de la relation duale est appréciée aussi bien par les intervenants que par les apprenants.

4.2.2.4 - Les regroupements : du cours collectif à l'apprentissage coactif

L'ensemble des dispositifs, sauf deux, propose des temps de travail collectif. Généralement, il s'agit de regroupements d'apprenants pour l'entraînement à l'expression orale, plus rarement pour des objectifs méthodologiques.

Dans certains cas, ces séances s'organisent sur des modalités semblables à celles des cours ou des stages traditionnels : un groupe stable d'apprenants est mis en présence d'un "spécialiste de la discipline" (T30). "Les formateurs décrivent les exercices d'application qui correspondent aux objectifs de l'ensemble des stagiaires et qu'ils devront avoir fait pour la séance suivante, (moment où ils obtiendront) les corrigés (...) les formateurs ont totale liberté de choix et d'organisation des séances" (Er30). Ces temps de regroupement peuvent également être organisés comme des "séances de conversation" (Er13, Er31), "des petits groupes avec un animateur, généralement un natif" (Er31) ou des séances de révision (Er30). Dans ce cas, l'organisation des regroupements tend à se faire en fonction du niveau des apprenants en langue cible : "pour les débutants, on met un francophone systématiquement (...) selon les niveaux, c'est pas les mêmes activités, si ce sont des gens plutôt faibles, on va profiter du cours pour les faire s'exprimer, mais aussi pour revoir tous les points de base (...) si ce sont des gens d'un bon niveau, on attaque avec des jeux de rôle, avec des exercices plus élaborés et de la conversation " (Er31). Certains organisent ces séances à l'initiative d'un enseignant "en fonction d'un contenu (...) induit par les difficultés des étudiants" (T25). Il annonce alors à l'avance le contenu de ce qui se présente comme une "séance de régulation" (T25).

Dans d'autres dispositifs, les séances de regroupement n'étant pas obligatoires, les interventions se font plus "ponctuelles, une heure, une heure et demie sur un thème et on sait que la prochaine séance, il n'y aura pas les mêmes étudiants (...) il faut, à chaque fois, proposer des blocs d'activités totalement isolés" (Er27). Le travail est centré sur l'entraînement à l'expression orale : "ces groupes se réunissent une fois par mois, par séances de deux heures (...) l'intervenant conseiller linguistique va faire travailler l'expression orale à un petit groupe de cinq ou six personnes" (Eip34) ; "huit séances de une heure de conversation dans des groupes de niveau (...) quatre niveaux, et ils doivent s'inscrire le jour où ils veulent venir, il y a des créneaux horaires (...) ça fait une heure tous les quinze jours, c'est pas énorme, mais ça sert de pratique de l'expression orale" (Er20). Lorsqu'elles sont optionnelles et non-prescriptives, ces séances font partie de l'exercice de l'autonomie de l'apprenant et de ses critères d'auto-évaluation : "les entretiens de suivi et les groupes d'expression orale leur permettent non seulement de mesurer leur progression, mais aussi de mesurer le chemin qu'ils ont à faire pour atteindre un niveau supérieur" (Eip34). Dans ce cas, le regroupement ne comprend pas toujours le même nombre de personnes, ni les mêmes apprenants.

4.2.2.5 - L'évaluation des parcours : du contrôle validant à l'auto-évaluation

Selon les dispositifs, trois types de pratiques ont pu être observés.

Un premier type consiste à utiliser des tests basés sur des référentiels standards (Eip7, 13, Er4, 14, 22, 28) et des examens (Er19, 33, 24) comme moyen d'évaluation en début et en fin des parcours. Il arrive que les tests de niveau soient administrés alors que le parcours de formation n'est pas terminé, pour permettre à un apprenant "plus rapide" d'accéder plus vite aux "modules supérieurs" (Er31, Eip34).

Pour d'autres dispositifs, "l'évaluation n'est plus dévolue exclusivement à l'enseignant" (T25) ; les intervenants tentent alors de mettre en pratique des systèmes d'auto-évaluation. Celle-ci peut s'organiser de plusieurs façons, selon l'étape dans le parcours et selon les compétences visées. Au moment de l'inscription, avec l'aide d'un questionnaire puis celle de l'intervenant, l'apprenant prend conscience et explicite ses buts, besoins, échéances et disponibilités, afin d'élaborer une partie de son parcours. Dans le cours de l'apprentissage, l'apprenant est en mesure de se rendre compte de la portée de ses réussites ou de ses lacunes "avec le document lui-même, soit parce qu'il y a une transcription qui accompagne, soit parce qu'il y a les résultats des exercices" (Er20). En fin de parcours, un nouveau questionnaire l'aide à assumer l'évaluation du parcours dans son intégralité. En expression orale "face à l'anglophone, ils sont en groupe et si on ne les comprend pas, ils sauront tout de suite, donc la première question qu'on leur pose dans le conseil c'est : est-ce que vous avez été compris, est-ce qu'on vous a fait répéter ; est-ce qu'on vous a répondu à ce que vous demandiez" (Er20).

L'auto-évaluation peut être différemment mise en oeuvre. Dans certaines situations, lorsque les grilles sont élaborées par les formateurs, qu'elles soient intégrées aux produits ou qu'elles soient présentées sous forme de "documents d'accompagnement", les critères sont ceux de l'instance de formation. L'apprenant a certes la liberté d'en analyser les résultats, mais parfois cette auto-évaluation contribue au contrôle final réalisé par un enseignant, lorsque celui-ci peut, par exemple, accéder aux résultats mémorisés en machine. Dans ce cas, l'auto-évaluation est très proche de l'hétéro-évaluation, dans la mesure où l'apprenant ne contrôle ni les critères, ni l'analyse ultérieure qui sera faite de ses résultats. Dans d'autres situations, l'apprenant est seul juge de ses performances, il se donne ses propres critères d'évaluation "dans des situations réelles de (la) vie professionnelle, ou lors de simulations" (T20). Dans la mesure où les intervenants pédagogiques ne s'octroient pas ce rôle, ils entraînent l'apprenant en lui donnant "des éléments qui (lui) permettent (de) s'évaluer sans aide extérieure" (T20).

Tout comme dans les formations traditionnelles, l'évaluation peut être comprise comme une évaluation sommative ou formative. Sommative, elle se confond avec "le contrôle des connaissances" (T1) qui débouche sur une appréciation institutionnelle du travail des apprentissages sous forme chiffrée ou annotée. A l'université, elle peut conduire à l'obtention d'un diplôme ou d'une unité de valeur. Formative, elle peut conduire à une régulation des tâches et du choix des outils, ainsi que sur une réorientation du contrat initial.

4.2.3 - *La création de supports de formation appropriés : des programmes personnalisés aux outils interfaciels*

Dans tous les dispositifs du corpus, les intervenants ont un travail important de "création pédagogique" (Er31), surtout lorsque l'objectif est de "mettre progressivement l'individu dans sa propre dynamique d'appropriation du savoir autrement que par l'enseignant" (T11).

... discours d'acteurs et pratiques déclarées

Il peut y avoir création de méthodes, d'outils, d'exercices en fonction de besoins particuliers à certains publics. Dans ce cas, les stagiaires étrangers qui séjournent dans le centre peuvent jouer "un rôle de relecture, de correction, parfois de création d'exercices" (Er31). Certains intervenants peuvent également "monter une formation en partant du but de la tâche, c'est-à-dire des moyens d'arriver à (la) performance et puis de modules d'apprentissage qui correspondent à la décomposition de la tâche en sous-tâches (pour) créer des modules de formation" (Er19). Des outils d'autoformation sont parfois élaborés par "un groupe de profs (qui aura) préalablement défini les objectifs pédagogiques" (Er11, dans T11). C'est là, une des caractéristiques des dispositifs centrés sur l'action "former", dans la mesure où c'est l'instance de formation qui décide des objectifs, des critères d'évaluation et des moyens les plus adéquats pour atteindre ces objectifs.

D'autres dispositifs travaillent à la mise en place d'outils que l'on pourrait appeler interfaciels[22], si l'on entend par interface ce qui fait la jonction, ce qui est entre deux entités et permet la communication. Nous désignerons par ce terme tous les outils et les ressources qui se trouvent intentionnellement placés par l'instance de formation entre l'usager et son projet d'autoformation. Ce rôle est joué par des répertoires de documents existants au centre de ressources ou bien d'outils de consultation de fichiers informatiques conçus selon des critères d'apprenants et des termes qui font partie de leur vocabulaire (Eip12). Les rubriques peuvent ainsi amener l'apprenant à revoir ses propres catégorisations de la langue et le conduire à un questionnement sur les critères de sélection des documents qu'il utilise (T12, 20). Certains outils favorisent la réflexion sur les méthodes de travail ou les représentations de la langue et son apprentissage. Aussi, un "questionnaire préliminaire" aide à la mise en place du "projet de travail prévisionnel" (T20) ; des fiches de "conseils méthodologiques" donnent des indications pour organiser un cahier de vocabulaire (T25), travailler sur un document sonore (V7) ou sur un document écrit authentique (V7). L'existence d'un "cahier de bord" (T25, T24) ou de "fiches d'activité" (V13, V6, V7) permet de tenir à jour le suivi de chacune des séances de travail (date, activités menées, avec qui, sur quel support, quel outil, les difficultés rencontrées, etc.). Ces différentes rubriques conduisent l'apprenant à s'interroger sur le travail qu'il réalise concrètement et lui permettent de "rester conscient de la façon dont il apprend" (T25), car, pour les dispositifs qui l'utilisent, les traces écrites constituent une meilleure "base factuelle que

---

[22] Pour plus de précision, voir l'article : Albero B., 1998.

la mémoire" (T24). Enfin, le "dossier personnel" qui se substitue au cahier de bord comprend des "fiches de suivi" (T13) permettant d'aider l'apprenant à se forger des repères au cours de son apprentissage (T20). Ce dossier sert de support d'échange lors des entretiens avec le conseiller. Il existe également des outils qui aident à travailler une compétence donnée : des "grilles d'aide à l'écoute, à la lecture, à l'expression écrite ou orale" peuvent en même temps servir de support à une auto-évaluation (T25) ; des fascicules ou dossiers méthodologiques qui guident le travail d'une compétence (T12). Pour l'expression orale, par exemple : des fiches proposent des tâches telles que l'enregistrement audio ou vidéo de l'entretien pour faciliter une correction ultérieure "à froid" (Er20), ainsi que des grilles d'autocorrection et d'aide au diagnostic des erreurs (T25). La compréhension orale est travaillée à partir de grilles d'aide au repérage pour une compréhension globale ou plus détaillée, accompagnées soit d'un résumé (T25), soit d'une transcription (T32).

4.3 - Les rôles joués par les ressources humaines

Les intervenants trouvent là un champ d'activité "très vaste et varié" (Eip30). Les modalités d'action que cela exige conduisent vers la définition de nouveaux rôles. Dans ce cadre, la difficulté principale relevée par certains intervenants vient du fait que "tous (ces) rôles sont difficiles parce que, comme les apprenants, (l'ensemble des personnels) part sur des représentations qui sont liées à l'enseignement donc, en fait, il faut changer les représentations" (Eip12).

4.3.1 - Le responsable du centre d'autoformation

Sous différentes appellations, "responsable formation", "... de centre" ou "directeur", c'est le rôle de chef d'orchestre et de référent dans les moments de décisions qui est assuré. Selon la taille du centre, il peut être amené à recevoir les apprenants un à un (Er22, Er28), afin de bien connaître le public. Son rôle ne se réduit pas à celui de gestionnaire, même s'il a la responsabilité de l'équilibre financier du centre, il participe de façon active à l'élaboration des lignes pédagogiques directrices du dispositif. Les dispositifs analysés font apparaître deux grands types de conduites.

Le premier correspond à un fonctionnement de type hiérarchique. Le responsable est amené à prescrire son rôle au formateur et à mener son centre selon des directives auxquelles il tient : "je conseille à la prof de commencer par le plus embêtant, style cédérom grammaire... (pour) monter

(...) un parcours un peu fastidieux au départ, on révise les bases, ou alors des parcours moitié-moitié : quarante-cinq minutes grammaire, quarante-cinq minutes compréhension orale" (Er22) ; "je ne leur demande pas de... ce que je leur demande c'est ...". Le discours se fait tour à tour injonctif, menaçant, ou paternaliste : "c'est moi qui ai imposé...", "c'est exclu, on est très strict là-dessus", "au sens strict", "strictement" (Er13), "je vous préviens", "je vous félicite" (Er31). Parfois, cette attitude prescriptive n'est pas suivie de faits, car l'autorité du responsable est symbolique et il n'a pas véritablement les moyens d'imposer un fonctionnement donné : "je préconise un minimum d'une heure par semaine et de préférence deux séances d'une heure par semaine (...) mais la réalité n'est pas celle-là" (Er4) ; "le seul moyen de pression que nous avons, c'est, à la limite de ne pas renouveler l'expérience (avec le formateur)" (Er30).

Le deuxième grand type de comportement correspond à un fonctionnement de type collégial où le sens du travail d'équipe et les compétences de chacun prennent le pas sur les statuts. Par exemple, dans une entreprise où la hiérarchie laisse l'équipe s'organiser comme elle l'entend : "l'entreprise ne nous donne aucune directive, aucune orientation, on n'a pas du tout de pression pour agir de telle ou telle manière (...) on ne rend pas de comptes" (Eip34). Dans ce cas, le système hiérarchique n'est pas reconstruit à l'intérieur de l'équipe : "les compétences sont tout à fait complémentaires, on a chacun un domaine de prédilection, mais on est capable chacun de faire le travail des autres (...) on se marche pas sur les pieds" (Eip34) "tous les jours on échange... à partir du moment où une question a été soulevée, on en parle avec les autres (...) on va profiter d'une petite pause café de dix minutes pour pouvoir traiter d'un problème particulier, on n'a pas besoin de se bloquer une heure dans une salle de réunion" (Eip34) ; "s'il y a des responsabilités à prendre (...) s'il s'agit d'investissements, de négociations avec des dirigeants, on va voir le chef de groupe et puis on lui fait part des propositions, suggestions et des décisions qu'on a prises... s'il ne va pas dans le même sens que nous, on en parle, on met tout ça sur la table" (Eip34) ; "on forme une bonne équipe" (Eip34). Les décisions sont donc prises en commun et chaque membre assume sa part de responsabilité quel que soit son statut institutionnel : "je ne me suis jamais sentie en situation de hiérarchie et d'autorité (...) on se réunit régulièrement (toutes les six semaines) et on soulève les problèmes, on essaie, ensemble, de les résoudre (...) globalement on y arrive" (Er28) ; "il n'y a jamais de routine (...) la qualité de l'équipe dans ce cas est capitale, parce qu'on partage tout" (Er28) ; "l'administration, la gestion est faite par nous... en réalité, c'est une équipe" (Eip12) ; "on confronte, on discute (avec) les autres (...) on apprend à définir ses idées, en même temps à poser des questions parce que les gens apportent d'autres visions... à la fin, elles ne sont pas uniquement ses idées personnelles, elles sont des idées collectives" (Eip12) ; la conception de l'équipe de travail est, dans certains cas, quasi-fusionnelle : "c'est ma famille en un sens, c'est un groupe humain qui m'a choisi et que j'ai choisi" (Eip12).

4.3.2 - Les intervenants pédagogiques

Ce terme générique a été choisi dans cet ouvrage pour rendre compte d'un rôle qui recouvre des réalités très diverses.

4.3.2.1 - La reproduction de savoir-faire professionnels maîtrisés

Tantôt "enseignant", "professeur, formateur", "formateurs de contenu, (ils) sont enseignants de langue (...) ils tendent à reproduire des schémas sur lesquels ils se sentent à l'aise et sur lesquels ils se sentent rassurés" (Er30). Dans ce cas, l'intervenant organise des "programme(s) (...) individuel(s) à la carte" (Er22), "(il) a un contenu à faire passer" (Eip30), il "vérifie au bout de cinq cours" (Er22), "l'évaluation, c'est le professeur qui s'en occupe" (Er4). Son rôle consiste à baliser les parcours des apprenants : "en face de chaque outil (ils ont) le nom de l'outil, le numéro du disque, le nom des unités qu'ils ont à faire (de cette façon) ils voient bien qu'ils avancent et qu'ils mettent une case à chaque fois qu'ils ont fait quelque chose" (Eip34). Dans certains cas, ce rôle est repensé en tenant compte des particularités de la formation individualisée : "(ce qui est important c'est de) décentrer son point de vue en terme de modèle mental pour être capable de regarder la performance de l'étudiant, de (le) faire verbaliser pour comprendre comment (il) construit, lui, une notion" (Er19). Ce rôle peut également être en partie remis en question : "on ne peut plus dire dans la situation de l'éducation actuelle, que seul l'enseignant est la source de contenu" (Eip12).

4.3.2.2 - La prise en compte des spécificités d'un environnement ouvert

L'enseignant délesté de son rôle de "détenteur du savoir" (T10) devient tuteur. Ce nouveau type d'intervenant conserve certaines fonctions de l'enseignant : il "teste tout le monde, (explique) les niveaux, (présente) la synthèse des besoins, les parcours individualisés, les outils qui seront utilisés pendant ces cinq séances, (il fait une) formation technique parfois, (remet) un *book* de suivi (et) un livret d'exploitation des outils" (Er22). Il est amené à prescrire la formation : "tel support est situé ici, il doit être utilisé comme ça, faites attention à ça et vous avez vos guides" (Er22).

Le rôle de tuteur peut se diversifier et se différencier de celui de "formateur de contenu" : "le tuteur oriente dans les ressources, conseille, aide, guide le stagiaire pas à pas (...) selon les difficultés rencontrées, il l'oriente vers le formateur ou vers un technicien (...) le tuteur n'est pas le spécialiste de la matière, il sert de lien" (Er30) ; "quatre dimensions dans mon activité : une dimension technique, je gère les ressources, leur renouvellement, la maintenance simple, l'évaluation de nouveaux outils à partir d'une grille ; une dimension de gestion, j'organise avec (les formateurs) les différents groupes d'auditeurs, je prépare avec (eux) des calendriers pour les différentes séances de regroupements ; une dimension administrative, coup de main à (la secrétaire), établissement de catalogues, frappe de documents, de fiches, de produits ; une dimension pédagogique, l'aide méthodologique apportée aux stagiaires en soutien de cours et des conseils dans l'utilisation des ressources en fonction de leur niveau" (Eip30). Le rôle de certains "animateurs-formateurs" (Eip34) se rapproche de celui de tuteur dans cette acception : "on s'occupe de tout ce qui est logistique : démarches administratives, gestion du centre (...) programmer des séances, pour fixer des dates de rendez-vous, mais on n'a pas de compétences pour intervenir dans tous ces domaines linguistiques" (Eip34). Parfois le regard porté sur ce rôle est critique, si la formation de l'apprenant à l'autoformation n'est pas prise en charge par le dispositif : "il reçoit l'apprenant et il lui fait l'ordonnance (...) l'apprenant se retrouve tout seul face à sa machine pour faire (le programme), s'il n'a pas les capacités d'apprentissage cohérentes pour le faire, il va avoir des problèmes" (Eip12).

4.3.2.3 - L'élaboration de nouveaux savoir-faire professionnels

Dans certains centres, le rôle de conseiller recouvre en partie celui de tuteur tel qu'il a été décrit précédemment, mais globalement les rôles de "conseiller" tentent de prendre en compte les caractéristiques particulières de l'apprenant en situation d'autoformation : "l'intervenant conseiller linguistique va permettre au stagiaire de faire le bilan toutes les quatre à cinq séances d'autoformation, donc, en moyenne une ou deux fois par mois (...) le stagiaire a la possibilité de passer un quart d'heure, vingt minutes avec l'intervenant conseiller linguistique pour faire le bilan de sa progression et pour éventuellement régler tous les problèmes qu'il aurait pu rencontrer" (Eip34). L'intervenant adapte donc sa réponse à la demande de l'usager et tente d'être le plus disponible possible (Eip34). "Les enseignants-conseillers sont là pour guider les utilisateurs dans leurs parcours d'apprentissage" (T10). Dans certains cas, le rôle tend à se complexifier, il s'agit non seulement d'amener l'apprenant à "améliorer ses performances" et "à mieux s'orienter" dans ce nouvel environnement formatif, mais aussi de l'"aider à mieux se connaître (attitudes, style, stratégies d'apprentissage, acquis)" et "à développer (ses) capacités d'auto-évaluation".

Dans d'autres centres, "formateurs-conseils" ou "conseillers" centrent leur intervention davantage sur l'action de l'apprenant en le plaçant en situation de "définir des objectifs d'apprentissage" (Er20), "développer (ses) capacités à faire les choix appropriés" (T20), "affiner (ses) techniques, (s')entraîner à en utiliser d'autres, (apprendre) à sélectionner celles qui (lui) sont utiles pour un objectif donné avec les moyens en temps et en aide dont (il) dispose" (T20), "mesurer si la progression est efficace compte tenu des objectifs" (Er20), juger si ce qu'il fait l'intéresse et le fait progresser, demander des conseils, etc. (Er20). Le conseiller conduit l'apprenant à prendre conscience de la richesse potentielle de son environnement en matière de supports d'apprentissage en langue, puisque celui-ci peut utiliser "les supports du centre" mais aussi les siens, ceux qu'il va récolter dans son environnement professionnel ou privé (T20). Le conseiller conduit l'apprenant à se "mettre en situation d'apprenant 'permanent', en étant à l'affût de tout ce qui peut (le) faire progresser" en langue cible (T20). Il "sert (également) un peu de repère (dans) le temps d'apprentissage puisqu'ils savent que quand ils viennent nous voir, en principe, il faut qu'ils aient travaillé (c'est en quelque sorte) un mini-objectif de temps, de volume de travail à faire" (Er20). L'axe central de l'action du conseiller est de "faire réfléchir (l'apprenant) : 'vous avez fait ça, pourquoi, ça sert à quoi, qu'est-ce que ça va vous apporter, qu'est-ce que vous avez appris, pourquoi vous l'avez fait alors'" (Er20). Le conseiller "n'est pas nécessairement un expert en langues, il doit avoir des idées sur (ce qu'est) une langue, (mais il est) expert sur la capacité d'apprentissage, (il) ne va répondre qu'aux éléments que l'apprenant aura choisis, (il) ne prend pas les décisions, (il) suggère des programmes, mais ne fixe pas l'organisation du programme (...) c'est un nouveau rôle professionnel" (Eip12).

4.3.3 - *Les référents culturels ou natifs apportent une dimension authentique aux échanges*

Dans certains dispositifs, des "stagiaires" (Er31), "natifs" (Er12), "moniteurs" (Er19), "anglophones" (Er20) interviennent assez fréquemment. Ils sont "soit natifs, soit étudiants en langues" (Er31). Ils interviennent dans

... discours d'acteurs et pratiques déclarées

l'animation, dans les "cours de conversation" (Er31) ou dans des échanges avec l'apprenant (Er12, Er20). Dans ce cas, ils servent de point de repère pour une communication authentique en langue cible : "l'anglophone a pour objectif la communication (...) il ne corrige pas" (Er20) ; "(le) locuteur natif, c'est une personne qui est le représentant d'une culture, qui utilise la langue de manière native et sert d'informant culturel et d'informant linguistique (...) dans sa subjectivité de natif (il) peut expliquer d'une manière non scientifique l'utilisation de la langue, des mots (...) ce qu'il est poli de faire (ou) de ne pas faire, éventuellement les éléments de civilisation (l'idéal c'est qu'ils n'aient) pas de rapport du tout avec l'enseignement" (Eip12). L'apprenant est mis en situation de formation active : "les gens qui viennent, c'est qu'ils ont quelque chose à dire, c'est pas l'anglophone qui doit ramer pour leur faire dire quelque chose, c'est à eux de chercher ce qu'ils veulent dire, de préparer un petit peu à l'avance" (Er20). Le natif peut également intervenir dans des simulations demandées par l'apprenant, afin de vérifier "la manière dont (il pourrait se) comporter en situation réelle" (T12). Dans ce cas, ces simulations s'organisent "en tête-à-tête, deux (séances) de trente minutes sur un semestre (...) c'est eux qui décident quelle est la situation, quel est le rôle de l'anglophone, ça les amène à réfléchir là aussi". Ce travail en expression dans une situation de communication quasi-authentique débouche sur un travail ultérieur : "on demande à la personne de venir avec une cassette, de s'enregistrer et c'est avec ça qu'on retravaille sa capacité à comprendre, à s'exprimer en face à face" (Er20). Chaque apprenant est responsable de ses choix, ce n'est pas l'intervenant qui lui dit comment faire : "ils s'inscrivent le jour où ils veulent venir", "une simulation qu'ils choisissent", "un domaine qu'il a lui-même choisi" (Er20). La difficulté c'est de faire que " le locuteur natif soit un informant culturel et linguistique et non pas un prof au rabais" (Eip12). En effet, cet intervenant "n'explique pas la grammaire, ne mène pas les débats et se comporte comme (un) natif de manière aussi naturelle que possible" (T20).

4.3.4 - *Les personnels techniques*

Les documentalistes, techniciens, instructeurs (Er31), autant de personnes "qui ne sont pas forcément en contact avec l'apprenant, mais qui ont pour tâche la mise à disposition des ressources" (Eip12), ainsi que les choix des équipements "les plus efficaces, les plus utiles, les plus manipulables" (Eip12). Le documentaliste veille à ce que les documents soient indexés, rangés, en bon état ; il procède à des recherches, des actualisations, etc. Le technicien, à condition qu'il soit informaticien, peut seul résoudre tous les problèmes de maintenance qui peuvent être importants dans un centre de ressources. Il peut créer des pages d'accueil ou procéder à certaines adaptations de logiciels ou de produits informatiques. Il a sa part de créativité dans le fonctionnement du dispositif. Malheureusement, les moyens ne sont pas toujours au rendez-vous et, de plus, les formations spécifiques pour ces personnels ne sont pas encore développées. Par exemple, les documentalistes ont tendance à utiliser leurs critères de classement plutôt que ceux des apprenants (Eip12).

4.4 - La formation des personnels

Aucune des formations initiales, suivies par les responsables de centres et les intervenants pédagogiques, ne les prépare aux activités spécifiques du centre d'autoformation. Or, ils assurent l'ensemble des tâches et continuent donc à exercer leur métier de la même façon que dans des environnements traditionnels (Er4). Parfois, l'intervention en autoformation se fait sur la base du goût de l'enseignant pour cette modalité : "ça lui plaît" (Er22). En fait, la formation et la compétence des personnels est de l'ordre du pré-requis : "il suffit qu'ils soient compétents linguistiquement (...) le plus important, c'est l'assise de la personne dans le contenu de la discipline" (Er19). Pour d'autres, la formation s'est faite "sur le tas" (Er31), notamment pour les stagiaires étrangers recrutés en entreprise, ou parce que c'est le prix à payer pour l'innovation : "on a appris en faisant" (Er12). La démarche de réflexion est de deux ordres. Elle peut être individuelle : "j'ai appris un peu sur le tas" (Eip30) ; "(j'ai lu) tout ce qui pouvait exister sur (le sujet)" (Eip28). Elle peut également être collective : "on se remet en cause continuellement avec l'observation des stagiaires, les retours des différentes évaluations (...) on améliore, on perfectionne, on fait des recherches pour voir si on ne pourrait pas améliorer tel ou tel volet, tel ou tel domaine (...) on est en permanence dans un état de veille pédagogique" (Eip34).

Certains dispositifs reconnaissent l'importance d'une formation préalable : "on a dû avoir des conseillers très formés (...) (ce rôle) demande une formation spécifique" (Er20) ; "actuellement, tous les formateurs sauf deux ont suivi ces formations" (Er13) ; "ils maîtrisent cette notion de tutorat, quelquefois avec un peu de mal, mais on les forme, on leur fait faire des stages pour apprendre à ne plus dispenser des cours traditionnels, mais véritablement se familiariser avec cette notion d'apprendre à apprendre et d'apprentissage en semi-autonomie" (Er3). Pour certains intervenants, cela reste insuffisant : "j'ai reçu une formation spécifique uniquement pour le conseil (pas) pour m'occuper de l'Espace Langues, c'est-à-dire de multiples fonctions connexes (...) (ça se fait) sur le tas" (Eip6). Dans certains cas, la formation a débouché sur un travail de réflexion et d'élaboration d'outils inter-centres : "(un) stage (suivi d')une recherche-action, on se voyait avec les autres stagiaires à peu près une fois tous les deux mois (...) on continue à travailler surtout sur le conseil" (Eip28).

4.5 - Les contenus des apprentissages valorisés par l'instance de formation

Selon les dispositifs, les contenus de la formation ne sont pas valorisés de la même façon. Même si les parcours d'apprentissage sont plus ou moins adaptés à chaque personne et parfois même complètement élaborés par l'apprenant, chaque dispositif laisse émerger, peu ou prou, un projet formatif, voire éducatif, pour les usagers qu'il reçoit.

Certains dispositifs valorisent, avant tout autre aspect, les contenus linguistiques et/ou culturels. Ce sont les premiers objectifs de la formation en langues. Même si les méthodes pédagogiques scolaires sont décriées au nom des approches communicatives, certaines habitudes sont conservées : "on distribue des verbes irréguliers" (Er31), "les listes de vocabulaire" (Er31) et quand cela est utile du "vocabulaire technique" (Er31), "il faut (...) revoir tous les points de base (...) (pour ne) pas passer à côté de certaines règles" (Er31), enfin, "les objectifs écrits sont exclusivement des objectifs de contenu" (Er30). La méthode pédagogique pour les apprenants est déterminée en fonction de l'expérience personnelle du responsable ou de celle de l'intervenant : "moi, je continue à apprendre des listes de vocabulaire" (Er31). Les quatre compétences sont systématiquement travaillées à tous les niveaux : "le plus dur, ça a été (de trouver) des outils pédagogiques qui (allaient) couvrir les quatre domaines linguistiques" (Eip34). Le niveau de chaque apprenant est déterminé de façon globale selon un référentiel standard, ainsi "on va toujours amener (l'apprenant) à un niveau linguistique n+1" (Eip34) ; lorsqu'un apprenant a "des capacités d'assimilation beaucoup plus rapides de certaines notions grammaticales que d'autres, au lieu de passer six heures de grammaire sur une étape de dix heures, il en passe trois" (Eip34). Les contenus de l'apprentissage sont donc prédéfinis en fonction du référentiel adopté par le centre.

Dans d'autres dispositifs, les quatre compétences ne sont pas systématiquement abordées ensemble. Tout dépend des besoins et du projet de l'apprenant. De la même façon, le traitement des aspects linguistiques de la langue cible sont réalisés en fonction du "tri" qu'effectue l'apprenant lui-même : "un apprenant ne peut pas résoudre tous ses problèmes de grammaire en même temps et donc il trie (...) on ne regarde que le prétérit, on ne regarde pas le prétérit *et* les prépositions *et* les -s- à la troisième personne *et* les accords singulier-pluriel" (Eip12). Dans ce cas, "le contenu ne préexiste pas à l'apprentissage, il s'impose après l'explicitation des objectifs " (T25). Une part du temps de travail avec l'apprenant est donc consacrée aux méthodes qu'il met en œuvre dans son parcours d'apprentissage. Cette sensibilisation se fait par le biais de séances collectives : "une séance de méthodologie par mois" (Er13) ; "(lors des trois regroupements prévus) le formateur va donner des conseils méthodologiques en fonction du niveau des personnes présentes" (Eip30) ; soit par le biais des entretiens face à face : "ils ont cinq heures de méthodologie qu'on leur conseille de répartir tout au long de leur apprentissage, ils font ce qu'ils veulent en fait" (Er20). Dans cette perspective, l'évaluation que les apprenants font de leur parcours semble prendre en compte cette dimension de l'apprentissage : "en général, ils disent qu'ils ont beaucoup progressé en compréhension et puis en méthode de travail, savoir comment s'organiser (...) ils reconnaissent qu'ils ont fait un saut qualitatif" (Er20). Dans ces mêmes dispositifs, les intervenants attachent une importance particulière aux représentations des apprenants : "on essaie de leur montrer les représentations qu'ils ont de la façon d'apprendre et de faire un petit peu changer ces représentations-là (...) on arrive à leur faire sortir le schéma vocabulaire / grammaire (et) leur apporter des informations nouvelles sur comment on fait de la compréhension, du travail sur la langue et puis les rassurer psychologiquement" (Er20). Travailler avec l'apprenant sur ses représentations de la langue et de l'apprentissage de cette langue cible "l'amène à apprendre mieux" (Er20), car cela le conduit à diversifier ses critères de jugement et d'auto-évaluation ; cela l'amène également à prendre en compte ses erreurs de manière constructive (Eip12). Orienter l'autoformation vers une compétence à apprendre des langues étrangères est perçu comme bénéfique dans le contexte socio-économique actuel : "de plus en plus, les gens vont avoir besoin d'apprendre des langues différentes, et donc, plutôt que de centrer sur le contenu (et apprendre) langue par langue, séparément... (il vaut mieux se poser la question) : 'qu'est-ce que c'est qu'apprendre une langue ?' (...) (de cette façon) on lui fournit des critères d'analyse de ce que c'est qu'une langue, apprendre une langue" (Eip12).

4.6 - Regards portés sur les apprenants

Dans les discours des responsables et des intervenants prédomine une image positive de l'apprenant indépendant et heureux de sa formation, qui progresse, et avec qui ils établissent des liens de connivence et de convivialité. Cette image rend compte d'une situation qui semble bien vécue quels que soient les choix pédagogiques effectués. Dans certains cas, des résistances apparaissent face aux modifications d'habitudes.

4.6.1 - *Des apprenants libérés de contraintes et heureux d'apprendre*

Dans l'ensemble des dispositifs, les apprenants "se sentent bien... Ils gèrent leur petit truc, leur petite affaire (c'est) un système où ils ne sentent pas du tout largués (...) ils sont pleinement rassurés (...) ils savent en permanence où ils en sont... ils mesurent leur progression" (Eip34). Parfois, les intervenants se mettent eux-mêmes en situation d'autoformation en langue étrangère et apportent leur témoignage : "je suis en train d'apprendre l'espagnol, j'apprécie beaucoup de pouvoir faire ce que je veux et en même temps de transformer toute ressource en élément d'apprentissage, de pouvoir faire des choses qui dans l'enseignement seraient considérées comme bêtes, de pouvoir essayer de trouver des façons de contourner des éléments qu'on trouve ennuyeux" (Eip12). L'adaptation à de nouvelles méthodes de fonctionnement semble se faire facilement, dans certains cas, "les apprenants arrivent à bien (le) vivre (...) au début, ils ont l'impression qu'on va définir un programme et qu'ils vont le suivre... Au bout de deux ou trois entretiens-conseil, ils voient l'intérêt et les contraintes d'avoir un programme" (Eip12).

4.6.2 - *Des apprenants qui progressent*

Les progrès effectués dans le cadre du dispositif d'autoformation contribuent à changer positivement l'image que certains apprenants avaient d'eux-mêmes dans leurs souvenirs d'école : "(un apprenant) qui n'avait jamais fait d'anglais, il avait quitté l'école après son certificat d'études, une personne assez âgée, jamais travaillé sur informatique, on l'a eu chez nous pendant un an... quand il est parti, il était au niveau deux, il était tout content... il travaillait sur les devoirs scolaires de ses petits-enfants, il se tenait plus" (Eip34). Les progrès ne se font pas seulement dans le domaine de la langue cible, ils portent aussi sur des domaines comportementaux qui touchent aux habitudes d'apprentissage : "ils gagnent en autonomie dans l'apprentissage", ils acquièrent "d'autres réflexes", une curiosité, le besoin de "faire des recherches, aller puiser dans toutes sortes de ressources existantes" (Eip30) ; "on a des apprenants qui viennent nous voir en ayant fait une liste des questions, on voit bien qu'ils intègrent le fait que ces heures de conseil sont faites pour répondre aux questions qu'ils se sont posées dans la discussion, on voit bien que la personne a des idées et, qu'en fait, elle veut (les) confronter avec ce qu'un conseiller peut lui dire, elle est ouverte à d'autres idées qu'on pourrait lui suggérer" (Eip12).

4.6.3 - Des relations de connivence et de convivialité entre les personnes

La réussite est remarquée et provoque la satisfaction des intervenants : "heureusement qu'on a ce type de récompense, parce que s'il fallait attendre des retours, des félicitations ou des encouragements de la part de notre hiérarchie... on n'en serait pas là..." (Eip34). Les entretiens sont "un moment très apprécié" (Eip34) et des affinités se créent avec les intervenants pédagogiques. La vie du centre de ressources porte les personnes à se rencontrer et à tisser des liens amicaux dans le cadre de la formation : "il y a des gens qui sont chez nous depuis plus d'un an (...) il y a des groupes qui se sont formés, immuables (...) quand ils travaillent ici, on sait qu'ils sont là, l'ambiance qu'ils mettent dans la maison... ils ne passent pas inaperçus" (Eip34) ; "ils se concertent, ils s'entraident... C'est vrai qu'ils se sollicitent, des affinités se créent souvent entre personnes dans les groupes, (ils) travaillent en binômes" (Eip30).

4.6.4 - Quelques résistances

Tous les apprenants ne sont pas satisfaits des modalités proposées par les centres : "certaines personnes ne sont pas adaptées à l'autoformation" (Eip30). Des résistances se font jour. Certains apprenants revendiquent leur souhait de choisir l'autoformation pour rester isolés et s'organiser comme ils l'entendent sans avoir de compte à rendre à un enseignant ou à un groupe : "(ils) ont déjà suffisamment de mal avec leur planning personnel (...) une fois qu'ils sont là, ils sont dans leur box (...) une heure quarante-cinq (...) c'est assez rare qu'ils en sortent" (Eip34). D'autres sont allergiques à l'informatisation des supports : "les auditeurs âgés de vingt à trente ans sont relativement peu demandeurs (d'aide), les personnes de trente à quarante... un peu plus, et par contre les personnes de cinquante et plus sont intimidées par l'outil informatique" (Eip30). D'autres encore éprouvent des difficultés à s'adapter à ce qui est, pour eux, une nouvelle manière d'apprendre : "la résistance que les étudiants opposent est dans l'intégration des outils, la méthodologie de travail, l'adéquation entre la méthode et le contenu d'apprentissage" (T25).

En résumé, sur le plan pédagogique, les situations pratiques sont souvent mêlées et apparaissent même contradictoires. Cependant, il est possible de faire émerger un certain nombre de caractéristiques communes.

Mais au-delà de ces quelques points communs, les divergences apparaissent avec une plus grande acuité. L'analyse de l'ensemble des données recueillies permet de faire apparaître deux logiques distinctes : l'une, centrée sur la transmission, l'autre, sur l'acquisition. Certains termes sont porteurs de ces deux logiques. Pour la première, des termes comme "stages", "cours (Er4), "professeur", "le prof" (Er22, Er4), "stagiaire" (Er4), "programme" (Er4), restent dans un champ sémantique connu. Pour la seconde, des termes comme "tuteur" (Er22), "formateur-conseil" ou "conseiller" (Eip12, Er20), "informant culturel", "représentations" (Eip12), font apparaître une situation de mutation de la pratique formative traditionnelle.

Comme dans l'analyse de la dimension idéologique et celle de la dimension ingénierique, un certain nombre de dispositifs s'inscrivent indiscutablement plus près de l'un des deux pôles, dans un ensemble qui se présente davantage comme un continuum. D'autres, en revanche, mêlent des situations qui pourraient, à première vue, paraître contradictoires. A titre d'exemple, un dispositif du corpus mêle une logique de transmission à des pratiques qui vont dans le sens des approches communicatives, d'une exposition maximalisée à la langue et de la mise en place d'un environnement matériel moderne, ouvert et flexible, dans un environnement humain convivial. Ce cas montre que le positionnement sur deux pôles ne pousse pas forcément l'analyse vers une dichotomie manichéenne. Nombre de dispositifs, placés dans des mouvances évolutives, se trouvent dans des situations d'hybridation. Ils peuvent ainsi adopter des approches "modernes" en termes d'environnement, de technologie et de relation humaine et mettre en œuvre des pratiques pédagogiques traditionnelles. A l'inverse, un autre dispositif illustre le cas des centres qui tentent de mettre en œuvre une logique de l'acquisition dans un environnement concurrentiel qui valorise et (re)connaît davantage les pratiques traditionnelles. Dans ce cas, les indices apparents peuvent faire penser que le dispositif fonctionne sur de telles modalités (hiérarchies, tests, contrats tripartites, méthodes, tuteurs).

La réalité des dispositifs est donc complexe. L'analyse qui vise à catégoriser les pratiques mises en œuvre ne peut donc avoir pour objet d'en rendre compte. Elle peut cependant contribuer à faire émerger un certain nombre d'idéal-types du point de vue des pratiques pédagogiques. La catégorisation à laquelle aboutit cette réflexion permet de mettre en valeur, dans la diversité des modalités d'application du concept d'autoformation, des lignes de cohérence entre les dimensions idéologiques, ingénieriques et pédagogiques qui mettent en valeur des profils- types de dispositifs.

5 - PROPOSITION D'UNE CATÉGORISATION DES DISPOSITIFS DU CORPUS

L'analyse tridimensionnelle a conduit à mettre en valeur quatre groupements de dispositifs placés sur un continuum entre deux pôles extrêmes, depuis les pratiques les plus hétérostructurées vers les pratiques les plus autostructurées (figure 6).

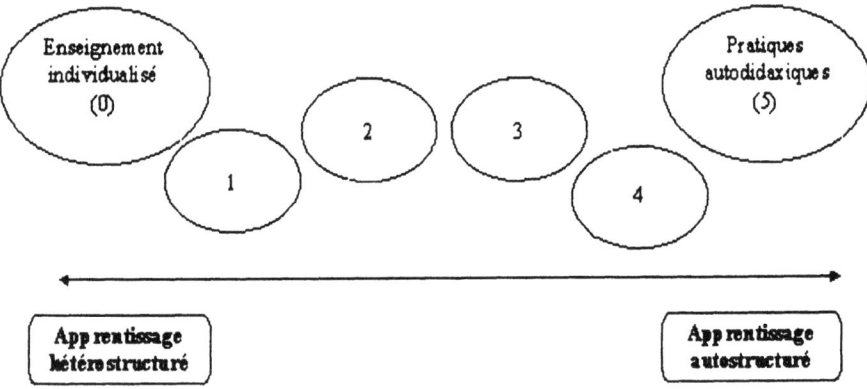

Figure 6 : Répartition des groupements de dispositifs sur un continuum

Les deux pôles extrêmes (enseignement individualisé et pratiques autodidaxiques), déjà repérés dans le chapitre 2, présentent deux types de pratiques que l'on peut trouver dans les dispositifs d'autoformation en contexte institutionnel, c'est pourquoi elles sont affectées d'un chiffre repère (0 et 5). Les dispositifs à dominante enseignement individualisé (0) mettent en œuvre des pratiques hétéroformatives ; la seule caractéristique d'individualisation de l'enseignement n'étant pas suffisante à en faire un dispositif d'autoformation, leur analyse n'a pas été approfondie. Il en est de même pour les dispositifs à dominante autodidaxique (5). En effet, même s'ils peuvent constituer un projet idéal vers lequel tendre avec des apprenants très autonomes, ils ne peuvent être caractéristiques d'un dispositif d'autoformation dans un contexte institutionnel, puisqu'ils ne proposent aucun accompagnement pédagogique à l'usager.

L'analyse du corpus retenu, c'est-à-dire les dispositifs qui s'organisent autour d'un centre de ressources et proposent un suivi pédagogique, a dégagé deux groupements qui se situent près de ces deux pôles extrêmes et deux groupements intermédiaires. Il a été remarqué que si certains dispositifs semblaient stables dans les groupements avec des types de pratiques clairement identifiables et une cohésion dans le fonctionnement des différentes composantes, d'autres, en revanche, mettaient en œuvre des pratiques différentes, soit parce qu'elles étaient volontairement diversifiées, soit parce qu'elles se trouvaient être, involontairement, en contradiction avec les valeurs et principes énoncés, soit parce qu'il y avait discordance entre les différente composantes. C'est la raison pour laquelle il sera fait référence à la catégorie de regroupement en terme de "dominante", afin de ne figer aucun dispositif. Les appellations choisies l'ont été parmi des termes en usage. Ainsi la catégorie 1, la plus proche du pôle des pratiques hétérostructurées, regroupe les dispositifs à dominante prescriptive ; la catégorie 2 regroupe les dispositifs à dominante tutorale ; la catégorie 3, les dispositifs à dominante coopérante et la catégorie 4, la plus proche du pôle des pratiques autostrusturées, regroupe les dispositifs à dominante auto-directive.

La proposition de catégorisation qui suit ne peut donc s'interpréter comme une classification des centres eux-mêmes. En effet, même si elle est étayée par l'observation directe, l'analyse des textes et des discours produits par l'instance de formation, elle n'en reste pas moins une interprétation et un premier pas vers une conceptualisation. Alors que la réalité conjugue parfois plusieurs types de pratiques, celles-ci doivent être distinguées d'un point de vue théorique, afin d'être analysées et discutées. La réalité mêle des modes de pensée et d'être au sein d'évolution ou de résistance au changement, qui se définissent dans la contradiction et le paradoxe. Cette proposition de catégorisation se veut donc une classification de dispositifs organisés selon certaines dominantes qui ne sont pas immuables et qui se donnent comme une sorte d'instantané, dans un corpus défini, à un moment de leur histoire et à une période de l'évolution de l'autoformation en contexte institutionnel.

5.1 - Les dispositifs à dominante prescriptive : des dispositifs qui se centrent sur l'action "former"

Ces dispositifs mettent en œuvre l'autoformation comme une modalité qui vient s'adjoindre à l'offre institutionnelle de formation, sans modification particulière des comportements de chacun des acteurs, apprenant compris. Ainsi, représentations, ingénierie du dispositif et pédagogie continuent à s'organiser dans leur acception traditionnelle.

5.1.1 - *Un système de représentations héritées*

Dans ce type de pratique, le modèle idéal de relation pédagogique est celui du préceptorat tel que l'a développé J-J. Rousseau (1762)[23]. L'enseignement à des groupes, résultat d'une démocratisation de l'éducation, est considéré comme un pis-aller, car il est reconnu que l'enseignant ne peut s'occuper de tous les apprenants en particulier et qu'il ne peut adapter son enseignement à chacun. Dans ce cas, le contenu transmis au groupe serait le résultat d'un travail de simplification et de découpage d'un savoir savant, transformé pour être compris et intégré par un apprenant moyen, sorte d'idéal-type de l'imaginaire professoral.

Dans cette perspective, l'autoformation peut représenter une manière de rétablir la relation individuelle avec chaque apprenant. Il s'agit là, le plus souvent, d'un argument de vente important, même si, paradoxalement, elle est considérée comme un palliatif par rapport à la formation en présentiel, avec un sentiment de perte entre le préceptorat, la formation en groupe, puis l'autoformation. Perte de quelque chose d'essentiel, au sens fort du terme, qui ferait la qualité particulière du préceptorat par rapport à toute autre forme d'éducation, de formation ou d'enseignement. Acceptée dans certains cas pour des raisons pragmatiques, mais plutôt subie la plupart du temps, l'autoformation ne peut être un rétablissement du préceptorat. L'image du professeur se mue alors en absence. Une absence pour laquelle l'ingénierie cherche des compensations. Puisque, dans cette perspective, l'apprenant ne sait pas comment faire pour apprendre, le rôle des pédagogues est d'élaborer un enseignement qu'il pourra suivre, pas à pas, hors la présence de l'enseignant. Il s'agit alors de mettre en place un programme détaillé et explicite, organisant un contenu découpé en unités à difficulté progressive, avec des outils suffisamment attractifs et efficaces pour faciliter l'accès à des connaissances de la langue cible. Dans cette conception, les apprenants ont besoin de contraintes pour progresser, des étapes de test, d'évaluation et de contrôle, sont donc prévues avec ou hors la présence de l'enseignant, afin de soutenir la motivation. Dans ces circonstances, l'autonomie n'est pas une notion qui intéresse les instances de formation. En effet, si le programme est bien construit, cette question n'a pas lieu de se poser. Le succès repose principalement sur deux facteurs : les qualités du dispositif d'enseignement (objectifs, programme, évaluation) et les qualités intellectuelles de l'apprenant, plus ou moins doué pour la discipline. L'autonomie appartient donc à la sphère personnelle de l'apprenant, elle est de l'ordre du

---

[23] Rousseau J-J., 1762, 1962, *Émile ou de l'éducation*, Paris, Garnier-Flammarion, n°117.

questionnement philosophique, voire socio-politique, et n'a pas à être prise en charge par le projet éducatif dans le cadre d'une formation d'adultes.

Par ailleurs, l'apprentissage des langues étrangères n'a pas de spécificité particulière par rapport à l'apprentissage dans un autre domaine, si ce n'est que les notions à assimiler sont de différents ordres : morphologie, syntaxe, conjugaison, lexique, phonétique, culture. Comme dans d'autres disciplines, l'acquisition des connaissances s'organise de façon progressive selon un découpage linéaire, validé par une partie des travaux de la didactique de chacune des langues enseignées, mais aussi par de nombreux produits éditoriaux. Le contenu présenté se réfère à un modèle culturel donné de la langue cible (la langue écrite littéraire), même si les apports des approches communicatives tirent les contenus vers un modèle plus standard de la langue et vers une entrée par les quatre compétences que sont la compréhension (écrite et orale) et l'expression (écrite et orale), avec une prise en compte des compétences de communication, par le biais de référentiels qui peuvent prendre appui sur des actes de parole.

5.1.2 - *Une ingénierie de l'hétéroformation*

Dans cette catégorie, le dispositif se centre donc principalement sur le contenu à transmettre. Il tente de mettre en œuvre les conditions optimales pour une bonne acquisition des notions visées et organise l'espace, le temps, ainsi que les modalités de fonctionnement et d'évaluation, de façon à ce que l'infrastructure matérielle se substitue à l'enseignant absent. Ce type de pratiques se rapproche de "l'apprentissage par instruction" pour lequel A. Weil-Barais (1993) repère les caractéristiques suivantes : "un expert ou un groupe d'expert a pour fonction de transmettre à des novices des connaissances qu'ils n'avaient pas au préalable", "ces connaissances sont déterminées *a priori*" ; "elles sont spécifiées de manières diverses : une liste d'objectifs, des programmes précisant les concepts et les savoir-faire à enseigner, des épreuves terminales auxquelles les élèves devront satisfaire" ; "les experts sont des professionnels généralement formés pour enseigner" ; "ils planifient la succession des informations, des activités, des contrôles qu'ils présentent aux élèves" (*ibid.*, p.476). Effectivement, les pratiques des dispositifs d'autoformation regroupés dans cette catégorie répondent à ces caractéristiques. Pour permettre l'acquisition de savoirs ordonnés du plus simple au plus complexe, ceux-ci sont organisés en unités ou en modules successifs. L'instance de formation planifie le temps d'apprentissage en prévoyant une quantité donnée de notions à aborder en un temps précis, en scandant le temps de travail personnel par des entretiens avec un professeur, voire des évaluations intermédiaires. Le professeur garde la responsabilité de vérifier les acquisitions, de s'assurer que toutes les notions importantes ont été abordées, de prescrire le travail pour l'étape suivante, d'indiquer sur quels matériaux le travail doit se faire et de quelle manière l'apprenant doit procéder. Lorsqu'il crée des outils complémentaires aux outils éditoriaux, l'intervenant pédagogique le fait en fonction de critères déterminés de manière standardisée, tout comme le sont les critères des référentiels qui servent de repère pour l'élaboration des tests et évaluations. Comme le souligne P. Galvani (1991), dans une telle situation, "c'est le fait que la personne apprenne seule à l'intérieur d'un cadre organisé et prédéterminé, 'individualisé' par l'institution, qui donne le caractère d'autoformation" (P. Galvani, 1991, p.75).

5.1.3 - La pédagogie comme pratique d'un enseignement différé

D'un point de vue pédagogique, les situations d'apprentissage sont traitées comme des situations d'enseignement à distance, mais dans le cas des dispositifs organisés autour d'un centre de ressources, la distance topographique est, *a priori*, moins grande. Elle n'en est cependant pas moins réelle, lorsque l'apprenant se sent isolé face à son matériel de travail individualisé. C'est pourquoi il semble possible de parler d'enseignement différé. En effet, le dispositif pédagogique est préparé pour permettre à un apprenant d'aborder un certain nombre de savoirs, de savoir-faire, de notions sans la présence effective d'un enseignant. L'organisation des documents pédagogiques en centre de ressources assure les fonctions de transmission et d'entraînement pour un nombre déterminé d'heures de travail sans enseignant. L'enseignement ne se fait donc plus de manière directe, en présentiel, mais bien de manière différée, par le biais des matériels prévus à cet effet. Les entretiens réguliers avec un enseignant permettent de faire le point sur les acquisitions et sur une nouvelle phase du programme qui pourra être abordée dans la suite du parcours de formation.

Ces pratiques se rapprochent fort des caractéristiques attribuées par G. Palmade (1953) aux "méthodes traditionnelles" dans la mesure où elles présentent "la matière à enseigner (...) décompos(ée) (...) en un certain nombre d'éléments (...) faciles à assimiler" dans la "simplicité" et la "progressivité", un "enseignement décomposé en *tranches* qu'il sera facile d'apprendre et de retenir" (*ibid.*, p.10). Les principes d'"autorité" et d'"émulation" sont maintenus grâce à l'intervention régulière du professeur ou du permanent au centre de ressources qui régulent les écarts par rapport au but à atteindre ou qui opèrent des renforcements positifs.

Cette catégorie se rapproche également du Mode de Travail Pédagogique de type transmissif à orientation normative (MTP1) développé par M. Lesne (1977) et ce, sur trois points. La logique du travail pédagogique est "déterminée" de l'extérieur, "l'individu (objet d'influences sociales) est objet de formation" (*ibid.*, p.178-179). De ce point de vue, l'apprenant est enfermé dans le déterminisme des contenus et par les objectifs préparés à l'avance par l'instance de formation. Du point de vue du rapport au savoir, ces pratiques laissent penser à l'apprenant qu'il existe "un savoir objectif et cumulatif" (*ibid.*) et qu'il est nécessaire de faire "un détour théorique préalable sous la conduite d'un initiateur et d'un guide", afin d'aboutir à "des degrés différenciés d'autonomie dans la maîtrise du savoir" (*ibid.*). Comme le souligne ce chercheur, il s'agit d'une "pédagogie du modèle de savoir et de l'écart par rapport au modèle" (*ibid.*). Du point de vue du rapport au pouvoir, il y a "acceptation du pouvoir pédagogique et exercice direct de ce pouvoir", même si des "délégations mineures de pouvoir (sont accordées) aux personnes en formation" ; il y a "contrôle quantitatif et étalonné des connaissances" avec une "sanction (qui) vient de l'enseignant" (*ibid.*). L'analyse de J-M. Lange (1993) corrobore cette interprétation, lorsqu'il perçoit la relation formateur-apprenant comme une relation "dominant/dominé" (*ibid.*, p.58). Dans le cas des dispositifs d'autoformation, la question de la sanction et celle de la relation évoquée par J-M. Lange sont moins exacerbées que dans des dispositifs plus traditionnels. En effet, de par leur appartenance à des démarches innovantes, même les dispositifs qui développent les pratiques pédagogiques les plus proches des pratiques traditionnelles renouvellent, en partie, cette relation. Ils donnent à l'apprenant une part plus grande d'affirmation et d'autodétermination personnelles qui conduit souvent, sur le terrain, à des marges de négociation et de discussion sur certaines dimensions du parcours d'apprentissage. L'analyse produite par J. Houssaye (1988) permet d'éclairer cette évolution des pratiques. En effet, l'auteur montre que la relation pédagogique peut être illustrée par un triangle composé de trois éléments (le savoir, le professeur, l'élève) dont, selon les processus mis en œuvre dans les pratiques pédagogiques, deux sont toujours valorisés au détriment du troisième. Ainsi, il différencie le processus "enseigner" et le processus "former" en montrant comment, dans le premier, c'est la relation professeur-savoir qui est valorisée, alors que dans le deuxième, c'est la relation professeur-élève. Selon cette analyse, les dispositifs à dominante prescriptive qui héritent de conceptions provenant du processus "enseigner" tendent donc à mettre en œuvre des pratiques qui répondent au processus "former", ce qui est déjà, en soi, une avancée dans une plus grande prise en compte de l'apprenant dans l'élaboration de son propre parcours de formation. Dans la catégorisation, les dispositifs à dominante tutorale offrent un degré de progression plus important dans ce sens.

5.2 - Les dispositifs à dominante tutorale : des dispositifs qui s'ouvrent sur l'apprenant

"Apprendre autrement" est une expression qui est très souvent utilisée dans les textes produits par les centres. Il s'agit presque d'un slogan, une manière d'afficher une différence dans la conception de la formation et du suivi des apprenants. Cette catégorie de dispositifs peut se définir comme intermédiaire, au sens où les pratiques pédagogiques restent inspirées des pratiques analysées ci-dessus. Cependant, bien plus que dans la catégorie précédente, l'organisation d'un centre de ressources et l'utilisation de technologies contribuent à modifier la relation qui s'établit entre l'instance de formation et l'apprenant.

5.2.1 - Un système de représentations modifiées

Tout en fonctionnant sur des modèles hérités, cette catégorie de dispositifs tente d'utiliser davantage le potentiel d'individualisation qu'apportent les outils technologiques. De ce fait, les représentations de la relation pédagogique, de l'autoformation, de l'autonomie et celles des contenus s'en trouvent modifiées. Les termes employés dans les discours sont révélateurs de glissements conceptuels qui ne sont pas, pour des raisons diverses, complètement assumés. Cette catégorie de dispositifs s'inscrit dans une dynamique de transition qui laisse émerger, plus qu'ailleurs, des jeux de pressions entre environnement traditionnel et environnement du centre d'autoformation, perçu comme novateur. Dans ces confrontations de représentations et de pratiques, les personnels qui œuvrent dans les dispositifs se font, majoritairement, les porteurs d'une innovation qui ne cherche pas à paraître révolutionnaire. Plus encore que dans les autres catégories, l'autoformation vient comme complément et non comme une modalité alternative, le but étant d'améliorer l'existant et non de le remplacer. Il s'agit d'intégrer les outils d'aujourd'hui, sans remettre en cause le fonctionnement institutionnel traditionnel. Les novateurs font référence à un "enseignement autodéterminé" défini par C. Rogers (1967) ou à "un enseignement en autoformation". De telles formules permettent aux acteurs porteurs de l'innovation de ne pas rompre avec les modèles académiques reconnus par leurs pairs ; modèles dans lesquels l'enseignant, expert du contenu et de sa didactique, organise la formation de cohortes d'étudiants. Dans cette catégorie, la pédagogie développée est d'inspiration béhavioriste au sens donné par D. Gaonac'h (1987). Pour ce chercheur, ce courant considère "la langue comme un comportement à acquérir" et place le plus souvent possible l'apprenant dans "des situations de production de ce comportement" (*ibid.*, p.29). De ce point de vue, le recours à des machines est extrêmement utile, puisqu'il permet à l'apprenant de s'entraîner autant qu'il est nécessaire jusqu'à acquisition du comportement souhaité. De ce fait, l'évaluation porte sur des comportements observables qu'il est possible de comparer à un référentiel identique pour tous.

5.2.2 - *Une ingénierie de l'outil technologique*

Dans cette perspective, il n'y a donc pas remise en cause des pratiques analysées dans la catégorie précédente. En revanche, le dispositif de formation se centre sur l'outil technologique, ce qui permet d'apporter au premier les qualités afférentes au second. Ainsi, l'autoformation est appariée à une image de modernité, à un potentiel de richesse et de diversité apporté par le centre de ressources, à une interactivité assurée par la présence des multimédias. L'individualisation se fait dans des conditions matérielles présentées comme optimales pour réussir la transmission de contenus donnés : la qualité des outils est gage de la qualité de la formation. En effet, l'efficacité de la formation est donnée comme étant intrinsèque à l'outil technologique sophistiqué et coûteux. L'intervenant est là pour pallier les manques de celui-ci en les comblant par son action pédagogique et par la recherche, sur le marché, d'un nouvel outil plus approprié que le précédent, voire par la fabrication d'outils adaptés à un besoin précis. Dans cette catégorie, le changement semble davantage le fait des outillages que celui de l'approche pédagogique et si les travaux théoriques (G. Jacquinot, 1985 ; C. Compte, 1985 ; M. Linard, 1996) montrent à quel point l'utilisation de technologies modifie la relation pédagogique, ils montrent aussi que ces changements ne sont pas apportés par le seul outil.

5.2.3 - *La pédagogie comme pratique d'orientation et de régulation*

Dans cette catégorie, l'intervenant pédagogique délègue à la machine ses fonctions de transmission et d'entraînement. Pour cela, il sélectionne soigneusement les produits qui vont, le mieux, réaliser cette tâche dans les différentes compétences. C'est bien là que réside l'un des changements provoqués par la nouvelle configuration pédagogique. Même si la figure et les rôles de l'enseignant sont conservés, d'autres figures et d'autres rôles apparaissent, complémentaires de celui-ci. Il en est ainsi du rôle de tuteur (parfois appelé moniteur) dont la fonction principale est d'orienter les apprenants vers les produits qui peuvent le mieux leur convenir en fonction de la prescription de l'enseignant ou en fonction des besoins exprimés. Il facilite leur installation à une machine, leur montre comment l'utiliser et comment naviguer à l'intérieur des produits. Il répond à leurs questions ou les oriente vers le bon interlocuteur. On peut qualifier son rôle d'interfaciel (B. Albero, 1998) dans la mesure où, se trouvant placé entre l'apprenant et les ressources (matérielles et humaines), il peut en faciliter l'accès et donner à l'apprenant l'occasion d'optimiser l'environnement de formation.

L'une des tâches dévolues au permanent est celle de veille technologique : son rôle est de connaître les produits, de les tester, de les valider, et de les insérer dans le dispositif, aux côtés d'autres produits qui deviennent complémentaires les uns des autres. Il contribue ainsi à l'information des enseignants dans ce domaine.

Cette nouvelle configuration produit un autre changement : elle favorise la prise d'initiative et de responsabilité des apprenants les plus autonomes de par leur personnalité et leurs expériences préalables. Si cette autonomie n'est pas contrariée par un ordonnancement trop rigide des parcours d'apprentissage, ce type d'apprenant instaure une relation différente avec l'enseignant. Il se trouve plus facilement en situation de demande d'informations, d'explications, de démonstrations ou de conseils ; il est donc plus souvent dans une attitude active face au parcours d'autoformation qui lui a été prescrit. L'enseignant, s'il n'est pas conditionné par une conception monolithique de son rôle, modifie alors son type d'intervention et personnalise la relation pédagogique en fonction des attitudes propres à chaque apprenant. Ces conduites d'apprenants et de formateurs représentent une évolution qui ne permet pas encore de dépasser la standardisation des programmes et des évaluations, mais qui change les relations enseignant-apprenant et commence, de ce fait, à différencier les parcours d'apprentissage. Ainsi, ce qui était obligatoire ou fortement conseillé pour tous, devient facultatif pour certains, les programmes ne se font pas à partir du même nombre d'heures de formation, les entretiens ou les regroupements peuvent s'espacer ou se condenser, le lieu de la formation devient plus flexible avec des prêts personnalisés.

Dans cette catégorie, l'enseignant reste donc la personne-ressource privilégiée, avec pour bagage son expertise disciplinaire. En intervenant sur des individus et non plus sur des groupes, l'enseignant est amené à centrer davantage sur l'apprenant, si ce n'est les programmes, tout au moins ses interventions. Il se fait "enseignant-conseiller" intervenant pour suivre les phases d'"apprentissage en autonomie guidée". Dans ce cas, l'autonomie est perçue comme un pré-requis, car à l'âge adulte toute personne *doit* être autonome. Elle est également perçue comme un moyen, puisque c'est la situation de travail autonome, au sens où l'entendaient les pédagogies dites actives, qui permet au dispositif de fonctionner.

Lorsque celui-ci est suffisamment flexible pour intégrer les modifications évoquées, il se constitue en "organisation apprenante" et s'inscrit dans une dynamique évolutive qui apporte de nouvelles modifications. Les changements matériels et organisationnels contribuent aux changements dans les représentations des acteurs. C'est ainsi que la catégorie des dispositifs à dominante tutorale conduit l'ensemble des acteurs à évoluer vers un autre type de logique pédagogique, en intégrant une plus grande autodétermination de la part des apprenants les plus autonomes et en organisant le dispositif de façon à entraîner les autres apprenants à adopter une attitude active.

5.3 - Les dispositifs à dominante coopérante : des dispositifs qui s'adaptent aux diversités contextuelles

Selon H. Prévost (1994), le terme individualisation sous-tendrait "trois démarches (...) l'une d'ordre socio-économique empruntée à celle de la gestion des ressources humaines, l'autre d'ordre organisationnel dont l'objectif est la construction et la gestion optimale des dispositifs et la dernière d'ordre pédagogique qui tente de fournir aux intéressés les moyens et ressources nécessaires à leurs apprentissages" (*ibid.*, p.42). Si chacune des deux premières catégories (prescriptive et tutorale) peuvent être comprises dans les deux premières démarches évoquées par l'auteur, la catégorie des dispositifs à dominante coopérante se rapproche de la troisième démarche. Elle se trouve en effet à la frontière entre un fonctionnement pédagogique traditionnel hérité et un fonctionnement novateur apporté par l'ouverture sur les travaux de la psychologie cognitive et sur ceux concernant l'auto-direction. Elle caractérise une catégorie intermédiaire qui n'a pas trouvé complètement son identité, tiraillée entre des positions théoriques difficiles à mettre en œuvre et un terrain peu préparé à ces changements.

5.3.1 - Un système de représentations en construction

Dans cette tension entre des représentations héritées et des modèles nouveaux, les acteurs font le constat de l'hétérogénéité d'un terrain qui semblerait se prêter davantage à une adaptation de l'offre, plutôt qu'à une prise de position en faveur d'un modèle donné. Les contingences, telles que les équilibres budgétaires à tenir, la satisfaction d'une clientèle et le soutien des pairs à obtenir, conduisent les acteurs à organiser des modalités diversifiées d'intervention. Il s'agit donc d'une recherche de compromis qui, tout en assurant l'offre attendue, propose, de façon plus ou moins expérimentale, des situations de formation plus empreintes de ce qui, institutionnellement, peut passer pour de l'audace. Des modalités pédagogiques très différentes cohabitent donc en fonction des compétences complémentaires réunies dans une équipe donnée de formateurs, en fonction des caractéristiques et des demandes des apprenants, ainsi que des commandes éventuelles de l'institution. L'équipe ainsi formée tient compte des travaux théoriques dans différents domaines. Trois exemples paraissent illustratifs. Tout d'abord, en didactique, la prise en compte de l'influence des recherches en communication qui font apparaître que la mémorisation de structures linguistiques (morphologiques, syntaxiques, lexicales ou phonétiques) sont inefficaces si elles sont isolées des contextes d'échanges des interlocuteurs. En psychologie cognitive, les recherches qui montrent l'influence sur l'apprentissage de dimensions strictement individuelles (personnalité, diverses formes d'intelligence, styles d'apprentissage, profils d'apprenants, types de motivations, expériences préalables) sont particulièrement évoquées. Dans le domaine de l'utilisation des technologies, les travaux qui mettent en valeur la spécificité de chacun des médias employés sont également retenus. L'interrogation des intervenants porte alors moins sur les contenus transmis que sur les contenus intégrés par l'apprenant, et sur la manière dont ils ont été internalisés (H. Trocmé-Fabre, 1987). D'où un intérêt marqué pour les phénomènes d'interlangue et une exploitation positive de l'erreur dans l'apprentissage. Face à la difficulté de mettre en œuvre des représentations qui ont évolué et pour lesquelles il existe encore peu de modèles, les personnels ont tendance à s'organiser en équipe, à l'intérieur du dispositif, et en réseaux, à l'extérieur. Ces conduites représentent une relative nouveauté dans certaines institutions. A titre d'exemple, il est possible de citer, dans le réseau des GRETA, la constitution de la base de données *Babel* où sont capitalisées les créations provenant de différents centres, ainsi que des analyses d'outils et de produits commercialisés ; ou encore *Concerto 813*, un logiciel qui devrait rassembler des bases de données de ressources pédagogiques provenant des centres de ressources du Réseau Universitaire des Centres d'Autoformation (RUCA) ; ou encore, le logiciel *Autoéval*, conçu par les réseaux de la formation continue et commercialisé par un éditeur.

5.3.2 - *Une ingénierie de l'adaptabilité*

L'organisation en équipe, puis en réseau, complexifie le dispositif, mais le rend en même temps plus flexible grâce à la diversité des possibles qu'il offre. De ce fait, il est davantage en mesure de répondre à la diversité des apprenants. Pour permettre cette adaptabilité, les intervenants démultiplient les outils, les types d'interventions, proposent à l'apprenant un large éventail de choix. La focalisation est donc modifiée. L'objectif n'est pas qu'un programme donné soit acquis ou que telle ou telle notion soit intégrée, mais bien que l'apprenant, quel que soit son niveau, ait le sentiment d'apprendre et de progresser. En se centrant davantage sur l'apprenant, les intervenants s'intéressent aux stratégies que celui-ci met en œuvre pour avancer dans son parcours de formation, afin éventuellement de le guider vers des conduites plus adaptées aux objectifs qu'il s'est fixé. Dans cette perspective, l'autonomie est considérée comme un objectif. Cependant, selon les situations, il s'agit d'un type différent d'autonomie : dans la pratique de la langue, dans l'utilisation du centre de ressources et des outils technologiques ou dans l'apprentissage.

5.3.3 - *La pédagogie comme pratique de l'accompagnement*

Pour permettre l'autonomie de l'apprenant dans le centre de ressources, les intervenants sont amenés à créer des outils complémentaires, pour lesquels trois fonctions peuvent être mises en valeur : informative, réflexive et/ou auto-évaluative, socialisante.

Les outils à fonction informative comportent, par exemple, des fichiers, des catalogues ou des fiches de présentation des matériels et des supports. La manière même dont ces outils sont organisés a une fonction formative. Dans un centre donné par exemple, les rubriques d'un fichier informatique qui proposent des entrées familières dans les ressources, mais aussi des entrées nouvelles, sont susceptibles de conduire l'apprenant à une réflexion sur la langue et son apprentissage.

D'une manière plus intentionnelle, les outils à fonction réflexive et/ou auto-évaluative viennent renforcer l'action d'accompagnement des ressources humaines, en amont ou en aval de l'échange avec l'apprenant. Ils constituent une base de guidage et de suggestions, ainsi qu'un système d'aide. Des questionnaires centrés sur des aspects méthodologiques (organisation, échéanciers, plannings hebdomadaires) ou des aspects psycho-cognitifs (profils d'apprenant, styles d'apprentissage, types de motivation) amènent l'usager à se décentrer par rapport à son objet d'apprentissage. Ils le conduisent à se considérer comme objet d'observation dans une situation d'apprentissages multiples : acquisition d'une compétence en langue cible, utilisation efficace d'un centre de ressources, utilisation de machines, exploitation de documents. D'autres outils peuvent jouer ce rôle tels que les feuilles de suivi, le carnet de bord ou le journal d'apprentissage.

Les outils à fonction socialisante apparaissent dans des espaces conviviaux comme un espace *Pause Café* qui peut disposer de plusieurs panneaux d'affichage et d'exposition. Panneaux d'affichage pour des informations qui concernent le centre (horaires, services divers, offres de formation), mais aussi pour des activités proposées comme des repas en langue étrangère, des rencontres de natifs dans le cadre de discussions à thèmes ou après des visionnements vidéo ou cinéma. Cela peut être le lieu d'expositions de journaux, revues, plaquettes de présentation des dernières acquisitions en matière de cédéroms ou de cassettes.

Dans la diversification des rôles, les intervenants tentent de corréler le style des interventions et le degré d'autonomie de l'apprenant dans son apprentissage. C'est ainsi que les types d'intervention s'échelonnent du rôle traditionnel de l'enseignant, en passant par celui de tuteur qui négocie le programme à suivre, ou celui de formateur-conseil qui tente d'aider l'apprenant à mettre en œuvre son propre programme de formation, jusqu'au rôle de conseiller. Ce dernier est un rôle qui est surtout mis en valeur dans la catégorie suivante, celle des dispositifs à dominante auto-directive.

Pour reprendre une analyse de H. Prévost (1994), il est possible de dire que, dans la catégorie des dispositifs à dominante coopérante, "l'individualisation (est) prise au sens d'un processus interactif entre l'acceptation des différences individuelles et les possibilités d'adaptation de la structure face à la demande" (*ibid.*, p.28). Cela "permet un véritable mouvement d'autoformation des personnes et de développement des organisations" (*ibid.*). Il ne s'agit donc pas seulement d'une adaptation aux particularités individuelles, mais d'une complexification d'un dispositif qui s'adresse à des apprenants actifs et conscientisés. Il est alors possible de concevoir des modalités d'intervention qui prennent davantage en compte les différentes dimensions de l'autoformation telles qu'elles ont été définies par des chercheurs tels que J. Dumazedier, G. Pineau ou B. Schwartz.

5.4 - Les dispositifs à dominante auto-directive : des dispositifs qui se centrent sur l'action "apprendre"

L'acception donnée ici à l'autoformation intègre explicitement les dimensions existentielles et socio-éducatives à la dimension technico-pédagogique, telle qu'elle est développée dans les catégories précédemment abordées. Il ne s'agit pas seulement de gérer de façon optimale des ressources importantes et d'amener les apprenants à savoir les utiliser de manière plus ou moins autonome. L'objectif est également de permettre à chaque personne de mieux se connaître en tant qu'apprenant, de façon à acquérir les moyens de s'émanciper des modalités de formation prescriptives liées à l'enseignement. Il s'agit de fournir à la personne une autre façon d'apprendre que celle qu'elle connaît déjà. Cette catégorie pourrait se rapprocher du Mode de Travail Pédagogique de type incitatif à orientation personnelle (MTP2), développé par M. Lesne (1977, p.178-179) sur trois points. Selon l'auteur, l'individu, sujet de sa propre vie sociale, devient "sujet de sa formation". Le développement personnel de chaque apprenant peut être "induit" par des "actions de prise de conscience" mises en œuvre par l'organisation de la formation (*ibid.*). Le deuxième point concerne le rapport au savoir. Pour ce chercheur, il est nécessaire d'agir "sur les attitudes et les motivations en vue de dégager ou de renforcer l'autonomie fondamentale de la personne", afin que l'accès au savoir soit motivé et pleinement volontaire. Le troisième point concerne la relation au pouvoir : il y a "refus de l'exercice explicité du pouvoir pédagogique" de la part des intervenants pédagogiques et développement de modalités de "cogestion" et "d'autogestion" du processus d'apprentissage, avec mise en œuvre d'un contrôle de type "qualitatif" et "d'auto-évaluation" (*ibid.*).

5.4.1 - *Un système de représentations reconstruit*

Les personnels exerçant dans les dispositifs d'autoformation sont, le plus souvent, issus de l'enseignement secondaire. Leur formation initiale les conduit à privilégier le contenu disciplinaire et sa didactique. Rares sont ceux qui ont suivi des formations à dominante pédagogique et encore plus rares, ceux qui ont bénéficié de formations préparant à l'accompagnement d'apprenants en centre de ressources. La démarche à la fois intellectuelle, ingénierique et pédagogique de mise en œuvre de pratiques qui, par le biais de l'apprentissage de langues étrangères, se donne l'autonomie comme objectif, requiert un effort particulier. C'est ainsi que ces personnels se placent le plus souvent en situation d'autoformation continue, dans le cadre par exemple d'une recherche-action. Dans cette catégorie de dispositifs, les intervenants ont fait le choix de ne pas reproduire des savoir-faire professionnels acquis dans leur formation initiale, mais de s'interroger et développer des pratiques alternatives, illustrant en cela l'affirmation de H. Prévost (1994) pour qui "l'apprentissage est avant tout l'affaire de celui qui souhaite apprendre et non de celui qui enseigne" (*ibid.*, p.16). On est là plus proche d'une innovation de type "réformiste avancé" au sens développé par E. Satre (cité par G. Langouët, 1985, p.57). Un certain nombre de principes sont défendus par les intervenants qui œuvrent dans cette catégorie de dispositifs. Le premier principe selon lequel tout enseignement ne produit pas forcément un apprentissage, les conduit à n'organiser des séances d'enseignement que très rarement et de façon très calculée. Le deuxième principe selon lequel il n'y a pas d'acquisition possible sans la participation active et volontaire de l'apprenant, les amène à placer celui-ci au centre de la problématique de formation. Dans cette perspective, les ressources matérielles et humaines se constituent en "auxiliaires", en "outils", au service de l'usager. Le troisième principe défend l'hypothèse selon laquelle la formation de l'apprenant à la prise en charge de son apprentissage multiplie ses chances de le mener à bien. Il dispose ainsi d'une approche alternative à la formation traditionnelle par enseignement ; ce qui lui donne de plus grandes chances de réussir des apprentissages ultérieurs. Enfin, selon ces intervenants pédagogiques, cette prise en charge conduit l'apprenant à être plus autonome par rapport à l'instance de formation et donc à vivre une expérience d'émancipation par rapport à l'instance de pouvoir. L'autonomie ainsi acquise par le biais de l'apprentissage d'une langue étrangère peut être transférée à d'autres situations de la vie sociale et collective de chaque personne. Dans cette catégorie, l'autoformation devient une situation privilégiée pour préparer la personne à continuer son apprentissage en situation d'autodidaxie. C'est la raison pour laquelle il est important qu'elle acquière des compétences utiles dans un contexte hors enseignement. Ainsi, certaines compétences repérées par N. Tremblay (1996) peuvent être acquises dans cette catégorie de dispositifs. Par exemple "connaître ses habitudes d'apprentissage et les règles qui les gouvernent" (*ibid.*, p.164), autrement dit, "la capacité de procéder à une analyse critique de ses actions et à identifier les lois et les règles qui régissent la manière d'apprendre" (*ibid.*, p. 35). De la même façon, un certain nombre de qualités sont à développer, telles que : "originalité", "fluidité", "flexibilité", "tolérance à l'ambiguïté" (*ibid.*, 1995, p. 35). Les intervenants pédagogiques veillent à la fois au "développement d'habiletés de travail intellectuel", mais aussi à celui "des habiletés au niveau social et affectif" qui, pour ce chercheur, sont tout aussi nécessaires (N. Tremblay, 1996, p.170).

5.4.2 - *Une ingénierie de l'apprentissage*

Comment s'organise l'apprenant ? Comment apprend-il ? En fonction de quels buts ? Avec quel choix de moyens ? Quelles échéances se donne-t-il ? Quels critères explicite-t-il pour savoir à quel moment il atteint les buts qu'il s'est fixés ? Autant de questions à partir desquelles travaillent les intervenants pédagogiques dans cette catégorie de dispositifs pour guider, si nécessaire, le parcours de l'apprenant. Les démarches ingénieriques mises en œuvre semblent illustrer l'affirmation de R. Galisson (1980), selon laquelle "il ne peut y avoir de progression unique en tenant pour acquis que chaque individu développe une stratégie d'apprentissage personnelle, et que son âge, son niveau socioculturel, son rythme psychologique et intellectuel, son vécu, ses besoins, ses motivations, le temps dont il dispose, etc., constituent autant de paramètres qui le rendent différent de tous les autres" (*ibid.*, p.28).

L'objectif principal de l'organisation ingénierique est la prise en charge de son apprentissage par la personne, le plus tôt possible. Cela signifie que l'apprenant est amené à prendre les décisions qui concernent : la définition de ses objectifs et des moyens qu'il compte employer pour les atteindre, la définition des modalités de réalisation de son apprentissage, les critères de l'évaluation des objectifs en terme éventuellement de "degré d'acceptabilité des performances" (H. Holec, 1980). Pour cela, dès la première séance, il est indispensable de mettre l'apprenant en situation de prendre conscience des représentations qui peuvent faire obstacle à son apprentissage. Le but est de l'aider à dépasser le stade du stéréotype, afin qu'il puisse construire des savoirs à la fois plus objectifs et plus précis (H. Trocmé-Fabre, 1987 ; M-J. Gremmo, 1996). Cette façon de procéder révèle l'intégration de l'hypothèse cognitiviste, explicitée par A. Giordan (1995), selon laquelle "pour que l'apprenant comprenne un modèle nouveau (...) il faut transformer l'ensemble de sa structure mentale. Son cadre de questionnement est complètement reformulé, sa grille de références largement réélaborée" (*ibid.*, p.113). Et c'est en sachant, comme le rappelle ce chercheur, que "ces mécanismes ne sont jamais immédiats (et qu')ils passent par des phases de conflits ou d'interférences" (*ibid.*) que les intervenants pédagogiques s'attachent davantage aux démarches, aux processus mis en œuvre, qu'aux résultats proprement dits. La conception de l'évaluation s'en trouve donc complètement modifiée, car dans cette catégorie, "l'acquisition et la mise en œuvre de savoirs s'articulent (...)

davantage sur l'appropriation de démarches, de méthodologies, de processus, que sur la consommation de connaissances abstraites" (H. Prévost, 1994, p.16).

5.4.3 - *La pédagogie comme pratique de facilitation*

Le point de départ du parcours n'est ni le niveau de l'inscrit, ni le programme prédéfini par l'instance de formation, mais le projet de la personne. Cette conception entraîne des modifications pédagogiques qui, sans être spectaculaires, n'en sont pas moins fondamentales. Elles concernent notamment l'organisation des ressources matérielles et l'intervention des ressources humaines. A la différence de la catégorie précédente, l'instance de formation ne cherche pas à adapter le dispositif pédagogique à chaque apprenant. Ce dernier est mis en situation (on pourrait presque dire en injonction) d'apprendre à exploiter les ressources dont il dispose dans son environnement, le processus ayant plus d'importance que le support, l'outil ou même le résultat.

Les ressources matérielles sont plus adaptables qu'adaptées, dans cette différence qu'a mise en exergue H. Holec (1994). L'important, pour cette catégorie de dispositifs, est que l'apprenant utilise les matériaux disponibles pour apprendre selon son projet personnel. Dans le centre de ressources, une grande importance va donc être attribuée : aux documents authentiques qui seront exploités différemment selon les personnes ; aux supports légers qui seront facilement reproduits, empruntés, transportés ; aux machines simples, banalisées et peu coûteuses qui permettent à chacun d'utiliser n'importe où, n'importe quel document du centre. Les lieux d'apprentissage se trouvent donc décentralisés et laissés au choix de l'apprenant. Celui-ci est également encouragé à collecter les matériaux qui se trouvent dans son environnement personnel ou professionnel et qui motivent son apprentissage. Au centre de ressources, les matériels sont rarement prescriptifs et favorisent, de ce fait, le développement de stratégies de décodage et de méthodes d'apprentissage basées sur l'auto-observation et sur l'analyse critique des tâches effectuées.

Les ressources humaines interviennent pour faciliter ce processus et des rôles spécifiques se mettent en place. Lors des entretiens individuels organisés à la demande de l'apprenant, le "conseiller" contribue à faciliter l'explicitation des démarches. Il s'agit d'aider l'apprenant à se décentrer par rapport à son action et à adopter un point de vue critique. M-J. Gremmo et P. Riley (1997) remarquent qu'il s'agit ainsi "de séparer nettement les temps d'apprentissage de langue des moments où les apprenants réfléchissent sur les procédures qu'ils ont choisies, analysant ce qu'ils ont fait ou ce qu'ils vont faire, non pas en termes de performance linguistique, mais en termes de développement de leur capacité d'apprentissage" (*ibid.*, p.95). Ces deux chercheurs dégagent de ce mode d'intervention trois fonctions principales. La première consiste à "fournir de l'information conceptuelle, qui aidera l'apprenant à faire évoluer ses représentations sur ce qu'est une langue ou ce qu'est apprendre, de façon à développer ses savoirs métalinguistiques et métacognitifs" (*ibid.*, p.96). La deuxième fonction consiste à "fournir de l'information méthodologique qui permette à l'apprenant de développer ses techniques de travail. Cette information porte sur des sujets comme les types de documents possibles, les activités possibles, comment planifier son travail" (*ibid.*). Enfin, la troisième fonction consiste à "apporter un soutien psychologique à l'apprenant au cours de son apprentissage en langue. Le conseiller agit alors comme un 'extérieur bienveillant' qui aide l'apprenant à accepter ses succès et ses échecs" (*ibid.*), selon semble-t-il une modalité d'intervention d'inspiration rogérienne.

Un autre rôle spécifique se dégage de cette catégorie de dispositifs, c'est celui du "locuteur natif", terme emprunté à l'anglais *native speaker*. Lors des regroupements, le locuteur natif sert de référent pour une auto-évaluation. Dans le cadre d'une situation de communication authentique, l'apprenant est confronté à un natif qui comprend ou ne comprend pas ce qu'il dit et les questions qu'il pose. Dans l'échange qui a lieu, l'apprenant repère les compétences et notions qu'il maîtrise et celles qu'il ne maîtrise pas ; il prend conscience des comportements et attitudes qu'il adopte de façon à apprendre à gérer ses conduites sociales de communication. Il a, en outre, la possibilité d'enregistrer l'échange de façon à avoir là un support de travail ultérieur. Les pratiques mises en œuvre illustrent donc l'analyse produite par G. Malglaive (1988), selon laquelle apprendre consiste à articuler deux moments : celui du faire où le savoir s'investit dans des activités et celui du savoir où le vécu dans la pratique se réélabore à un niveau supérieur de formalisation. Dans cette perspective, de telles pratiques pédagogiques s'inscrivent dans le processus apprendre analysé par J. Houssaye (1988). A l'intérieur du triangle pédagogique (le savoir, le professeur, l'élève), c'est la relation savoir-élève qui est valorisée.

5.5 - Vers une typologie des pratiques d'autoformation en contexte institutionnel

Les pratiques pédagogiques présentent donc des dominantes différentes qui, pour les deux catégories extrêmes, peuvent être qualifiées d'opposées. Ces pratiques s'inscrivent dans des courants d'éducation et de formation plus globaux, tout en développant certains aspects qui pourraient être considérés comme spécifiques.

Les caractéristiques évoquées dans cette partie de l'analyse ont été synthétisées dans un tableau placé en annexe 2. Il s'agit de caractéristiques qui restent indicatives et ont pour fonction d'identifier les points de différenciation des pratiques en cours. Il s'agit, en effet, de proposer un outil heuristique, comme point d'appui de réflexions, de discussions et d'approfondissements.

Cinq composantes constitutives des dispositifs oscillent chacune entre les pôles former et apprendre :
- L'organisation fluctue entre un sous-système fermé, hiérarchisé, "statique" au sens développé par M. Knowles (1973) et un sous-système ouvert, collégial, "innovant" (*ibid.*).
- Le centre de ressources et les ressources matérielles s'inscrivent entre une juxtaposition de moyens pédagogiques réduits aux outils adaptés à des programmes préétablis et la mise en place d'un environnement complexe, adaptable aux besoins de chacun.
- Les ressources humaines se placent entre des pratiques prescriptives alimentées par les didactiques de l'enseignement et des pratiques autonomisantes qui cherchent à donner à l'apprenant les moyens de son autoformation permanente, en situation d'autodidaxie, hors du cadre institutionnel de la formation.
- Le contenu fluctue entre la représentation d'une langue, réifiée, découpée en tranches, organisée dans une progression linéaire et celle, non prédéterminée, d'un système complexe dans lequel chacun puise.
- L'apprenant est tantôt perçu comme un non-spécialiste qui suit la prescription d'un expert, tantôt comme une personne responsable capable de prendre en charge son apprentissage.

Il arrive que chacun des composants du dispositif se place à des degrés divers entre les deux pôles repérés. Chaque dispositif construit ainsi une dominante, dans les jeux d'interaction des composants entre eux. La dominante analysée n'est pas une caractéristique statique du dispositif, elle s'inscrit dans une temporalité et une historicité, deux concepts empruntés à M. Heidegger, que F. Cros (1996) relève comme deux dimensions constitutives des processus d'innovation en éducation et en formation. Chaque dispositif, tout comme chaque acteur, est inscrit dans une historicité qui lui est propre, de par la succession chronologique d'événements qui ont marqué l'élaboration de son identité organisationnelle ou individuelle. Il est également et parallèlement inscrit, tout comme chacune des personnes qui interagit dans le système, à l'intérieur d'une temporalité faite de contingences, de tensions, d'enjeux, de négociations, d'oppositions ou de consensus qui affectent son image à un moment donné de son évolution. Comme le montre la figure 7, chaque dispositif, traversé par ces deux dimensions temporelles s'actualise, de façon incessante, au cœur de tensions innombrables.

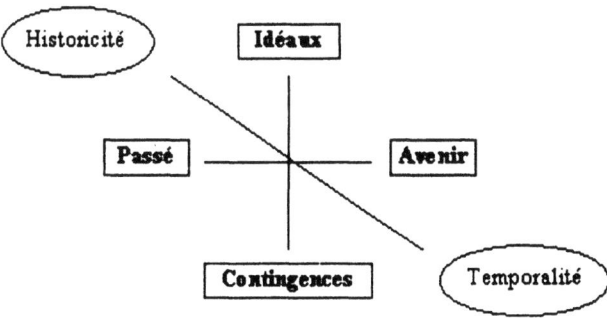

Figure 7 : Le dispositif, une actualisation de tensions

Le présent de l'action pédagogique est tiraillé entre des passés influant chacun des acteurs et des projets d'avenir qu'ils élaborent et préparent. Chaque dispositif s'actualise également entre des idéaux plus ou moins explicités, voire revendiqués, et des contingences qui parfois conditionnent fortement les réalisations effectives. Dans cette analyse, la catégorisation des dispositifs et la typologie des pratiques sont donc bien des outils à fonction heuristique, tant la réalité complexe de la formation semble insaisissable. Alliée aux outils que d'autres chercheurs ont forgé, ils permettent de clarifier un champ de pratiques en émergence.

Ainsi, le champ des pratiques de l'autoformation en contexte institutionnel pourrait-il se placer, non pas à la périphérie, mais au cœur du triangle pédagogique élaboré par J. Houssaye (1988), construisant ainsi de nouvelles triangulations (B. Albero, 1999), comme le montre la figure 8 (page suivante).

Transférés dans le contexte des dispositifs d'autoformation pour un public adulte, les termes désignant chacun des éléments qui joue un rôle dans la relation pédagogique renvoient à la complexification de leur référent.

L'élève est dénommé "apprenant" parce qu'il est perçu dans sa multi-dimensionnalité de personne active dans son apprentissage, à l'intérieur mais aussi à l'extérieur de l'institution. La figure du professeur se densifie également par la multiplication des rôles tenus par l'instance de formation. Dans cette pluralité des tâches à accomplir, cette figure s'organise en autant de "ressources" qu'il est nécessaire pour enseigner, certes, mais aussi pour aider, accompagner, conseiller, diagnostiquer, informer, orienter, etc. Chacune d'elles ayant sa spécificité, elles sont organisées de manière complémentaire les unes par rapport aux autres et, selon les besoins, les ressources peuvent être aussi bien humaines que matérielles. Le troisième terme, le savoir, se diversifie en savoirs, savoir-faire, savoir-être qui touchent non seulement le champ disciplinaire de la langue cible, mais également celui de la communication, de la consultation de ressources, de l'utilisation de technologies et de l'apprentissage en autonomie. C'est la raison pour laquelle le choix d'un terme générique tel que "contenus des apprentissages" a été fait .

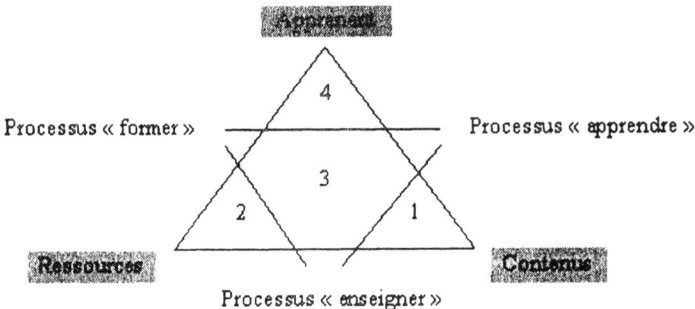

Figure 8 : Triangulations pédagogiques et dispositifs d'autoformation

Entre ces trois pôles, les processus mis en œuvre sont divers selon les axes privilégiés par la relation pédagogique effectivement mise en œuvre. Ils ne sont plus cependant perçus de manière disjonctive, mais selon une logique conjonctive. En effet, dans les dispositifs d'autoformation en contexte institutionnel, l'instance de formation ne se trouve plus dans un rapport de type enseignement *ou* formation *ou* apprentissage, mais, comme le préfigurent les dispositifs à dominante coopérante, dans un rapport de type enseignement *et* formation *et* apprentissage.

Comme tente de le montrer la figure 8, à l'intérieur du triangle, chaque catégorie de dispositifs occupe un espace près du pôle qui caractérise le centre de focalisation mis en valeur par chacune des dominantes. Ainsi, les dispositifs à dominante prescriptive (1) focalisent davantage leur action sur le pôle contenus, les dispositifs à dominante tutorale (2) sur le pôle ressources, les dispositifs à dominante auto-directive (4) sur le pôle apprenant, tandis que les dispositifs à dominante coopérante (3) se centrent davantage sur l'un ou l'autre des pôles selon les situations. Ce qui est important, c'est bien que cette centration n'exclue pas pour autant les deux autres pôles, même si elle les minore. Ainsi, dans la relation pédagogique, chacun des processus (enseigner, former, apprendre) est mis en œuvre à un moment ou à un autre.

Comparées aux pratiques en présentiel analysées par J. Houssaye (1988), les pratiques d'autoformation en langues s'enrichissent donc du double apport de ressources matérielles exceptionnelles et de la marge d'autonomie laissée à l'apprenant. Même s'ils ne sont pas des garants, ces deux aspects sont susceptibles de modifier en profondeur les pratiques pédagogiques de la formation et de l'éducation, surtout si la mise en œuvre des dispositifs d'autoformation est portée par un projet de société, visant à l'émancipation des personnes dans un système social égalitaire.

CHAPITRE 5

**Derrière les discours des acteurs,
le vécu déclaré des apprenants**

Dans le dispositif d'autoformation perçu comme un système, le composant "apprenant" reste flou. Une enquête par questionnaire auprès des publics inscrits dans les différentes catégories de dispositifs a permis de dresser une sorte d'instantané de la situation actuelle des apprenants dans les centres d'autoformation en langues. Elle a également permis de vérifier dans quelle mesure il était possible d'établir des liens entre les pratiques mises en œuvre dans les dispositifs et les conduites d'apprentissage de leurs usagers.

Durant la phase préparatoire, les entretiens menés auprès des apprenants ont révélé à quel point l'expérience de la formation est imbriquée, tissée, avec d'autres aspects de la vie des personnes : leur enfance, leur passé d'apprenant ou de locuteur en langue étrangère, leurs souvenirs liés à leur passé familial et scolaire, leur présent, les aspects professionnels, affectifs, leurs besoins immédiats, leur avenir, leurs projets, etc. Les questions ont donc été regroupées dans la suite chronologique du parcours biographique. Après cinq tests préliminaires successifs, l'enquête a été menée auprès de deux cent vingt-cinq personnes volontaires.

1 - CARACTÉRISTIQUES SOCIOCULTURELLES

Les éléments d'information obtenus ont été regroupés en trois ensembles : le premier concerne la nationalité différenciée de l'origine culturelle et le lieu de résidence ; le deuxième, l'âge et le sexe ; le troisième, la situation professionnelle et le bagage socioculturel en termes de diplômes obtenus et d'héritage provenant des parents.

1.1 - Des apprenants de nationalité française sur tout le territoire

La majorité des répondants sont de nationalité française[24]. Ce manque de diversité dans l'appartenance socioculturelle peut être lié aux deux autres

---

[24] 91% des répondants sont de nationalité française, ainsi que 80% des parents.

caractéristiques développées dans les points suivants : la jeunesse d'un public au bagage culturel élevé. Il semblerait donc que les parcours d'autoformation en langues étrangères sélectionnent indirectement leur public. On peut y voir plusieurs raisons interdépendantes : l'inscription de l'autoformation dans des contextes institutionnels, tels que l'université ou l'entreprise, s'adresse à une catégorie de personnes déjà sélectionnées par le système social, le choix des langues étrangères comme objet de formation continue est fait plus couramment par des personnes qui ont déjà un capital culturel relativement élevé[25], tout comme le choix de l'autoformation[26]. Par ailleurs, l'enquête concerne des personnes réparties sur l'ensemble du territoire et installées sur différentes zones d'habitation. Si les grandes agglomérations sont plus représentées que les petites agglomérations et les zones rurales[27], c'est sans doute que les espaces langues développés à ce jour le sont davantage dans des universités, des entreprises et des centres de formation regroupés dans les centres urbains. Le développement de tels dispositifs dans les petites agglomérations et les zones rurales semble davantage dépendre d'institutions municipales telles que les bibliothèques et médiathèques, les centres culturels ou bien encore des institutions privées dont certaines des activités sont à caractère philanthropique. Le cas des caisses d'épargne en Catalogne (Espagne) est, à ce titre, exemplaire.

1.2 - Des apprenants plutôt jeunes avec une représentation équilibrée entre les hommes et les femmes

L'apprentissage des langues dans ces dispositifs semble toucher une population très large, puisque les répondants déclarent avoir entre 17 et 68 ans. Cependant les pourcentages ne se répartissent pas de la même manière selon les tranches d'âge. Le pourcentage des moins de 25 ans (56%) s'explique par le nombre important des centres universitaires, dans le corpus de centres repérés, qui développent les dispositifs d'autoformation, afin

---

[25] Dans les APP qui s'adressent à un public dit de "bas niveau de qualification", les langues étrangères ne représentent que 6,39% des activités totales du réseau en matière de formations (*IOTA +*, 1994, n° 8, Spécial statistiques).
[26] Les résultats de l'enquête, menée en 1982 par J-F. Barbier-Bouvet, montrent une surreprésentation des plus diplômés.
[27] 32% des personnes interrogées habitent à Paris (5%) ou dans la région parisienne (27%). 64% sont répartis dans toute la France, des grandes villes (29%), des villes moyennes (16%), des petites villes (10%), des zones rurales (9%). 1% des personnes interrogées habite à l'étranger.

d'être en mesure d'offrir aux étudiants des premiers cycles une formation en langues étrangères. Il s'agit, pour les universités concernées, de répondre à une double contrainte provenant de la massification de ces niveaux et de la très grande hétérogénéité des acquis de ces étudiants. La tranche d'âge la plus représentée est ensuite celle des 26-36 ans (17%), puis celle des 37-50 ans (16%). L'exploration des questionnaires et des indicateurs qualitatifs permet d'avancer un certain nombre d'hypothèses concernant les caractéristiques des personnes appartenant à ces deux dernières tranches d'âge : majoritairement, il s'agit soit d'un public universitaire de troisième cycle, soit de personnes insérées dans la vie active qui envisagent un changement de poste, préparent une progression de carrière ou prévoient un séjour à l'étranger ; la tranche des 37-50 ans incluant davantage de personnes en situation de recherche d'emploi. Il est intéressant de remarquer que les plus de 50 ans représentent près de 10% de l'échantillon. Dans cette tranche, les situations sont beaucoup plus variées : il s'agit, le plus fréquemment, de personnes en recherche d'emploi ou qui prévoient une reconversion que l'on pourrait qualifier de préretraite, avec notamment des séjours prolongés à l'étranger, des voyages ou des rapprochements familiaux en dehors du territoire.

1.3 - Un public éclairé

Ce terme est repris des travaux du sociologue J-F. Barbier-Bouvet (1982), qui caractérise ainsi le public de l'*Espace des Langues* de la *Bibliothèque Publique d'Information* (BPI) du centre Beaubourg. Seize ans après, il ne s'agit plus du même contexte et pourtant, l'analyse des résultats portant sur les situations socioprofessionnelles, les diplômes et l'héritage socioculturel parental des répondants, conduit au même constat.

1.3.1 - Une majorité d'étudiants et de cadres

Parmi les situations socioprofessionnelles, la sur-représentation des étudiants (53%) et la présence de chercheurs (4%) peut s'expliquer par le nombre important d'universités dans le corpus, par rapport à d'autres environnements institutionnels. Dans les autres institutions, qui n'organisent aucune sélection explicite du public, les répondants se répartissent entre 18% de cadres moyens (15%) ou supérieurs (3%), 15% d'employés et 2% de techniciens ou techniciens supérieurs. Les quelques autres professions citées sont très faiblement représentées : deux commerçants, un agriculteur, un ouvrier, une personne ayant une profession libérale et un représentant des forces de l'ordre. Parmi ces personnes, 39% se déclarent en activité, 8% en recherche d'emploi, 1% sont en congé de formation et 1% à la retraite. Les personnes qui n'ont pas répondu à cette question sont majoritairement des étudiants.

1.3.2 - *Un bagage scolaire élevé*

Globalement, 97% des personnes interrogées sont titulaires d'un diplôme, 84% ont un diplôme égal ou supérieur au baccalauréat[28] et 13% sont titulaires d'un autre diplôme[29]. Parmi les répondants, 9% sont en train de préparer l'un de ces diplômes, 32% l'ont obtenu récemment (moins d'un an), 22% entre 1 et 5 ans, 6% entre 6 et 10 ans, et 28% depuis plus de dix ans. Ces résultats confortent ceux de l'enquête préliminaire[30] destinée à préparer le questionnaire et suscitent un certain nombre d'interrogations. En effet, sur les deux cent vingt-cinq personnes interrogées, des professions telles que ouvrier, artisan, agriculteur, ou même des professions libérales, ne sont presque pas représentées. Il en est de même pour le niveau des diplômes : une seule personne déclare ne pas avoir de diplôme, une seule a le certificat d'études. On peut alors se demander s'il ne s'agit pas là d'une sélection implicite du public, sélection involontaire des institutions ou autocensure de la part du public ? Dans l'affirmative, est-ce l'apprentissage des langues qui agit comme facteur de sélection du public ou est-ce la situation d'autoformation elle-même ?

Il est possible d'avancer quelques hypothèses interprétatives au vu des résultats collectés. Un premier facteur de sélection peut être produit par le coût des formations. Dans la mesure où celles-ci sont payantes, elles sont choisies en premier lieu par les personnes qui bénéficient de la gratuité (étudiants à l'intérieur de l'université, personnels des entreprises, chômeurs). Un deuxième facteur peut venir se surajouter au premier : le fait que ces publics-là précisément se trouvent en situation d'obligation d'inscription ou de choix unique de formation sans autre alternative. En effet, pour certains étudiants, chômeurs ou personnels d'entreprise, l'autoformation est le seul accès à une formation en langues, voire à une formation tout court.

---

[28] "Bac + 2-3" (42%) ; "Bac" (18 %) ; "Bac + 4-5" (16%) ; "au delà de Bac + 5" (8%).
[29] CAP (4%) ; BTS (4%) ; BEP (2%) ; BEPC (2%) ; Bac professionnel (11%).
[30] Cette enquête est intégralement développée en annexe de la thèse publiée : Albero B., 1999.

Un autre motif de sélection est sans doute apporté par ce que A. Tough (1967) appelle "les bénéfices anticipés". Nous avons en effet vérifié que l'apprentissage des langues n'est pas une activité très développée dans les dispositifs qui accueillent des publics peu diplômés et il est possible de penser que les dispositifs d'autoformation, tels qu'ils sont organisés aujourd'hui, constituent un barrage supplémentaire pour ce type de public (J-F. Barbier-Bouvet, 1982, M-J. Barbot, 1993 ; B. Albero, 1998).

1.3.3 - *Un héritage socioculturel élevé*

En ce qui concerne les situations socioprofessionnelles des parents des répondants, 35% des pères et 7% des mères se répartissent dans les catégories professionnelles suivantes : chefs d'entreprises (7%, 1%)[31], cadres supérieurs (16%, 2%) ou cadres moyens (12%, 4%). 30% des pères et 37% des mères exercent des professions libérales (10%, 5%), ou bien sont enseignants (7%, 10%), commerçants (3%, 3%) ou employés (10%, 19%). 21% des pères et 6% des mères s'inscrivent dans des professions de : ouvriers (13%, 4%), artisans (6%, 0%) ou agriculteurs (3%, 2%). 39% des mères sont femmes au foyer.

Pour ce qui est de leurs diplômes : 74% des pères et 21% des mères en sont titulaires. 41% des pères et 35% des mères sont titulaires d'au moins un baccalauréat[32] ; 33% des pères et 37% des mères sont titulaires d'un autre diplôme[33]. En revanche, 11% des pères et 12% des mères n'ont pas de diplôme. Dans l'enquête préliminaire, toutes les personnes interrogées se trouvaient dans un schéma générationnel ascendant. Il n'a pas été possible de vérifier ce résultat au cas par cas sur le grand nombre ; pourtant, si l'on tient compte du fait que 53% des personnes interrogées ne sont pas encore intégrées au monde du travail, cette tendance semble se trouver confirmée. En effet, le nombre de diplômés de niveau supérieur au baccalauréat a doublé par rapport à la génération précédente et notamment dans le niveau "Bac + 2 ou 3" qui s'est trouvé multiplié pratiquement par quatre. Dans le même temps, le nombre de titulaires de diplômes à orientation professionnelle ou technique s'est trouvé divisé par trois. Il est intéressant de remarquer que, parmi les deux cent vingt-cinq personnes interrogées, une

---

[31] Le premier pourcentage correspond aux pères, le deuxième aux mères.
[32] Bac (9%,14%) ; + 2-3 (8%, 10%) ; + 4-5 (13%, 4%) ; au-delà de Bac + 5 (11%, 7%).
[33] Certificat d'études (18%, 25%) ; CAP (9%, 8%) ; BEP (3%, 4%) ; BEPC (3%, 2%) ; BTS (m : 2%).

seule déclare ne pas avoir de diplôme, alors que c'était le cas pour plus de 10% des parents.

2 - BIOGRAPHIES LANGAGIÈRES

Selon M. Lesne (1984), "les effets et les états des biographies acquièrent (...) une importance sans cesse croissante chez l'individu" (*ibid.*, p.30). Dans l'attente de travaux complémentaires, il est intéressant de voir comment s'organisent globalement les biographies langagières dans deux moments de la vie des apprenants en matière d'apprentissage de langues.

2.1 - Enfance et passé familial : un environnement monolingue

Lorsqu'elles étaient enfants, 80% des personnes interrogées ne pratiquaient pas d'autres langues que le français, dans leur famille. Durant cette période, 81% n'a pas eu l'occasion d'apprendre une langue étrangère. Ces résultats sont cohérents avec les 80% de personnes interrogées qui se déclarent d'origine (et non de nationalité) française. Ils confirment à la fois les résultats de l'enquête préliminaire, ainsi que ceux d'une enquête menée par l'INSEE qui affirme que "plus de 90% des personnes de 15 ans et plus, résidant en France, ont d'abord parlé le français dans leur enfance" (M. Bodier, 1998).

Pour les 20% qui, dans l'échantillon analysé, ont parlé une autre langue que le français, il s'agit d'enfants issus de familles ayant une origine étrangère récente remontant à la génération des parents ou de familles mixtes. Parmi les 17% de personnes qui déclarent avoir appris une langue étrangère durant cette période, l'apprentissage s'est fait majoritairement avec un parent (8%) et/ou grâce à des séjours à l'étranger (7%) et/ou seuls (7%). Si l'on rattache cette dernière information aux témoignages obtenus lors des entretiens et lors de l'enquête préliminaire, il est possible de penser que cet apprentissage s'est fait dans un cadre naturel de jeux lors de séjours prolongés à l'étranger et d'interactions dans la vie quotidienne pour des enfants de personnels expatriés. Durant l'enfance, le contact avec une ou plusieurs langue(s) étrangère(s) est donc très pauvre pour la plupart des répondants. Il serait intéressant de savoir si, aujourd'hui, la situation a évolué pour les jeunes français de moins de 18 ans, grâce à la banalisation de certains médias et à celle des voyages et séjours à l'étranger.

Parmi les personnes interrogées, 72% ne faisaient pas de voyages réguliers à l'étranger durant leur enfance. Parmi celles qui voyageaient, il s'agit d'enfants de personnels expatriés qui ont vécu dans plusieurs pays étrangers ou d'enfants de personnes immigrées qui étaient amenées à séjourner tantôt dans leur pays d'origine, tantôt dans leur pays de rattachement (la France). Rares sont ceux dont les parents faisaient des voyages touristiques.

2.2 - Vécu scolaire et passé formatif : un apprentissage traditionnel et de bons souvenirs

Ce point sera abordé en trois parties : les deux premières font le point sur certains aspects des apprentissages scolaires et postscolaires (langues apprises, durées des enseignements, souvenirs des méthodes utilisées par les enseignants, impressions) ; la troisième, se veut une mise en relation objectivée entre le temps que les personnes interrogées ont consacré à l'étude de langues et les résultats qu'elles estiment avoir atteints en terme de niveau global et en terme de savoir-faire général dans quatre compétences (compréhension orale et écrite, expression orale et écrite).

2.2.1 - Le passé scolaire

La langue étrangère majoritairement apprise durant l'ensemble de la scolarité secondaire est l'anglais (94%) suivi de l'allemand (61%) puis de l'espagnol (32%). Le pourcentage élevé pour l'allemand s'explique par la forte représentation d'un public strasbourgeois et nancéien dans le corpus, au détriment des publics du sud de la France, pour lequel le choix de l'espagnol ou de l'italien comme seconde langue vivante est plus courant. C'est un point que confirme une recherche de l'INSEE qui révèle qu'après l'anglais, "l'espagnol a remplacé l'allemand comme deuxième langue la plus répandue dans les lycées et les collèges depuis la moitié des années soixante-dix" (M. Bodier, 1998).

Plusieurs items répartis dans l'ensemble du formulaire ont permis de totaliser le nombre d'années que les répondants ont consacré à l'apprentissage des langues étrangères durant l'ensemble de leur scolarité. Il est remarquable de constater, comme le montre la figure 9, que ce nombre se situe, en moyenne, autour de 14 années et que 70% d'entre eux ont suivi entre 8 et 17 ans d'enseignement dans cette discipline.

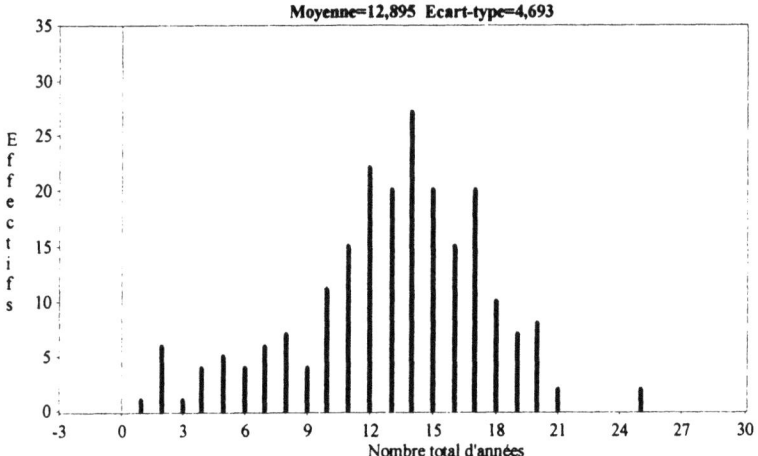

Figure 9 : Nombre total d'années consacrées
à l'apprentissage des langues durant la scolarité

Dans le souvenir des personnes interrogées, les techniques privilégiées par les enseignants en classe étaient, en premier lieu, les exercices écrits et, à égalité, la lecture à haute voix et la traduction ; suivent ensuite, dans l'ordre, la conversation avec le professeur et les exercices oraux. Ils ont le sentiment d'avoir appris principalement grâce à des activités centrées sur le vocabulaire, la grammaire et la conjugaison.

Dans un article consacré à l'apprentissage et à la télévision, G. Jacquinot (1995) cite une étude publiée par l'INA/Documentation française (Sultan, Satre, 1981) qui avait montré que la représentation de l'apprentissage que se faisaient les jeunes entre 9 et 17 ans "était calquée sur le modèle proposé par le système scolaire où le 'par cœur' et le verbal sont traditionnellement privilégiés. Pour apprendre 'il faut se l'enfoncer dans la tête', c'était le leitmotiv" (G. Jacquinot, 1995, p.17). L'auteur constate une dévalorisation de "tout ce qui n'est pas l'apprentissage à l'école" (*ibid.*, p.17). Il est possible de vérifier, par les résultats obtenus, à quel point ce modèle reste fort et conditionne, selon toute vraisemblance, l'approche que les usagers ont de leur (auto)formation. On pourrait, en effet, rapporter à l'autoformation des adultes l'analyse produite par ce chercheur dans le domaine du média télévisuel en avançant que ce que l'usager attend et apprend de sa formation en langues est lié aux représentations qu'il se fait de l'objet "(auto)formation", "elles-mêmes étroitement dépendantes du statut relatif de cet objet" dans son environnement social et plus précisément familial et professionnel. Ces données laissent donc supposer que l'usager pourrait avoir tendance, en situation d'autoformation, à reproduire les modèles d'apprentissage qui lui sont les plus familiers et qui continuent à être socialement valorisés. Devant un tel état de fait, M. Lesne (1984) déclare que, lorsque l'on examine la formation, il est important de "prendre en considération les caractères propres au système d'enseignement que les adultes ont connu" (*ibid.*, p.27). Par ailleurs, des chercheurs tels que N. Tremblay (1986) et A. Pain (1990) ont montré dans plusieurs études portant sur les autodidactes que les modalités de pilotage de l'apprentissage sont influencées par le passé d'apprentissage (école, expérience personnelle, etc.). Cette hypothèse est d'autant plus forte que, majoritairement, les répondants déclarent garder des souvenirs plutôt bons de leur apprentissage scolaire des langues étrangères, avec des résultats plutôt bons ou moyens. Les usagers auront donc d'autant plus tendance à reproduire les modèles scolaires qu'ils se sont trouvés en situation de réussite. Ces résultats contrastent avec ceux qui ont été obtenus lors de l'enquête préliminaire et dans les entretiens des responsables et des intervenants. En effet, les apprenants déclaraient n'avoir gardé un bon souvenir de l'apprentissage des langues que lorsque celui-ci était lié à un voyage ou à un séjour à l'étranger. Leurs souvenirs d'école, dans l'ensemble, étaient plutôt mauvais. De la même façon, les responsables et formateurs semblent recueillir des témoignages fréquemment négatifs de la part de leurs apprenants, ce qui les pousse à rechercher des méthodes de formation alternatives.

2.2.2 - *Le passé formatif*

Entre l'apprentissage scolaire et l'inscription dans le dispositif d'autoformation, 55% des personnes interrogées déclarent avoir étudié au moins une langue étrangère ; il s'agit de l'anglais pour 49% d'entre elles. Or, une enquête de l'INSEE révèle que "seul un actif sur cent a suivi une formation en langues étrangères dans les douze mois qui ont précédé l'enquête (...) ce qui ne représente que 3% de l'ensemble des formations suivies durant cette période" (M. Bodier, 1998). Cela pourrait confirmer l'hypothèse de L. Porcher (1992) selon laquelle l'apprentissage en langues étrangères se fait par intermittence. Ainsi, un usager s'inscrirait à une formation pour se donner quelques bases, puis tenterait de continuer tout seul pendant une période donnée. Il se réinscrirait ensuite dans une autre formation pour actualiser ses connaissances et reprendrait ensuite un travail en autodidacte. Il se réinscrirait ensuite pour un perfectionnement et ainsi de suite. Cette hypothèse peut également être étayée par les 17% de personnes qui déclarent avoir appris en autoformation. En effet, compte tenu du pourcentage élevé de répondants pour qui l'autoformation est une situation nouvelle d'apprentissage, il est possible de penser que, pour eux, le terme autoformation renvoie à une situation d'autodidaxie, plutôt qu'à une formation inscrite dans un dispositif organisé. Si l'on en croit l'ensemble de ces résultats, tout se passe comme si les usagers, qui ont fait le choix de commencer une formation en langues, étaient des usagers potentiellement fidélisables.

Contrairement à la formation initiale, la formation continue en langues cumule moins d'années d'étude. En effet, si 75% des répondants ont effectué moins d'un an de formation en langue entre leur scolarité et leur inscription en autoformation, 18% ont suivi entre un et trois ans, 6% plus de trois ans, mais aucun répondant n'a suivi plus de sept ans. Les formations postscolaires sont majoritairement menées grâce à des enseignements sur le territoire français (55%) et des séjours, voyages ou stages à l'étranger (34%). En dehors de ces situations traditionnelles, 10% des répondants déclarent apprendre des langues étrangères grâce à la télévision et 6% grâce à la radio. Ces chiffres sont d'autant plus intéressants que ces médias sont peu valorisés par un enseignement qui tient davantage compte de leur aspect divertissant que de leur spécificité en tant que support d'apprentissage d'une langue (C. Compte, 1985). Une telle attitude des instances de formation prépare donc peu l'usager à se servir des possibilités qu'offrent ces médias pour continuer à apprendre en dehors de l'institution éducative (*ibid.*). Dans cette étape, 12% des personnes interrogées déclarent avoir abandonné en cours d'inscription en invoquant principalement des raisons personnelles, dont le manque de temps (5%). Rares sont celles qui invoquent l'inadéquation de la formation (3%). Tout comme dans les souvenirs scolaires, les répondants semblent se conformer plutôt bien aux formations traditionnelles. Ici encore, ces résultats contrastent avec ceux de l'enquête préliminaire où la majorité des personnes parlaient plutôt de "tentatives avortées".

2.2.3 - *Les résultats estimés de ces formations scolaires et postscolaires*

Si l'on tente de mettre en rapport formation initiale et formation continue, les répondants ont été exposés durant, en moyenne, une quinzaine d'années à des enseignements concernant les langues étrangères. Or, au moment de leur inscription au centre d'autoformation, 28% d'entre eux sont inscrits à un niveau débutant ou faux-débutant, 49% à un niveau intermédiaire, et 23% à un niveau supérieur. Ces résultats sont largement supérieurs à ceux révélés par une enquête récente de l'INSEE. Celle-ci a montré que parmi les 90% des personnes âgées de plus de 15 ans résidant en France qui ont d'abord parlé le français durant leur enfance, on compte "autant de personnes estimant n'avoir aucune notion utilisable en langues étrangères que de personnes disant posséder au moins quelques bases" (M. Bodier, 1998). La même enquête précise que "54% des personnes (présentant ces caractéristiques) déclarent qu'elles n'arriveraient ni à participer à une conversation courante, ni à tenir une conversation téléphonique, ni encore à écrire une lettre, ni même à lire un journal dans aucune langue étrangère vivante" (*ibid.*).

Cette même enquête montre que les pourcentages de personnes estimant avoir des notions en langues étrangères varient en fonction d'au moins trois variables. La première est une scolarité plus ou moins récente : "les notions en langues étrangères sont d'autant plus utilisables que la fin de la scolarité est récente[34]" (*ibid.*). La deuxième est le nombre d'années d'études, car plus les études sont longues, plus le pourcentage de personnes ayant quelques notions en langues étrangères est élevé et "plus les bases acquises en langues paraissent solides[35]" (*ibid.*). La troisième variable représente les occasions d'emploi de la langue étrangère fournies par l'activité professionnelle : "les actifs ont une meilleure maîtrise des langues étrangères que les inactifs du même âge" (*ibid.*) ; les occasions de pratiquer semblent être réservées à certaines professions plus diplômées[36]. Si l'on rapporte cette analyse à la population ayant répondu au questionnaire, on se rend compte que les résultats positifs obtenus à chacune de ces trois variables expliquent les meilleures performances enregistrées par cet échantillon par rapport à la population globale. En effet, la situation de scolarité est récente pour les 53% d'étudiants inscrits et pour les 63% de répondants pour qui le dernier diplôme a moins de cinq ans. Leur niveau d'études est majoritairement élevé, ils ont pour la plupart l'occasion de pratiquer la langue cible dans leurs études (lectures, passation d'examens, diplômes) ou dans leur activité professionnelle. Cet état de fait peut expliquer pourquoi, contrairement aux témoignages reçus par ailleurs, les souvenirs scolaires sont plutôt bons pour cette population qui a l'occasion de réutiliser assez rapidement ses acquis.

---

[34] Moins de 10 ans, 32% ; après 10 ans, 40% ; après 25 ans, plus de 50%
[35] Dans les dix ans qui suivent la scolarité : 79% des personnes ayant un niveau inférieur au certificat d'études, 48% de celles titulaires au plus d'un BEPC, 31% des titulaires d'un baccalauréat, 10% des diplômés du supérieur, pensent avoir oublié ce qui leur a été enseigné.
[36] 18% des cadres estiment n'avoir aucune connaissance utilisable en langues, contre 75% d'ouvriers en activité.

2.3 - Le bilan des apprentissages après une inscription en autoformation

Après les durées de formation évoquées et après une inscription dans un dispositif d'autoformation, parmi six compétences citées, celle qui suscite le sentiment de plus grande sécurité est la lecture, puisque 66% de personnes déclarent s'y sentir "à l'aise". En revanche, le passage à l'écrit est une activité qui partage le groupe des répondants en deux : ceux qui semblent bien y réussir (49%) et ceux qui y réussissent moins bien (49%). Par rapport à la lecture, les extrêmes sont inversés entre "très" et "pas du tout", car le plus grand nombre se trouve du côté du "pas du tout à l'aise".

Dans la compétence d'expression orale, l'expression interindividuelle a été séparée, dans le questionnaire, de l'expression dans un groupe qui paraissait être une compétence différente qui exigeait de maîtriser bien plus de paramètres dans la communication. Or, les réponses n'ont pas confirmé la nécessité de cette différenciation. En effet, les résultats sont à peu près identiques : bon nombre ont le sentiment de maîtriser difficilement ces deux compétences (48 et 49%), et presqu'autant éprouvent des difficultés à maîtriser l'expression orale dans une situation d'échange de groupe (24%) ou interindividuel (16%).

Dans la compétence compréhension orale, la compréhension d'un natif a été distinguée de celle d'un média. Comme pour l'expression orale, cette distinction n'a pas été justifiée par des écarts importants dans les réponses : 44 et 46% d'entre eux éprouvent des difficultés dans la maîtrise de cette compétence, 19 et 16% s'y sentent très mal à l'aise.

Ces résultats pourraient être révélateurs du fait que les apprenants inscrits dans un dispositif d'autoformation restent encore proches des modèles scolaires d'apprentissage, ceux qui passent essentiellement par la lecture, l'écrit et un oral plus proche de la répétition que de l'élaboration d'énoncés, ancrés dans un contexte. Par ailleurs, l'environnement multimédia ne paraît pas avoir d'influence en lui-même : les apprenants semblent aller "naturellement" vers les activités et le travail des compétences dans lesquelles ils sont plus à l'aise et pour lesquelles ils se sentent mieux préparés. On peut donc penser que, à l'heure actuelle, les dispositifs d'autoformation ne produisent pas encore suffisamment d'activités de "sécurisation", c'est-à-dire un développement de situations d'apprentissage qui tiennent compte des spécificités d'un environnement ouvert et flexible, basé sur une consultation multi-média, pilotée par l'apprenant. Dans ce domaine, la thèse de M-J. Barbot (1993) montre de façon éloquente combien, dans leur grande majorité, les apprenants ne sont pas préparés à prendre en charge de façon autonome leur apprentissage à l'intérieur d'un centre de ressources. Pourtant, il est intéressant de remarquer que la population touchée par notre enquête est une population dont les représentations ont évolué sur certains points par rapport à une population globale. En effet, si l'on se réfère à une enquête de l'INSEE (1998) concernant l'apprentissage des langues étrangères en France, on peut se rendre compte que les répondants à notre questionnaire sont en mesure de différencier diverses compétences, contrairement à la population globale. L'enquête de l'INSEE révèle que, pour les personnes interrogées, "les problèmes de compréhension et d'expression dans les langues étrangères, que ce soit à l'oral ou à l'écrit, vont souvent de concert : il est rare (moins d'un cas sur dix) qu'une personne qui déclare son ignorance dans un de ces domaines pense avoir des capacités dans un autre, et en particulier, il est rare qu'une personne présentant des lacunes à l'oral ait quand même des facilités pour comprendre ou même s'exprimer à l'écrit" (M. Bodier, 1998). On voit donc que, de ce point de vue, le passage par les dispositifs d'autoformation semble exercer une influence sur les représentations des usagers. Et ce, même si la majorité d'entre eux ne semble pas avoir complètement intégré l'idée qu'il est indispensable d'adopter une attitude active dans la prise en charge de la formation et dans la recherche efficace d'occasions de pratiquer la langue étrangère étudiée.

3 - RAPPORT À LA LANGUE ÉTRANGÈRE ÉTUDIÉE

L'apprentissage d'une langue est un choix pour plus de 55% des personnes interrogées. Ce pourcentage augmente jusqu'à 80% dès que l'on s'intéresse à une sous-population exclusivement constituée de personnes en formation continue. Le choix massif de l'anglais dans 93% des cas est la continuité d'une formation déjà ancienne qui a commencé, pour la plupart d'entre eux, au collège. Dans le rapport à la langue cible, il a semblé intéressant de discerner les types de motivations déclarés par les répondants, d'observer comment ces derniers agissent (ou n'agissent pas) dans leur environnement pour s'exposer à la langue étrangère étudiée, comment ils semblent aménager les durées de formation et enfin, repérer les représentations de l'apprentissage de la langue étrangère qui émergent des résultats recueillis.

3.1 - Les sources de motivation pour l'apprentissage de la langue cible : plus intrinsèques qu'extrinsèques

Cette partie rend compte de la motivation conçue, selon J. Nuttin, comme un système intervenant "dans une régulation continue et une direction active du comportement" (1980, p.128). Selon les définitions de ce chercheur, la motivation intrinsèque se rapporte à ce qui est interne à l'acte même dont il est question (*ibid.*, p.118) et la motivation extrinsèque ou "instrumentale" est extérieure à l'action menée "dès que l'objet-but poursuivi par le sujet n'est pas l'objet propre de l'activité déployée pour l'atteindre" (*ibid.*, p.121). Bien sûr, nombre de nos actes peuvent être motivés à la fois de façon intrinsèque et extrinsèque. C'est ce que l'auteur appelle des "actes motivationnellement surdéterminés" (*ibid.*, p.118). C'est pour cette raison que cette différenciation est utilisée dans cet ouvrage, davantage dans sa valeur heuristique que dans une valeur de preuve ou de vérité. C'est ainsi que l'interprétation des résultats est produite volontairement en terme de "type de motivation dominante", inscrite dans une dynamique biographique en constante évolution.

3.1.1 - *Des apprentissages pragmatiques liés à l'acquisition d'un capital culturel*

Globalement, le choix de l'apprentissage d'une langue est d'abord motivé par le désir de maintenir un niveau acquis par la recherche d'un enrichissement culturel, puis par la recherche d'une plus grande aisance dans l'environnement professionnel. Lorsque l'on regroupe les raisons liées aux besoins professionnels ou d'études et les raisons liées au désir de maintenir et d'actualiser des acquisitions, d'enrichir sa culture personnelle, d'éprouver le plaisir d'apprendre et de progresser, les résultats ne sont pas ceux auxquels nous avaient préparés les travaux de J-F. Barbier-Bouvet (1982) et ceux de L. Porcher (1992). En effet, les raisons liées à la culture et au plaisir sont supérieures à toutes les autres, et, au final, on obtient un équilibre entre les motivations de type instrumental et les motivations de type intrinsèque, avec, contre toute attente, une légère supériorité pour les motivations intrinsèques.

3.1.2 - *Un apprentissage sans urgence de la langue courante*

L'apprentissage de la langue courante est visé en premier (plus de 63%), même si certains apprenants expriment des besoins particuliers dans une langue plus spécialisée (plus de 23%). Dans la plupart des cas, l'apprentissage de la langue étrangère ne se fait pas dans l'urgence[37] (78%). Les 20% pour qui la réponse est positive, ont un échéancier professionnel (14%) ou personnel (6%).

Ce constat global, qui pourtant confirme l'enquête préliminaire, est en contradiction avec l'hypothèse, étayée par les travaux du socio-didacticien L. Porcher, selon laquelle l'usager, aujourd'hui, tend à rechercher des apprentissages rapidement utilisables et potentiellement actualisables. Or trois postulats sont sous-jacents à cette hypothèse : les apprentissages doivent être utiles, réalisés dans des délais courts et être réactualisables.

3.1.3 - *Des attentes raisonnables en termes de résultats*

Les personnes interrogées sont inscrites majoritairement à un niveau intermédiaire (49%). Cependant 14% des répondants ne se déterminent pas dans cette question. En effet, pour 8% d'entre eux, le dispositif ne propose pas de niveaux, c'est le cas dans certains dispositifs à dominante coopérante et dans tous les dispositifs à dominante auto-directive. En principe, on aurait pu attendre un pourcentage supérieur. Cet état de fait est illustratif de l'écart qui peut exister entre le fonctionnement pédagogique du dispositif, amené à remettre en cause certaines représentations (dans ce cas, la notion de niveau global en langues) et l'intégration de nouvelles représentations par les apprenants. Pour les 4% qui ne répondent pas à cette question, il est possible qu'ils ne connaissent pas leur niveau parce qu'il ne leur a pas été communiqué par les intervenants pédagogiques, mais il est également possible qu'ils n'aient pas intégré l'idée qu'il pouvait ne pas y avoir de niveaux, d'où une non-réponse qui pourrait équivaloir à "je ne sais pas".

En ce qui concerne le niveau visé (question 47), les apprenants semblent majoritairement cibler celui qui leur est juste supérieur. On observe, en effet, une cohérence dans les réponses, rendue visible par la translation des pourcentages vers les niveaux supérieurs, par rapport à ceux obtenus à la question portant sur le niveau d'inscription[38] (question 28). On remarque cependant qu'il ne s'est pas opéré une translation terme à terme entre les niveaux faux-débutant et intermédiaire, puis entre intermédiaire et supérieur. Plusieurs raisons peuvent être envisagées. La première vient, sans

---

[37] Deux sous-populations, étudiants et professionnels, réagissent de la même manière.

[38] La plupart des apprenants identifiés comme débutants (9%) semblent viser un niveau de "survie" (8%) ; la plupart de ceux qui se déclarent faux-débutant (17%) aspirent à un niveau intermédiaire (34%) ; la plupart des apprenants intermédiaires (49%) semblent vouloir atteindre un niveau supérieur (44%) ou, avec l'ensemble des niveaux supérieurs (10%), une compétence de bilingue (12%).

doute, du fait que les apprenants éprouvent des difficultés à se situer dans un niveau un peu flou. La seconde envisage la possibilité que les 12% de répondants qui ne s'étaient pas positionnés dans la question 28, l'aient fait dans le cadre de la question 47, dans ce qui, pour eux, serait équivalent à un niveau moyen. Une deuxième remarque porte sur les 8% de répondants qui déclarent ne pas avoir de niveau attribué. Ils ne semblent pas s'être débarrassés de cette notion pour autant, puisqu'ils se positionnent à la question 47. Même s'ils ont accepté le fait de travailler dans le centre sans niveau global désigné, ils ne semblent pas avoir intégré les raisons pour lesquelles celui-ci fonctionne de cette manière.

3.1.4 - Les diplômes ne sont pas un facteur de motivation instrumentale et l'utilisation de la langue cible reste occasionnelle

Contre toute attente, la préparation de diplômes ne constitue pas une motivation forte en langue. Seulement 30% des personnes interrogées souhaitent passer un diplôme : le TOEIC[39] (21%), le TOEFL[40] (4%), le DCL[41] (3%). Apparemment, les compétences acquises sont plus valorisées par les apprenants que les diplômes qui les sanctionnent. Cela est surtout vrai pour la sous-population des personnes inscrites dans le cadre de la formation continue, puisque 90% d'entre elles affirment ne préparer aucun diplôme en langue.

L'utilisation de la langue cible dans différentes activités langagières qui correspondent aux quatre compétences reste majoritairement "occasionnelle"[42]. La compréhension écrite est plus souvent mise en œuvre (50%)[43], vient ensuite la compréhension orale (34%)[44], puis l'expression écrite (17%)[45] et, en dernier lieu, l'expression orale (16%)[46]. Il est intéressant de remarquer que, même si l'expression orale vient en dernière position dans la fréquence d'utilisation de la compétence, l'expression écrite est une

---

[39] Test Of English for Internationale Communication.
[40] Test Of English as a Foreign Language.
[41] Diplôme de Compétence en Langue.
[42] 50% pour la compréhension orale, 42% pour l'expression orale, 36% pour la compréhension écrite, 32% pour l'expression écrite.
[43] 39% fréquemment, 11% quotidiennement.
[44] 26% fréquemment, 8% quotidiennement.
[45] 12% fréquemment, 3% quotidiennement.
[46] 26% fréquemment, 8% quotidiennement.

compétence qui n'est que rarement ou jamais utilisée dans 44%[47] des cas, contre 38%[48] pour l'expression orale.

Il faut remarquer également un taux de non-réponses situé entre 2 et 7%. Deux explications sont envisageables : ces répondants éprouvent des difficultés à évaluer le contenu temporel des fréquences indiquées, ou bien ils ont hésité à cocher la case "jamais", si, par exemple, leur formation est prise en charge par leur employeur ou par un organisme public.

3.2 - Un environnement langagier pauvre

L'environnement proche des apprenants interrogés ne semble pas, en tout cas dans leur perception, être multilingue.

3.2.1 - Peu d'occasions de pratiquer dans l'environnement familial et amical et des occasions rares de voyager dans un pays de la langue cible

Dans le cercle familial, 60% des personnes interrogées n'ont jamais l'occasion de pratiquer la langue étrangère qu'ils étudient[49], 19% rarement, 10% parfois et seulement 2% souvent. Dans le cercle amical, les possibilités de pratiquer la langue cible augmente un peu puisque, si 40% de répondants ne l'utilisent jamais dans ce cadre, 51% d'entre eux ont là quelques occasions, rares (33%) ou moins rares (18%) ; seulement 3% pratiquent souvent la langue étrangère à cette occasion. Les possibilités de voyage à l'étranger sont relativement rares elles aussi, puisque 54% des personnes interrogées ne voyagent que rarement (35%) ou jamais (19%). 10% seulement voyagent fréquemment dans des pays où la langue étudiée est pratiquée ou dans d'autres pays. Les résultats sur le grand nombre confirment ceux obtenus lors de l'enquête préliminaire où il avait été remarqué que l'apprentissage de l'anglais pouvait être plus directement utilitaire du point de vue professionnel, sans engager pour autant des déplacements à l'étranger. Cette hypothèse est renforcée par le fait que, pour nombre d'étudiants, l'apprentissage de la langue s'inscrit dans un cursus de formation obligatoire. En revanche, ces résultats sont en opposition avec les études sociologiques qui montrent l'impact de l'internationalisation des

---

[47] 27% rarement, 17% jamais.
[48] 30% rarement, 8% jamais.
[49] Seuls 29% des répondants partagent leur vie avec une personne qui parle une ou plusieurs langues. Parmi ces personnes, 20% parlent l'anglais et 15% apprennent une langue étrangère, dont 12% l'anglais. Parmi les 28% de personnes ayant des enfants, 6% d'entre eux parlent anglais et 19% l'apprennent.

L'autoformation en contexte institutionnel

échanges dans la vie quotidienne des habitants des pays industrialisés. L'INSEE, notamment, a observé, dans l'une de ses études, que "le nombre annuel de séjours d'au moins quatre jours à l'étranger a été multiplié par 3,1 en trente ans" (M. Bodier, 1998).

3.2.2 - *Les médias[50] : des supports potentiels d'exposition à la langue*

Dans l'environnement familial, la langue étrangère est présente grâce aux médias dans 80% des cas. Il est cependant intéressant de remarquer les nombreuses corrections observées sur les formulaires papier au moment de la saisie informatique des réponses. En effet, nombre d'apprenants ayant répondu négativement à cette question[51] ont corrigé positivement leur réponse en prenant connaissance des questions suivantes, organisées comme autant d'exemples de contact possibles. Cette attitude semble révélatrice du rapport à l'apprentissage de la langue étrangère et du découplage qui est fait entre le moment de l'apprentissage et le moment de la pratique. Pour ces apprenants, tout semble se passer comme si leur apprentissage de la langue étrangère ne pouvait se faire que dans des lieux repérés pour cette tâche (une classe, le centre de ressources, la salle d'entretien), c'est-à-dire un espace temporel découpé à cet effet dans l'emploi du temps, avec une présence d'interlocuteurs spécialistes du faire apprendre si ce n'est de l'"enseigner", ainsi que de supports et d'outils spécifiquement fabriqués à cette fin.

Les personnes interrogées semblent donc avoir des difficultés à concevoir que leur environnement immédiat puisse être une source inépuisable d'apprentissage. C'est ainsi que les médias (radio, télévision, journaux et magazines, mais aussi Internet), les voisins, compagnes et compagnons, collègues et amis sont difficilement perçus comme des ressources potentielles pour l'apprentissage. Cette attitude est révélatrice d'une situation pédagogique où l'apprenant est habitué à "faire le mort" ou à "faire le fou", selon l'expression de J. Houssaye (1988).

Dans l'environnement familial, les ressources privilégiées dépendent de l'investissement matériel fait pour des produits en langue étrangère, mais aussi de l'état de l'équipement technologique disponible dans les foyers. Une enquête de l'INSEE révèle que, seulement, "un foyer sur quatre dispose d'un équipement pour décoder Canal+, capter les images satellitaires ou d'un raccordement au réseau câblé" (M. Coquet et C. Rowenczyk, 1997). Ce

---

[50] Ce terme est ici compris dans son sens le plus large, non seulement les médias de diffusion de masse, mais également tous les supports propices à la communication.
[51] "A votre domicile, êtes-vous en contact avec la langue étrangère étudiée ?"

résultat global, ainsi que le choix pour l'une de ces modalités de réception, varient, selon cette même enquête, en fonction des revenus et de la localisation urbaine ou rurale des familles. Dans cette perspective, il est compréhensible que les ressources les plus utilisées soient les chansons (66%) et les films (50%), ce qui peut laisser supposer un meilleur équipement télévisuel qu'informatique. Viennent ensuite la lecture de magazines (32%) et le visionnement de la télévision (29%), la lecture d'articles spécialisés (27%). Puis, la consultation de cédéroms (26%), l'échange de courrier papier (24%) et l'écoute de la radio (22%). La consultation d'Internet (17%) et de logiciels (16%) se situe loin derrière mais, paradoxalement, juste avant la lecture de journaux (15%) et l'écoute de méthodes audio (11%) ou d'autres enregistrements (10%). Les échanges grâce au courrier électronique (9%), au téléphone (8%) ou au fax (7%), le visionnement de méthodes vidéo (6%) et la lecture de bandes dessinées (5%) font partie des ressources les moins utilisées.

Ces résultats paraissent assez inattendus, car si l'on peut trouver des explications à certains d'entre eux, d'autres sont plus difficiles à justifier. En effet, on pouvait s'attendre à ce que les chansons et les films soient assez souvent exploités, puisque même un public non apprenant en langue est susceptible d'écouter des chansons en langue étrangère et de visionner des films en version originale. On peut penser que les apprenants se servent peu des méthodes audio et vidéo qu'ils doivent abondamment utiliser au centre de ressources. La faible utilisation d'Internet, de logiciels et de télévisions étrangères est sans doute due à un équipement familial limité, même si l'utilisation de cédéroms a tendance à faire penser qu'une partie des personnes interrogées est équipée en matériel informatique. Par contre, il est tout à fait étonnant de se rendre compte que les apprenants en langues utilisent peu des médias faciles à trouver et peu onéreux comme la radio, les journaux, les bandes dessinées et qu'ils développent peu une activité épistolaire qui pourrait beaucoup leur apporter pour un coût dérisoire. Ces résultats tendraient à confirmer l'hypothèse formulée ci-dessus selon laquelle les apprenants auraient tendance à dissocier le temps formel de l'apprentissage et le temps informel de la pratique, un peu comme si le deuxième ne dépendait pas de leur volonté propre, mais d'un hasard fait d'opportunités plus ou moins fréquentes. Pour cette série de questions le taux de non-réponses le plus élevé se trouve, effectivement, dans les échanges avec des natifs (71%), puis viennent les consultations d'outils (61%), les visionnements (39%) de médias audiovisuels, la lecture (36%) et enfin l'écoute (24%).

L'autoformation en contexte institutionnel

En principe, le passage par un dispositif d'autoformation devrait modifier l'attitude des apprenants face à leur environnement proche et notamment face aux médias. Pour vérifier ce postulat, les résultats commentés ci-dessus ont été croisés avec les catégories de dispositifs, selon le procédé de l'analyse factorielle des correspondances (AFC), figure 10.

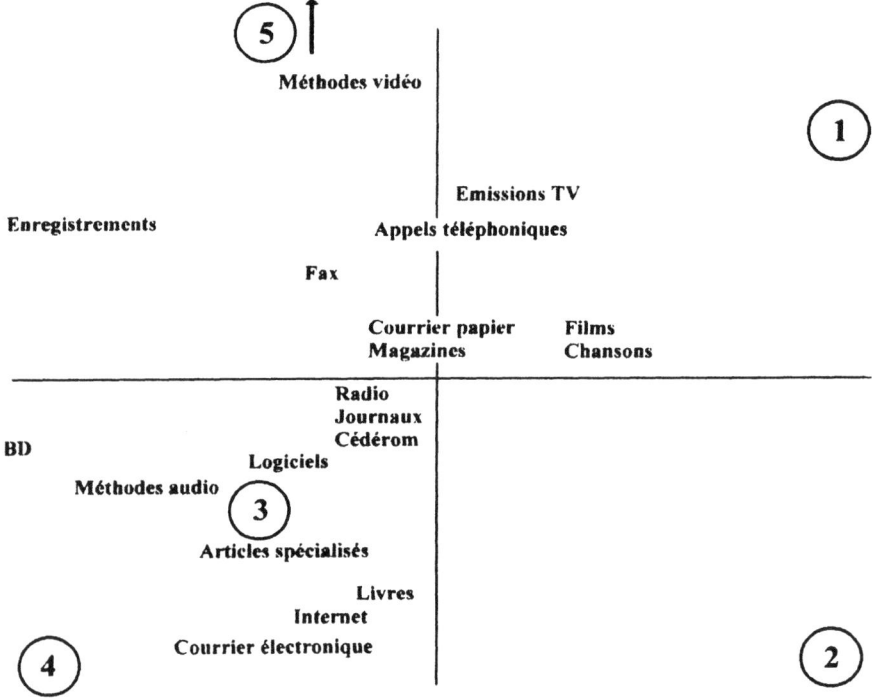

Figure 10 : Analyse Factorielle des Correspondances
Usage des médias et catégories de dispositifs

D'après l'AFC obtenue (figure 10), l'utilisation des médias par les apprenants, en dehors du dispositif de formation, semble être plus largement le fait des apprenants inscrits dans des dispositifs à dominantes coopérante (3) et auto-directive (4). Par contre, l'utilisation est moindre, voire inexistante, pour les étudiants inscrits dans des dispositifs à dominantes prescriptive (1), tutorale (2) et autodidaxique (5). Il est intéressant de noter plusieurs détails dans l'organisation des données dans le plan de la figure 10.

La première remarque porte sur la place occupée par chacune des catégories de dispositifs. Il est intéressant de remarquer que le traitement informatique des données a placé chaque catégorie dans l'un des quarts du plan, à l'exception des dispositifs à dominante coopérante (3) et auto-directive (4) qui se trouvent rapprochés. Ainsi, les dispositifs à dominante prescriptive (1) se trouvent à l'opposé des dispositifs à dominante auto-directive (4) sur une bissectrice qui relie les dispositifs à dominantes prescriptive (1), coopérante (3) et auto-directive (4) en passant par le point central de la figure. Cette distribution due au traitement automatique renvoie à leur position respective dans le continuum élaboré dans la première partie de l'ouvrage. Les dispositifs à dominantes tutorale (2) et autodidaxique (5) sont disposés dans les deux autres quarts du plan et se situent très loin du regroupement constitué par les autres dispositifs et des usages déclarés par les apprenants. La catégorie 2 se trouve sur une position également opposée aux dispositifs à dominante auto-directive (4) par rapport à l'axe horizontal.

La deuxième remarque porte sur la dissémination des usages déclarés des médias. A l'exclusion des méthodes vidéo, des enregistrements audio divers et des bandes dessinées, tous les autres médias et supports forment une zone de densité autour de la bissectrice déjà nommée. Cela tendrait à confirmer l'hypothèse selon laquelle ses usages sont plus importants autour, surtout, des dispositifs à dominante coopérante (3), puis des dispositifs à dominante auto-directive (4), bien moins importants autour des dispositifs à dominante prescriptive (1) et quasi-inexistants autour des dispositifs à dominantes tutorale (2) et autodidaxique (5). Cette observation tendrait à corroborer les analyses produites en première partie de l'ouvrage.

La troisième et dernière remarque porte sur les types de médias utilisés. Ainsi, est-il possible d'expliquer la proximité des dispositifs à dominante prescriptive (1) et des médias télévision, téléphone, films, chansons ; celles des dispositifs à dominante coopérante (3) et des articles spécialisés, méthodes audio, logiciels ; celle des dispositifs à dominante autodidaxique (5) et de la relative proximité des méthodes vidéo. Dans le premier cas, il est possible de postuler que le public professionnel, largement représenté dans les catégories (1), fait partie d'une frange aisée de la population relativement bien équipée en magnétoscope et abonnements à des services pourvoyeurs de télévisions étrangères. Or, il n'est pas prévu dans l'organisation pédagogique des dispositifs à dominante prescriptive (1) de préparer l'apprenant à l'utilisation des médias à des fins d'apprentissage. Sauf exception, il est donc possible d'avancer l'hypothèse selon laquelle l'exposition à la télévision, au cinéma et à la chanson se ferait sur le mode d'une consommation plus passive, selon certains stéréotypes, que celle des journaux ou celle des articles spécialisés qui demanderait une implication mentale plus forte aux apprenants des catégories 3 et 4 qui, en principe, reçoivent une formation dans ce sens. Dans ces catégories, on trouve davantage d'étudiants formés à l'utilisation des outils informatique et multimédia qui demandent un investissement matériel suffisamment important pour qu'ils soient amenés à choisir entre un équipement informatique ou un équipement télévisuel. Cela expliquerait la proximité des méthodes audio par rapport à la télévision, aux films ou aux méthodes vidéo. Ces derniers supports sont, en revanche, relativement proches des dispositifs à dominante autodidaxique (5) dans lesquels les usagers sont livrés à eux-mêmes pour toutes les questions pédagogiques. Les méthodes vidéo sont donc susceptibles de leur fournir un cadre de progression, de consignes de travail proches d'un enseignement en présentiel, avec notamment, la présence à l'image de substituts de la figure professorale.

Trois raisons rendent cette AFC plus importante que prévue : elle corrobore les résultats de la première partie de cet ouvrage, alors que, contrairement aux tris croisés, les rapprochements des données sont le fait des calculs statistiques effectués par le logiciel et ne proviennent pas de choix *a priori* ; elle éclaire le lien qui peut s'établir entre les pratiques mises en œuvre dans les catégories de dispositifs et les conduites des apprenants ; elle permet de penser que, majoritairement, les personnes ont répondu de manière fiable au questionnaire, en indiquant ce qu'elles font réellement et non pas ce qu'elles savent qu'elles devraient faire.

3.2.3 - *Du côté professionnel : des usages possibles, plus que réels*

Contre toute attente, l'environnement professionnel ne conduit pas nécessairement à l'utilisation de la langue cible[52]. Les résultats obtenus semblent faire penser que les probabilités subjectives d'utilisation d'une langue étrangère sont aussi fortes et aussi mobilisatrices que les possibilités réelles de la pratiquer. Cela tendrait à rejoindre l'hypothèse de L. Porcher (1990) selon laquelle "la méconnaissance des langues est en train d'être

considérée comme une infirmité, comme une moindre compétitivité dans la sphère professionnelle, même si l'on ne sait pas toujours à quoi elles vont

---

[52] 53% des personnes interrogées n'ont jamais l'occasion de pratiquer la langue cible qu'elles étudient (32%) ou ne l'ont que rarement (21%). 22% en ont parfois l'occasion, mais seulement 9% ont de fréquentes occasions de la pratiquer.

servir". Dans ces conditions, "la capacité à pratiquer les langues est devenue une sorte de pré-requis ritualisé (où) on intègre à la fois les usages immédiats et (surtout, pourrait-on dire) les usages possibles" (*ibid.*, p.34). Paradoxalement, ce sont les étudiants qui, dans cet échantillon, semblent avoir le plus d'occasions de pratiquer la langue étrangère étudiée dans le cadre de leurs activités. En effet, si 26% d'entre eux ne l'utilisent jamais (16%) ou peu (10%), ils sont, en revanche, 56% à l'utiliser parfois (34%) ou souvent (21%). Dans ce cas, ce sont des étudiants qui sont amenés à consulter une bibliographie anglo-saxonne abondante ou qui préparent un séjour à l'étranger pour compléter leur cursus universitaire.

3.3 - Des durées de formation courtes pour un apprentissage morcelé

Le nombre d'heures que prévoient les inscriptions dans les dispositifs d'autoformation est calqué sur les durées dans les formations plus traditionnelles. Il est majoritairement compris entre 50 et 90 heures (46%), avec 28% en deçà et 12% au-delà de cette fourchette. Seuls 10% des répondants peuvent bénéficier d'une formation dont la durée n'est limitée que par leur seule motivation, ce qui semblerait plus en adéquation avec ce qu'un usager peut attendre d'un dispositif qui, en principe, s'adapte à son rythme et à ses besoins. Cette manière fortement majoritaire d'organiser la formation des langues dans des durées circonscrites pourrait conforter l'analyse de L. Porcher (1990), pour qui le temps d'apprentissage des apprenants en langues s'est raccourci et s'est morcelé avec l'individualisation des besoins. Pour ce chercheur, la situation de formation en contexte institutionnel n'est considérée que comme un moment, "un morceau" de l'apprentissage global : soit elle en constitue "l'amorce", ce qui permet à l'apprenant, par la suite, de "se débrouiller tout seul" ; soit elle est un moment de systématisation pour "en savoir un peu plus instrumentalement parlant" ; soit, c'est le moment du "perfectionnement, ce qui va polir un apprentissage commencé dans d'autres conditions" (*ibid.*, p.40). On peut penser, en effet, que pour un apprenant qui aurait acquis la capacité de prendre en charge son apprentissage, l'autoformation dans de tels dispositifs pourrait constituer un moment privilégié de mise au point d'un parcours plus global.

Les résultats obtenus montrent, de plus, que l'apprentissage des langues est un apprentissage parmi d'autres, et qu'il a, de ce fait, rarement un statut prioritaire. 65% des personnes interrogées suivent une autre formation en plus de l'apprentissage d'une langue étrangère : 30% sont inscrits en sciences, ce qui tendrait à montrer les efforts réalisés par certaines universités pour proposer une formation en langues aux "non-spécialistes". Majoritairement (57%), il s'agit d'enseignements dans des cours traditionnels. Si l'on observe de façon plus détaillée ces mêmes résultats sur deux sous-populations, l'une entièrement constituée d'étudiants, l'autre de personnes inscrites dans le cadre d'une formation continue, on s'aperçoit que 97% des étudiants, comme on pouvait s'y attendre, sont inscrits dans une filière disciplinaire autre ; alors qu'en formation continue, 28% seulement des répondants suit d'autres apprentissages. Dans les deux cas, il s'agit majoritairement d'inscriptions en sciences ou sciences techniques. En formation continue, les personnes suivent des modalités plus diversifiées que celles des étudiants : ils sont tantôt en cours traditionnels, présentiels ou à distance, tantôt en situation d'autodidaxie.

3.4 - Une représentation de l'apprentissage des langues : dissociation du temps d'apprentissage et de la mise en application

Avec le bilan des compétences les plus fréquemment exercées dans le cadre de l'autoformation, ce sont les compétences de compréhension qui sont premières et les compétences d'expression secondes. Il est possible d'avancer deux raisons à cet état de fait. Les apprenants en langues ont ou trouvent, dans leur environnement immédiat, davantage d'occasions d'être exposés à des médias (radio, télévision, lectures) que ce soit dans des usages domestiques (câble, satellite, Internet) ou professionnels (lectures de brochures ou revues spécialisées), et ce, même s'il a été possible de vérifier que ces occasions n'étaient pas très abondantes, tout au moins dans la perception des répondants. D'autre part, ces résultats laisseraient entendre, en creux, que les apprenants de langues interrogés ne recherchent pas particulièrement des occasions de pratiquer la langue cible dans leur environnement proche. Cette situation engage une interprétation quant au rapport qu'ils construisent avec la langue étrangère étudiée et, de façon sous-jacente, peut-être, la représentation qu'ils se font de l'apprentissage de cette langue. En effet, il est possible d'avancer deux raisons pour expliquer que ces apprenants ne se sentent pas suffisamment sûrs d'eux, ou pas suffisamment motivés, pour aller au devant de situations de communication dans lesquelles ils seront forcés de s'exprimer en langue cible.

La première raison peut être liée à leurs besoins qui restent cantonnés à la compréhension (être capable de comprendre une émission de télévision, des intervenants dans un colloque, des articles de presse ou des articles spécialisés), les besoins en expression étant très faibles. Dans une telle conjoncture, leurs acquis leur permettent de "se débrouiller", sans qu'ils éprouvent pour autant le besoin de développer des compétences plus fines.

La deuxième raison peut être liée à la représentation qu'ils se font de l'apprentissage de la langue. Ils semblent se comporter comme s'ils devaient d'abord passer par une phase d'exposition dans laquelle ils écoutent, répètent, mémorisent, avant d'être capables de "se lancer" dans l'expression. Si, majoritairement, ils réclament un plus grand nombre de séances d'expression orale, c'est dans l'idée qu'ils doivent d'abord s'entraîner avec une personne spécialisée, avant de "se jeter à l'eau" dans la communication "vraie". Ils se comportent comme s'ils n'avaient pas intégré l'idée que la pratique de la langue étrangère avec des natifs pouvait être, en soi, une situation d'apprentissage. C'est un peu comme si, dans leur représentation, il y avait d'abord une phase d'apprentissage, puis, éventuellement, si on est "doué", une phase de mise en pratique. Cette représentation les conduirait à ne pas s'exposer volontairement à des situations de communication en langue étrangère, tant qu'ils considèrent ne pas être devenus des "spécialistes" de cette langue, autant dire des bilingues. Cette interprétation pourrait expliquer le faible résultat des formations en langues lorsqu'ils sont mis en regard avec les moyens institutionnels et pédagogiques déployés.

Si elle n'est pas motivée par un choix volontaire dû à une absence d'intérêt pour ce type de compétences, cette non-implication dans la recherche de situations de communication peut être révélatrice d'un manque de prise en charge effective de l'apprentissage. Pourtant, au regard de leurs déclarations, 55% des répondants affirment "rechercher des occasions de pratiquer" la langue cible. Les résultats restent cependant mitigés puisque, aux 33% de réponses négatives, viennent s'ajouter les 12% de non-réponses.

Dans l'analyse de cette situation, la distinction que fait S. Krashen (1981) entre apprentissage et acquisition, bien que polémique, apporte des éléments à la compréhension d'un tel phénomène. Selon ce chercheur, apprentissage et acquisition sont deux processus différents de l'internalisation de nouvelles informations. Au moment de l'apprentissage, l'intégration des données se fait de manière consciente, raisonnée, attentive, dans la recherche de la maîtrise des règles explicitées. L'acquisition, en revanche, s'exerce de manière inconsciente, spontanée, sollicitant davantage, par exemple, l'émotion et l'affect. Ces expériences, qui peuvent être volontairement recherchées, conduisent la personne à élaborer des règles intériorisées et implicites. La controverse, semble porter essentiellement sur la difficulté à démontrer cette différence (R. Ellis, 1994), sur le caractère rigide et par trop dichotomique de ce modèle (M. Long, 1983 ; K. Gregg,

1984) et le fait que cette dichotomie serait à nuancer (R. Porquier et R. Vivès, 1993). Cependant, si l'on admet que ces deux processus interagissent dès le début de l'apprentissage, cette distinction apporte un modèle suffisamment heuristique pour être pris en compte. En effet, il permet d'avancer une hypothèse quant au faible rendement des apprenants en langues qui ne semblent privilégier que les situations formelles d'apprentissage conscient, par rapport aux moments de pratique et d'activité langagière. Ce qui, dans l'esprit des apprenants, constituerait une deuxième phase de l'apprentissage, serait de fait proche des moments d'acquisition selon le modèle de S. Krashen (1980). Ce sont, en effet, des moments qui favorisent une interaction sociale primordiale dans son rôle de moteur d'internalisation inconsciente d'éléments cognitifs, stratégiques et émotionnels. Ces apprenants développent donc un rapport "académique" à la langue étrangère, toujours sous contrôle conscient, par l'appel volontaire à des règles. Il s'agit d'une connaissance conscientisée de la langue qui prive la personne d'une expression spontanée et fluide ; ce qui n'est pas sans rappeler le principe du *monitor* de S. Krashen (1980). De ce fait, ces apprenants réduisent le rapport social et affectif à la langue étrangère. Or, c'est bien ce rapport qui peut, le plus, alimenter la motivation et l'acquisition à plus long terme de savoirs, de savoir-faire et de savoir-être adaptés à des contextes d'échange permettant le développement de compétences de communication.

4 - RAPPORT AU DISPOSITIF ET DEGRÉ DE SATISFACTION

Le rapport des répondants au dispositif d'autoformation en langues est éclairé par deux apports : l'analyse des motivations qui émergent de la mise en relation d'un certain nombre d'items répartis dans le questionnaire et l'analyse de ce que nous avons appelé le degré de satisfaction.

4.1 - L'inscription dans un dispositif d'autoformation : des motivations plus extrinsèques qu'intrinsèques

Contrairement au point précédent où l'apprentissage d'une langue apparaissait impulsé par une motivation plus intrinsèque qu'instrumentale, le rapport au dispositif, lui, se construit à partir de motivations externes à l'acte même d'apprendre en situation d'autoformation. En effet, l'ensemble des personnes interrogées est souvent poussé dans cette modalité par une obligation plus que par un choix, avec une proximité géographique du centre de ressources et un coût compétitif souvent déterminants.

... le vécu déclaré des apprenants

4.1.1 - Une obligation qui se mue parfois en choix

Pour 46% des personnes interrogées, l'autoformation est un choix, alors que cette modalité est vécue comme une obligation pour 44% d'entre elles. 8% des répondants déclare qu'il s'agit à la fois d'une obligation et d'un choix. Si l'on compare ces résultats entre une sous-population constituée essentiellement d'étudiants et une autre constituée de personnes inscrites dans le cadre d'une formation continue, on s'aperçoit que les situations ne sont pas identiques. L'autoformation est une modalité obligatoire pour 65% des étudiants, alors qu'elle n'est vécue comme une obligation que par 22% des répondants issus de la formation continue. Il peut paraître paradoxal, voire antinomique d'un point de vue ontologique, que l'autoformation soit obligatoire. Pourtant, dans un contexte institutionnel, cette modalité représente parfois le seul moyen possible de proposer une formation à des personnes qui, sans cela, n'auraient aucune chance de se former aux langues. Ce paradoxe apparent est, semble-t-il, intégré par certains apprenants. Dans les entretiens menés, et notamment lors de l'enquête préliminaire, plusieurs d'entre eux ont expliqué ce sentiment qu'ils avaient éprouvé de ne pas avoir le choix de leur inscription en autoformation, soit parce qu'elle était la modalité de formation la moins chère, soit parce qu'elle était la seule prise en charge par l'employeur, soit encore parce qu'il s'agissait d'une obligation universitaire. Ils expliquent comment ce sentiment a évolué positivement, les amenant à considérer comme une chance le fait de pouvoir suivre une telle formation.

4.1.2 - Une inscription motivée par l'environnement de formation

Trois raisons principales ont poussé les personnes interrogées à s'inscrire en autoformation. La première prend appui sur les conditions institutionnelles de la formation (35%) ainsi : 24% se trouvent placés en situation d'obligation d'inscription de par le cursus de formation à l'université ou dans une école, 9% déclarent qu'il s'agit là de la seule formation proposée par l'organisme, 2% se sont inscrits parce qu'ils n'avaient pas le niveau suffisant pour intégrer un cours collectif. La deuxième raison est liée au coût moins élevé de l'autoformation (26%) qui permet à des particuliers d'y accéder plus aisément (11%) ou qui rend cette modalité plus attrayante pour l'employeur ou l'organisme public qui prend en charge la formation (15%)[53]. La troisième raison invoquée est liée au sentiment de liberté que donne cette modalité à l'apprenant (25%) et le choix de l'autoformation est fait soit positivement par goût de l'indépendance (23%), soit négativement par rejet d'un professeur et d'une classe (2%). Coût et proximité du centre sont deux raisons déterminantes dans l'inscription. En effet, dans 98% des cas, le centre est soit sur le site (60%), soit près du site professionnel ou d'étude (24%), soit encore il se trouve près du domicile (12%), ou encore à la fois près du domicile et près du site professionnel (2%).

4.2 - La découverte d'une nouvelle modalité d'apprentissage

Pour 84% des répondants, l'autoformation est une nouvelle manière d'apprendre. Dans les questions qui portent sur le bilan des apprentissages en fin de parcours, si nombreux sont ceux qui ne se sentent "pas très à l'aise" dans des compétences en langue cible, 68% des personnes interrogées, en revanche, se sentent "très à l'aise" ou "à l'aise" dans un apprentissage "sans professeur". Cela signifierait-il que les compétences d'apprentissage en autonomie sont plus faciles à acquérir que les compétences langagières ?

Il était intéressant de vérifier si ce comportement était le même quel que soit le niveau en langue attribué au moment de l'inscription dans les dispositifs. Le tableau 2 fournit l'ensemble des résultats pour trois sous-populations[54] constituées des niveaux débutant, intermédiaire et supérieur.

	Population glob.		Débutant		Intermédiaire		Supérieur	
	Effectifs	%	Effectifs	%	Effectifs	%	Effectifs	%
très à l'aise	20	9	2	3	7	6	6	**24**
à l'aise	132	59	33	**52**	73	66	15	**60**
pas très	52	23	19	30	24	22	3	12
pas du tout	16	7	7	11	5	5	1	4
Non rép.	5	2	3	5	1	1	0	0
TOTAL	225	100	64	100	110	100	25	100

Tableau 2 : Sentiment d'aisance dans la compétence
"apprendre sans professeur"

---

[53] Il faut savoir que si l'autoformation, dans cet échantillon, n'est payante que pour 8% d'étudiants, elle l'est, en revanche, pour 79% des personnes inscrites en formation continue. Environ la moitié de ces personnes la financent elles-mêmes.
[54] Les écarts dans les sommes des effectifs (sommes en lignes) sont dus au pourcentage de répondants qui ne se sont pas positionnés dans un niveau.

Bien que les niveaux en langue ne soient pas évalués de la même façon selon les centres et bien que la notion même de niveau soit sujette à discussion, il est intéressant de constater que les répartitions dans les réponses ne sont pas tout à fait les mêmes. Il est important de vérifier que la position majoritaire dans les trois niveaux se situe autour d'une réponse positive. L'ensemble des répondants semble bien s'adapter au fait de travailler "sans professeur". Pourtant, on peut constater que le pourcentage le plus élevé pour chaque réponse possible ne se situe pas au même endroit suivant les niveaux : les pourcentages les plus élevés de réponses négatives (pas à l'aise, pas du tout à l'aise) appartiennent au niveau débutant, le pourcentage le plus élevé de réponses positives moyennes (à l'aise) se remarque dans le niveau intermédiaire, et le pourcentage le plus élevé de réponses positives (très à l'aise) est au niveau supérieur. Il est donc possible d'en conclure que, dans l'état actuel de la situation, plus le niveau de langue est élevé, plus la situation d'apprentissage en centre de ressources, sans la présence d'un enseignant, semble appréciée.

Dans la question qui portait sur les raisons pour lesquelles les répondants se sont inscrits en autoformation, le "maintien du niveau" vient en deuxième choix, dans le rang 1. Si l'on rapproche ces résultats des précédents, il est possible de penser que, pour l'instant, l'autoformation n'est pas vécue comme une modalité de "vraie" formation. Autrement dit, entre l'idéal que constituerait une immersion dans le pays de la langue cible et son substitut privilégié (le cours de langue), l'autoformation pourrait être un "pis aller", une modalité intermédiaire qui permettrait de "se maintenir" à moindre coût.

4.3 - La représentation du dispositif de formation idéal : une hybridation entre le présentiel et l'autoformation

Globalement, les souhaits des apprenants interrogés vont dans le sens d'une reconstitution des conditions de la situation de formation traditionnelle, mais améliorée ou complétée. Cela corrobore l'hypothèse selon laquelle les usagers tendent à rechercher et à reproduire les habitudes d'apprentissage acquises par le passé. En effet, il est remarquable de constater que 44% des apprenants sont en demande d'une situation de formation très directive : ils souhaitent que le formateur les conduise "pas à pas" en leur disant ce qu'ils doivent apprendre (8%), ou bien encore leur donne une méthode et suive leur travail (36%). Pourtant, les entretiens ont montré qu'ils apprécient la souplesse de fonctionnement et le sentiment qu'ils ont d'être pris en compte dans l'organisation de leur parcours. C'est sans doute pour cette raison que 52% des répondants sont prêts à définir eux-mêmes leurs objectifs d'apprentissage. Pourtant, 48% d'entre eux souhaitent que ce soit un spécialiste qui les fixe pour eux et 81% estiment que c'est à un spécialiste d'évaluer les apprentissages.

Dans le cadre de leur formation, 49% des répondants souhaitent rencontrer des apprenants de même niveau, reproduisant ainsi les conditions de l'espace matériel "classe", mais aussi de son espace temporel puisque 40% des apprenants préfèrent un apprentissage qui se déroule sur un rythme extensif[55], avec des horaires réguliers (42%).

Dans la situation actuelle, il semblerait que peu d'apprenants encore soient prêts à se donner les moyens de leur apprentissage en langues avec le choix d'un rythme intensif[56] (16%), la possibilité de rencontrer d'autres personnes pour démultiplier les possibilités d'apprentissage et d'échanges avec des formateurs différents (29%) ou des apprenants de niveaux différents (25%). C'est un peu comme si les répondants apprenaient une langue étrangère parce que c'est, aujourd'hui, devenu nécessaire, mais sans que cet apprentissage soit d'une priorité absolue pour eux. La nécessité de cet apprentissage dans de telles conditions semble plutôt les mettre en situation de rechercher des aménagements de leur formation avec un certain nombre de commodités, d'améliorations de ce qu'on pourrait appeler l'ordinaire, c'est-à-dire les situations de formation qui leur sont familières (une classe, des cours, un enseignant). C'est ainsi que 42% préfèrent un rythme adapté à leurs besoins, 55% des horaires à la carte, 53% des déplacements plutôt rares, 61% un formateur qui les conseille selon les besoins et qu'ils peuvent contacter n'importe quand au centre de ressources (42%), lors de rendez-vous fixés à l'avance (24%) ou bien encore lors de rendez-vous fixés à la carte (16%).

Il est intéressant de noter que pour des personnes qui souhaitent des déplacements plutôt rares, la consultation à distance par le biais d'un outil technologique (téléphone, télécopie, minitel, courrier électronique) n'est choisie que par 2% d'apprenants. Cette possibilité est envisagée pour un plus grand nombre, si elle est combinée avec d'autres formules : des rendez-vous fixés ou à la carte (3%) ou bien encore la présence d'un formateur disponible au centre de ressources (4%). Cela tendrait à corroborer l'idée que les apprenants éprouvent des difficultés à se détacher des modèles dominants de formation auxquels ils ont été habitués.

---

[55] Le sens de "extensif" avait été précisé : une à trois heures hebdomadaires.
[56] Le sens de "intensif" avait été précisé : six à neuf heures hebdomadaires.

Dans cet ensemble de questions, les taux de non-réponses les plus bas et les taux les plus élevés ont paru révélateurs de l'intérêt que chacune des questions suscite ou bien encore d'une prise de position plus ou moins affirmée dans chacune d'elles. Les taux de non-réponses les plus bas, autrement dit, les questions qui ont suscité des prises de position sans ambiguïté sont celles qui portent sur le rythme d'apprentissage (2%), les horaires (3%), les objectifs (3%), l'évaluation (4%), l'attitude du formateur (4%) et les possibilités de le contacter (4%). Ce sont des questions sur lesquelles les apprenants se déterminent plus facilement puisqu'elles concernent leur situation personnelle d'apprentissage et que, peut-être, dans le cadre de leur formation, ils ont eu à se déterminer à leur sujet ou tout au moins à en discuter avec un formateur ou un pair. Par contre, lorsque 12% des répondants ne prennent pas position sur la question qui concerne les fréquences de déplacements, c'est, à un premier niveau de lecture, un peu plus surprenant de penser que ces apprenants-là n'ont pas de position très arrêtée sur cette question. En effet, s'il s'agit de personnes très occupées pour qui le temps est une denrée précieuse, on aurait pu s'attendre à ce que la prise de position sur cet item marque une plus grande détermination. A un deuxième niveau de lecture, on peut penser qu'il s'agit là de personnes qui ont pu percevoir la contradiction qu'il y avait à souhaiter d'un côté un rythme extensif avec des horaires réguliers et un non-choix de la distance avec, de l'autre, un désir de déplacements rares. En revanche, on peut voir une cohérence dans les 15% de non-réponses à la possibilité de rencontrer d'autres personnes, si, pour ces répondants, l'autoformation est envisagée comme une situation de formation strictement individuelle.

4.4 - Un degré de satisfaction important quel que soit le dispositif

L'analyse du degré de satisfaction, proposée dans cette partie du chapitre, s'appuie sur deux sortes de données : des indicateurs indirects et des indicateurs directs tels que l'expression de la satisfaction ou de la non-satisfaction dans les items prévus lors de l'élaboration du questionnaire.

4.4.1 - Les indicateurs indirects de la satisfaction des usagers

Trois types d'information ont semblé révélateurs de la satisfaction ou de la non-satisfaction des usagers.

4.4.1.1 - Un faible taux d'abandon déclaré

Il aurait été extrêmement instructif d'avoir des données chiffrées concernant les taux et les raisons de l'abandon. Malheureusement, ce type d'information est difficile à obtenir. Les responsables et les intervenants pédagogiques interrogés à ce sujet affirment que les taux d'abandon sont très faibles et que les raisons invoquées sont le plus souvent des motifs personnels. Cela corrobore certains témoignages d'apprenants qui expriment leur difficulté à dégager suffisamment de temps pour réaliser un apprentissage efficace de la langue étrangère. Dans leur discours, le manque de temps est la première raison invoquée généralement pour justifier l'abandon, car l'apprentissage des langues semble placé en quatrième position après le travail, la vie de famille et les loisirs. Le manque de volonté vient en deuxième position, obstacle qui surgit de cette difficulté à gérer un nombre d'obligations vécu comme important. Enfin, le manque de moyens financiers est invoqué pour expliquer l'irrégularité des inscriptions à des formations et pour expliquer le peu de voyages effectués dans des pays de la langue cible.

Les raisons qui touchent à la modalité de formation ne semblent pas entrer en ligne de compte, sachant que les apprenants ont souvent des propositions d'améliorations à apporter, sans jamais toutefois dénigrer ou rejeter la formation qu'ils reçoivent. Ce type de réactions peut faire penser que, pour les apprenants, les dispositifs d'autoformation proposent une modalité intéressante, à condition d'en modifier certains aspects. Pour certains, malgré la flexibilité reconnue, ils restent trop contraignants ; ils citent, par exemple, des horaires d'ouverture du centre de ressources trop limités ou peu adaptés au public, des machines qui restent trop longtemps en panne. Pour d'autres, certaines prises de position pédagogique sont vécues comme excessives lorsque, par exemple, l'autonomisation est ressentie comme une prescription et non comme un choix. Majoritairement, c'est cependant la satisfaction qui prévaut dans les témoignages et rares sont les personnes qui souhaitent revenir vers des formations plus traditionnelles de type enseignement en présentiel.

4.4.1.2 - Un taux de réinscription relativement important

Le fait que 39% des personnes interrogées soient en situation de réinscription et que 58% des apprenants expriment le souhait de se réinscrire dans le même centre (50%) semble être un indice important de satisfaction.

Les 47% de non-réponses à la question de la réinscription dans le même centre ne semble pas devoir remettre complètement en cause les réponses positives obtenues à la question de la réinscription où seulement 5% d'apprenants ne se prononcent pas. En fait, cette quantité de non-réponses peut être équivalente à deux types de réponse. La première serait la réponse "je ne sais pas", parce que, effectivement, le désir est net de se réinscrire, mais la réalisation concrète du projet n'est pas certaine. La deuxième pourrait être la réponse "je ne veux pas répondre", si l'apprenant craint un regard critique du formateur ou une mauvaise interprétation de la réponse de la part du décodeur qui pourrait en déduire que le répondant n'est pas satisfait du dispositif et souhaite s'inscrire ailleurs. Bien que la question de l'inscription dans un cours de langue ne soit pas exclusive de la précédente, 54% des apprenants expriment leur intention de ne pas s'inscrire dans un cours, mais par contre 26% sont prêts à s'inscrire dans un cours de type traditionnel (21%), particulier (2%) ou à distance (2%). Ce qui tendrait à montrer que si l'ensemble des apprenants trouve quelque avantage à l'autoformation, cette modalité, telle qu'elle se présente aujourd'hui, ne semble pas convenir à tous les publics.

4.4.1.3 - Le projet de continuer en situation d'autodidaxie

58% des répondants affirment leur intention d'apprendre seuls. Ce résultat peut être interprété de deux façons pratiquement opposées. Une première interprétation pourrait aller dans le sens d'une réaction négative au dispositif : si celui-ci ne propose que des méthodes et peu de médiation, il peut conduire l'usager à tenter de reproduire ces conditions d'apprentissage à son domicile, à moindre coût. La deuxième interprétation va dans le sens d'une réaction positive d'autonomisation apportée par le dispositif : celui-ci a montré à l'usager qu'il était capable d'assumer une partie de son apprentissage, ce qui l'encourage à le continuer, même s'il doit le faire en dehors de toute institution de formation. Cette dernière interprétation contribuerait à illustrer l'hypothèse de L. Porcher (1990) selon laquelle lorsque l'usager prend conscience que pour apprendre une langue "il y a d'autres moyens que l'enseignement", cette modalité ne constituant qu'"un moment et un morceau de l'apprentissage" (*ibid.*, p.40). Parmi les moyens de la formation en situation d'autodidaxie, les apprenants répondent inégalement. Pour certains le choix d'une méthode formera la base de l'apprentissage, ce sera une méthode cédérom (28%), vidéo (23%) ou audio (22%). Pour d'autres (ou bien en complément à la méthode pour les premiers), ce sera la télévision (29%), des échanges réguliers avec des natifs (16%), Internet (14%) ou la radio (12%).

4.4.2 - L'expression directe de la (non) satisfaction des usagers

L'expression directe de la satisfaction à l'égard du dispositif est largement positive. En effet, 91% des apprenants apprécient l'organisation spatiale et l'agencement du centre d'autoformation, 67% ont le sentiment d'y apprendre efficacement. L'effacement, voire la disparition du rôle de professeur ou de formateur, au sens classique du terme, ne semble pas gêner considérablement bon nombre de personnes interrogées (60%), dans la mesure où ils retrouvent une autre forme d'accompagnement pédagogique dans d'autres rôles d'intervenants. Par ailleurs, 58% des répondants sont satisfaits du nombre d'échanges qu'ils ont avec ces intervenants et 62% n'éprouvent pas le sentiment d'être isolés dans leur parcours. Pour ce qui est de l'utilisation des machines, elle semble simple à 90% des apprenants et 68% déclarent ne pas perdre de temps à résoudre des problèmes techniques. En ce qui concerne les ressources proprement dites, 71% des usagers ne se sentent pas perdus dans la variété des matériels proposés par le centre de ressources. Par ailleurs, 95% des répondants ont le sentiment de travailler en toute liberté et 65% affirment être satisfaits de cette modalité de formation. Quelles que soient les pratiques pédagogiques mises en œuvre dans les dispositifs, le degré de satisfaction des usagers est élevé, puisque, selon les items, celle-ci oscille entre 58% et 95%. Ces résultats corroborent ainsi ceux de l'enquête préliminaire et des entretiens.

Il n'en reste pas moins que les pourcentages exprimant le mécontentement se situent entre 3 et 34% sur certains points et que ce dernier pourcentage n'est guère négligeable. Il serait intéressant de repérer plus finement les raisons pour lesquelles les répondants semblent éprouver des difficultés d'adaptation à ce type de dispositifs. A titre d'exemple, quelles sont les caractéristiques des 24% de répondants qui n'ont pas le sentiment d'apprendre efficacement ou celles des 21% qui déclarent ne pas être satisfaits de cette modalité de formation ? Qui sont les 4% de répondants qui n'aiment pas l'agencement du centre de ressources ? Sont-ils les mêmes que les 3% qui éprouvent des difficultés à utiliser les machines ? Les retrouve-t-on parmi les 29% qui ont le sentiment de perdre du temps avec des problèmes techniques ? Est-ce que les 26% qui se sentent perdus face à la variété de matériel sont plutôt ceux qui éprouvent des difficultés face aux machines ou se rapprochent-ils des 31% qui ressentent l'absence d'un enseignant comme un "manque" ? Ces derniers sont-ils les mêmes que les

... le vécu déclaré des apprenants

33% qui se sentent isolés et les 34% qui ne trouvent pas suffisants les échanges avec les formateurs ? A l'opposé de cette attitude, qui sont les 3% qui ne se sentent pas libres de travailler comme ils l'entendent ? Il serait intéressant de savoir si ces répondants mécontents sont toujours les mêmes se plaçant dans une attitude d'opposition systématique ou si, au contraire, il est possible de dégager une diversité, voire une typologie des attitudes et des réactions face à l'autoformation. Quels résultats obtiendrait-on si l'on croisait ces résultats avec des données telles que l'âge, le sexe, le niveau de formation initiale, la catégorie de dispositif dans laquelle sont inscrits les répondants ? Autant de questions qui restent pour l'instant en suspens.

4.5 - Une plus grande proportion d'apprenants satisfaits dans les dispositifs les plus autonomisants

Bien que le degré global de satisfaction soit fort parmi les répondants, il était intéressant de préciser si l'inscription dans une catégorie donnée de dispositifs influe sur le degré de satisfaction des répondants[57].

Les réponses aux quinze questions posées pour rendre compte du degré de satisfaction ont été pondérées, afin d'obtenir des positions contrastées sur une échelle qui a été réduite à trois intervalles, dans le degré de satisfaction : fort, moyen, faible. Le croisement des résultats à cette variable avec les catégories de dispositifs s'est fait par le recours à des classes de tailles égales.

Les résultats obtenus sont regroupés dans le tableau 3. La première ligne de chiffres présente les cinq catégories de dispositifs et la première colonne (à gauche) présente l'échelle de satisfaction. A l'intérieur du tableau, les chiffres représentent les effectifs de répondants pour chacune des catégories. Il est intéressant de noter qu'ils se répartissent différemment sur l'échelle de satisfaction (colonne) en fonction des dispositifs (ligne).

On remarque que le degré de satisfaction des répondants inscrits dans la catégorie 1 est réparti dans les différentes positions de l'échelle, alors que pour les catégories 4 et 5, il est resserré près des positions exprimant un degré de satisfaction fort (+4 et +5 sur l'échelle).

Les catégories 2 et 3, bien qu'ayant un nombre de répondants presque sur chacune des positions de l'échelle, tout comme la catégorie 1, ont en revanche la moitié de leur effectif plus proche des positions exprimant la satisfaction.

---

[57] Le détail méthodologique est développé dans la thèse publiée : Albero B., 1999.

L'autoformation en contexte institutionnel

	1 : prescr.	2 : tutoral	3 : coop.	4 : auto-dir.	5 : autodidax.	Total
- 4	1		1	1		3
- 3	2	1	9			12
- 2	3	3	3			9
- 1		1	14	1	1	17
0	7	3	8	1	1	20
+ 1	2	6	15	2		25
+ 2	3	6	17	2		28
+ 3		4	15	2	2	23
+ 4	3	9	22	5	3	42
+ 5	4	5	24	10	3	46
Total	25	38	128	24	10	225

Tableau 3 : **Degré de satisfaction et catégories de dispositifs**

Par ailleurs, on retrouve dans la colonne du total (à droite du tableau), le pourcentage global de satisfaction révélé antérieurement, car la moitié de l'effectif se trouve positionné dans l'échelle au-dessus du point (+1). Les nombres les plus importants de répondants pour chacune des catégories permettent de conforter cette première observation. En effet, les positions majoritaires des répondants dans la catégorie 1 se situent vers une position très moyenne, proche de zéro dans l'échelle, alors qu'à l'opposé, pour les catégories les plus autonomisantes (à droite du tableau), les effectifs importants de répondants se situent dans les positions de satisfaction forte.

La figure 11 (à la page suivante) met en valeur les répartitions des effectifs de répondants, pour chacune des catégories, sur une échelle à trois valeurs : entre (-4) et (-1), un degré de satisfaction faible ; entre (0) et (1), un degré de satisfaction moyen ; entre (+2) et (+5) un degré de satisfaction fort.

Les résultats obtenus montrent donc que, quelle que soit la catégorie de dispositif, les apprenants expriment un fort degré de satisfaction. Ce qui laisse penser que les caractéristiques communes des dispositifs d'autoformation semblent particulièrement bien s'adapter aux exigences d'un public adulte, inséré dans la vie active ou sur la voie de le devenir, selon l'image que les travaux théoriques de chercheurs tels que A. Tough (1967), M. Knowles (1977), G. Malglaive (1990), E. Bourgeois et J. Nizet (1997) renvoient de ce public.

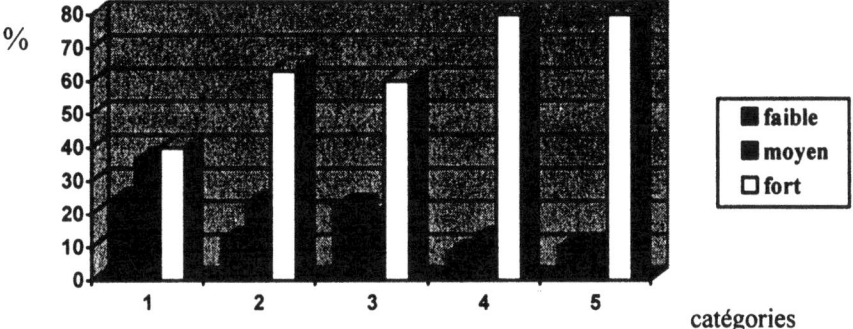

Figure 11 : Degré de satisfaction et catégories de dispositifs

Ces résultats tendent cependant à montrer aussi que les répondants sont proportionnellement plus nombreux à être satisfaits par les dispositifs les plus autonomisants. Les situations pédagogiques qui prennent en compte l'autonomie de l'apprenant et sa capacité à s'autodéterminer dans les questions qui touchent à sa formation, semblent être fortement valorisées par les usagers.

5 - PERCEPTIONS DU DEGRÉ DE CONTRÔLE DE L'APPRENTISSAGE

Le degré de contrôle se réfère, dans cet ouvrage, à la possibilité que laisse le dispositif à l'apprenant de prendre plus ou moins de responsabilités dans les choix qui sont à faire lors de son parcours d'apprentissage. Les travaux théoriques qui portent sur l'auto-direction des apprentissages (A. Tough, 1967 ; M. Knowles, 1973 ; H. Holec, 1979 ; A. Wenden et J. Rubin, 1987 ; A. Wenden, 1991) ont facilité la sélection, dans l'ensemble du questionnaire, des quarante-huit items qui permettaient de relever des indices signifiants quant au contenu de cette variable. Dans un deuxième temps, grâce à un choix de pondération et à un tri croisé, il a été possible de vérifier les relations qui pouvaient être établies entre degré de contrôle et catégories de dispositifs.

Les questions portaient sur le sentiment que les répondants ont de pouvoir exercer des choix dans la mise en place de leur parcours : modalités de formation, objectifs, supports, temps de travail et durées, personnes ressources, critères d'évaluation, etc. Un certain nombre d'items portaient également sur leur sentiment d'autonomie ou de dépendance à l'égard des ressources matérielles et humaines et sur le sentiment d'aisance des répondants dans des compétences qui touchent à l'apprentissage de la langue en situation d'autonomie.

En première approche, il est intéressant de remarquer que la distinction n'est pas massive entre les possibilités effectives ou non de réaliser des choix dans le parcours d'apprentissage. En moyenne, 54% des apprenants interrogés déclarent avoir le choix sur un certain nombre de paramètres qui concernent leur parcours de formation, alors que 42% des répondants n'ont pas le sentiment de pouvoir exprimer un choix personnel. Cela tend à conforter les résultats obtenus dans l'enquête préliminaire, ainsi que nombre d'entretiens et de témoignages d'apprenants. Malgré la quantité importante d'apprenants qui déclarent ne pouvoir réaliser certains choix eux-mêmes, il convient de remarquer que 83% des répondants déclarent ne pas s'impliquer dans le fonctionnent du centre pour tenter d'en améliorer le fonctionnement. Cela pourrait laisser supposer un comportement de type consommatoire. Les personnes viendraient au centre de ressources rechercher un service qui est bien ou mal rendu, mais dans lequel elles ne se sentent pas compétentes pour intervenir. Les questions ouvertes révèlent d'autres interprétations possibles de ce pourcentage. Certains répondants se plaignent du manque de temps ; d'autres estiment qu'il est "difficile de négocier" quoi que ce soit dans le centre, voire impossible ; d'autres encore disent qu'ils communiquent régulièrement avec le responsable ou les intervenants et qu'à ce titre, ils "soumettent (...) des informations lorsqu'elles sont susceptibles (de les) intéresser".

5.1 - Les zones majoritaires de choix

La liberté de choix s'exerce majoritairement dans l'organisation matérielle des apprentissages à mener, les interactions avec les personnes-ressources et la consultation d'outils qui ne sont pas centrés sur les aspects linguistiques.

5.1.1 - L'organisation matérielle des apprentissages et sa mise en œuvre

Dans l'organisation du parcours, 77% d'apprenants déclarent avoir la liberté de déterminer eux-mêmes ce qu'ils veulent apprendre et ce sur quoi ils souhaitent travailler, 68% estiment avoir la possibilité de choisir leur façon de travailler. Par ailleurs, 84% estiment avoir le choix de leurs heures de consultation que 81% peuvent modifier quand c'est nécessaire. 81% déclarent avoir la possibilité de choisir le matériel qui leur convient le mieux et notamment les méthodes sur lesquelles ils veulent travailler (76%). 66% des apprenants sont en mesure d'emprunter leurs documents de travail au centre de ressources, afin de poursuivre leur étude à domicile. Ces résultats confirment l'enquête préliminaire. En effet, les situations dans lesquelles les apprenants se sentent libres d'exercer un choix correspondent à des moments de l'apprentissage qui sont habituellement pris en charge par deux instances : l'institution qui organise les programmes d'étude, les cours dans des créneaux fixes de l'emploi du temps hebdomadaire, dans des lieux déterminés (une classe, un laboratoire, un amphithéâtre) ; le formateur qui élabore les contenus d'apprentissage en fonction des objectifs pédagogiques qu'il poursuit, des supports qu'il pense être les plus appropriés et selon un rythme qui est dicté à la fois par le programme et par le groupe d'apprenants. Dans le dispositif d'autoformation, chaque personne est consultée individuellement, ce qui donne le sentiment de participer activement, même si cette consultation se conclut par une prescription. L'apprenant adulte est sensible à l'impression d'avoir négocié au moins une partie de son parcours.

5.1.2 - *Les interactions avec autrui*

L'impression de choix est renforcée par une relative facilité à trouver de l'aide et à échanger sur les apprentissages : 79% des apprenants déclarent obtenir de l'aide quand ils la demandent, et pour 76%, cette aide est appropriée à leur demande. Les 3% de décalage viennent sans doute du fait que, pour certains répondants, les permanents "ne connaissent pas tout" ou bien parce qu'ils ont "peu de temps à accorder" dans "un centre de ressources débordé". Dans l'ensemble, le travail en centre de ressources assisté de ressources humaines donne à l'apprenant adulte un sentiment global de grande liberté.

5.1.3 - *Consultation d'outils d'apprentissage autres que linguistiques*

67% des apprenants déclarent avoir accès à des documents méthodologiques qui les aident dans leur apprentissage. Il s'agit généralement de fiches personnelles qui leur permettent de planifier et d'organiser leur apprentissage, parfois des fiches d'auto-évaluation avec corrections ou transcriptions des documents audio ou audiovisuels pour vérifier la validité des exercices effectués. Plus rarement, ce sont des fiches d'auto-questionnement qui leur permettent, par exemple, de repérer quelles sont leurs priorités dans l'apprentissage de la langue étrangère, de faire apparaître certaines de leurs représentations de la langue, de la culture ou de l'apprentissage qui sont susceptibles de freiner, voire de bloquer leurs progrès, ou encore de prendre conscience des modalités d'apprentissage dans lesquelles ils se sentent le plus à l'aise.

5.2 - Les zones majoritaires de non-choix

Nombreux sont les apprenants qui ont l'impression de ne pas choisir leur inscription en autoformation. Cette situation contrainte renforce leur sentiment d'être peu préparés à cette modalité de formation qui tranche avec celles qu'ils ont suivies jusque là.

5.2.1- Une inscription majoritairement obligatoire en autoformation

75% des apprenants déclarent ne pas avoir le choix entre différentes modalités de formation au moment de l'inscription. Il semble que, s'ils veulent apprendre une langue, ils soient orientés vers l'autoformation. Il est prévisible, dans ce cas, qu'un pourcentage presque identique de répondants (79%) n'aient pas non plus le choix du centre d'autoformation, puisqu'il s'agit du centre mis en place dans un contexte institutionnel dans l'environnement proche de l'usager (l'université, l'entreprise, le GRETA).

Lorsque le parcours de formation est commencé, 66% des personnes interrogées déclarent ne pas avoir le choix des lieux d'apprentissage. Ils identifient ainsi le centre de ressources comme le lieu de travail par excellence, sorte de substitution à la salle de classe, ce qui semble contradictoire avec les 66% d'apprenants qui déclarent pouvoir emprunter leur matériel de travail. Plusieurs hypothèses sont envisageables : pour certains d'entre eux, ils savent pouvoir emprunter du matériel, mais ils ne le font pas parce qu'ils n'ont pas, à leur domicile, les moyens techniques de consultation. L'obligation du lieu de travail n'est pas liée, dans ce cas, au dispositif mais à la possibilité d'exercer effectivement ce choix. Une autre interprétation possible vient du fait que les matériels qu'ils peuvent emprunter ne sont pas exactement les mêmes que ceux sur lesquels ils travaillent. Ils se trouvent donc obligés de se déplacer au centre de ressources pour travailler sur des matériels sur support cédérom ou vidéo et empruntent à leur domicile des ouvrages et des cassettes audio.

5.2.2 - Une faible préparation à l'autoformation

66% des apprenants déclarent qu'ils n'ont bénéficié d'aucune préparation spécifique à l'autoformation et 68% affirment ne pas bénéficier, au cours de leur apprentissage, de séances de méthodologie. Les 2% d'écart peuvent concerner les cas de dispositifs qui prévoient une séance collective d'information et/ou de formation avant le début des parcours individualisés, ce qui constitue pour les usagers une première approche introductive à un dispositif nouveau pour eux.

62% déclarent ne pas disposer de matériels qui les aident à mieux se connaître comme apprenants de langues afin de devenir plus efficaces dans leurs apprentissages. Dans la question ouverte, des répondants signalent qu'ils n'avaient "même pas soupçonné que de tels ouvrages existaient" ou qu'ils n'ont "pas cherché". Face à la "trop" grande diversité, certains d'entre eux se sentent un peu "perdus", ils ne savent pas "comment" ils apprennent "le mieux", et se tournent vers une demande de "plus de dirigisme".

5.3 - Deux moments critiques de l'apprentissage en situation d'autoformation : l'entraînement à l'expression et l'évaluation

Deux moments de l'apprentissage semblent équilibrer les réponses positives et négatives : l'expression orale et écrite, l'évaluation.

5.3.1 - L'entraînement à l'expression orale et écrite

Si 55% des apprenants ont le loisir de s'entraîner autant qu'ils le souhaitent (ou le peuvent) en expression écrite, 55% des apprenants déclarent ne pas pouvoir s'entraîner suffisamment en expression orale. Dans ce cas, les sentiments sont mitigés, car viennent se mêler des éléments plus complexes que pour les autres compétences, tels que les possibilités objectives que le dispositif offre, le temps effectif dont dispose l'apprenant pour bénéficier pleinement de l'offre de formation et des éléments psychologiques comme la motivation, l'implication, les craintes d'"être ridicule", de ne pas savoir ou de ne pas oser "déranger les autres". Une autre hypothèse est envisageable : si les apprenants se déplacent au centre de ressources dans des horaires qu'ils ont dégagés dans leur emploi du temps, il est possible qu'ils perçoivent les regroupements d'expression orale comme une "perte de temps" par rapport au programme et à l'échéancier qu'ils se sont fixés. Cela corroborerait l'hypothèse selon laquelle les apprenants ont tendance à traiter de façon disjonctive les moments formels d'apprentissage et les temps d'application, comme si ceux-ci ne faisaient pas partie intégrante de l'apprentissage.

Ces résultats montrent qu'il est difficile de faire le partage entre les possibilités effectivement proposées par le dispositif et l'attitude mentale des répondants : celle qui consisterait, par exemple, à rejeter sur le dispositif la responsabilité de ce qui pourrait être, en réalité, un sentiment de culpabilité dû à la difficulté de ne pas consacrer le temps suffisant à un apprentissage qui, par conséquent, ne progresse pas. Cette dernière interprétation semblerait confirmée par l'observation des résultats qui concernent l'expression écrite, car on imagine difficilement un formateur refuser de corriger les productions d'un apprenant. En revanche, l'expression orale est peut-être le point faible d'un dispositif qui peut difficilement démultiplier des heures individuelles d'expression. Dans les regroupements organisés, il est alors possible que certains apprenants n'aient que rarement le loisir de se déplacer au centre à cette occasion.

5.3.2 - L'évaluation

50% des apprenants déclarent évaluer eux-mêmes leur apprentissage. Dans les questions ouvertes, il est possible de repérer quatre interprétations du terme évaluation. Les uns rapportent l'évaluation à l'"examen final", c'est le succès ou l'échec à l'examen qui détermine l'évaluation positive ou négative qu'ils font de l'apprentissage. D'autres se réfèrent aux contrôles qui existent dans "les méthodes" ou dans certains "exercices". D'autre encore font référence à une évaluation "avec le formateur-conseil", "avec l'aide du formateur" ou "en collaboration avec le conseiller". Enfin, certains répondants ont pris conscience du fait qu'ils sont en situation d'évaluer leurs apprentissages "en communiquant avec des amis anglais". Ces disparités d'interprétation renvoient, en creux, à des conceptions floues et parfois très différentes de ce que peut être l'évaluation. Ce terme est employé par les apprenants comme un mot-valise qui sert à la fois à désigner les contrôles de connaissances et la validation des acquis, une évaluation externe des performances, parfois appelée "auto-évaluation" et une évaluation interne de celles-ci, trop souvent liée à une perception subjective pour être sérieusement prise en compte. Différentes formes d'évaluation sont confondues et mêlées : l'évaluation intra-personnelle en fonction de ses caractéristiques personnelles et de ses projets, l'évaluation interpersonnelle dans la communication authentique en langue étrangère, l'évaluation formative avec le conseiller, l'évaluation normative par rapport à un référentiel donné, l'évaluation institutionnelle lors de la délivrance de diplômes.

5.4 - Un degré de contrôle lié au projet autonomisant du dispositif

Les résultats, dont rend compte le tableau 4, ont été obtenus après pondération des types de réponses, élaboration d'une échelle à trois intervalles (degré de contrôle fort, moyen, faible) et croisement des résultats avec la variable catégorie de dispositifs par l'obtention de classe de tailles égales.

	1 : prescr.	2 : tutor.	3 : coop.	4 : auto-dir.	5 : autodidax.	Total
$-8 \leq C < -4$	19	12	37	0	4	72
$-4 \leq C < -1$	4	13	63	9	3	92
$-1 \leq C < +4$	2	13	28	15	3	61
Total	25	38	128	24	10	225

Tableau 4 : Degré de contrôle et catégories de dispositifs

Trois remarques peuvent être faites. La première observation concerne les catégories 1 et 4, c'est-à-dire celles qui regroupent les dispositifs dont les pratiques étaient plus (4) ou moins (1) autonomisantes. Elles se trouvent dans une situation opposée. Ainsi, si 76% des apprenants inscrits dans les dispositifs regroupés dans la catégorie 1 expriment le sentiment d'avoir un faible degré de contrôle, en revanche, 62% des apprenants inscrits dans les dispositifs regroupés dans la catégorie 4 expriment le sentiment d'avoir un fort degré de contrôle de leur apprentissage.

Dans la catégorie 3, 49% des apprenants expriment un degré de contrôle moyen, les degrés de contrôle fort (22%) et faible (29%) s'équilibrant. Or, les pratiques pédagogiques mises en œuvre dans cette catégorie s'adaptent le plus souvent à la demande de chaque apprenant, même si les objectifs qui sous-tendent les actions pédagogiques sont d'amener l'apprenant vers un plus grand degré d'autonomie. Il est remarquable de constater que les catégories 2 et 5 offrent une répartition équilibrée entre les trois niveaux de contrôle. Bien que différentes, ces deux catégories présentent des similitudes qui n'étaient pas perceptibles avant ces résultats. En effet, les apprenants sont confrontés, dans les deux cas, à un environnement de formation organisé et clos. Face à cet environnement, ils ont toute la latitude d'action et de réaction que peut leur permettre leur degré d'autonomie personnelle. Dans les catégories 2 et 5, les apprenants construisent leur parcours de formation en fonction de compétences à apprendre, acquises par ailleurs. Le dispositif semble ne pas exercer d'influence sur cet aspect de la formation.

La figure 12 permet de visualiser les différences entre les degrés de contrôle exprimés par les répondants, en fonction des catégories de dispositifs dans lesquels ils sont inscrits.

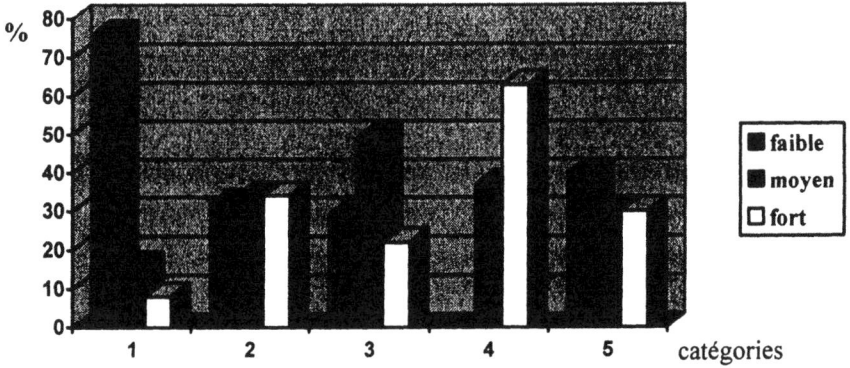

Figure 12 : **Degré de contrôle et catégories de dispositifs**

Ces résultats semblent indiquer que l'organisation pédagogique du dispositif qui prend ou ne prend pas en compte la question de l'autonomie et celle de l'auto-direction des apprentissages, influe sur les conduites des apprenants dans leurs perceptions, mais aussi dans leurs conduites d'apprentissage. En effet, le grand nombre d'items à partir duquel le degré de contrôle à été calculé objective d'une certaine manière les résultats. De plus, les analyses produites sont confortées par les entretiens menés auprès des apprenants, ainsi que par l'enquête préliminaire.

6 - LES STRATÉGIES D'APPRENTISSAGE[58] ET DE COMMUNICATION

Les résultats de cette partie de l'enquête ne sont pas suffisamment probants pour être rapportés en l'état[59] sans une recherche complémentaire. Cependant, ils posent un certain nombre de questions et apportent des informations suffisamment intéressantes pour être communiquées.

---

[58] Extrait du formulaire : annexe 3.
[59] Les détails de l'analyse sont cependant consultables dans leur intégralité dans la thèse publiée : Albero B., 1999.

... le vécu déclaré des apprenants

La faiblesse des écarts constatés dans la mise en œuvre par les apprenants des stratégies en fonction des dispositifs dans lesquels ils sont inscrits tend à faire penser qu'il s'agit là de variables indépendantes. Parallèlement, très peu de dispositifs, à l'heure actuelle, entraînent les apprenants à prendre conscience des stratégies qu'ils utilisent et encore moins nombreux sont ceux qui entraînent les apprenants à utiliser des stratégies de manière efficace. Le repérage des interrelations possibles entre le type de stratégies le plus fréquemment (ou le plus rarement) utilisées, était donc délicat.

Dans cette partie du cinquième chapitre, il s'agira de faire état des remarques et des questions apportées sur deux points : les liens repérés entre stratégies directes, indirectes et catégories de dispositifs, puis l'analyse des réactions des apprenants confrontés à ce type de questionnement.

6.1 - Stratégies directes, stratégies indirectes et catégories de dispositifs

Globalement, il semble que les répondants des catégories de dispositifs à dominante coopérante (3) et auto-directive (4) utilisent plus que les autres les stratégies indirectes[60]. Parallèlement, ils utilisent moins fréquemment les stratégies mnémoniques que les répondants des catégories de dispositif à dominante prescriptive (1) et tutorale (2) (classées par R. Oxford parmi les stratégies directes[61]). De manière symétrique, les répondants inscrits dans les catégories à dominante prescriptive (1) et tutorale (2) mettent peu en œuvre les stratégies métacognitives, classées parmi les stratégies indirectes.

Ces observations tendraient à renforcer les résultats des analyses de dispositifs qui montrent que les pratiques les plus autonomisantes conduisent à développer, plus que les autres, des conduites de prise de recul par rapport à l'apprentissage, de conscientisation plutôt qu'un fonctionnement basé sur des pratiques plus traditionnelles, telles que la mémorisation.

Deux autres résultats tendraient à renforcer l'hypothèse selon laquelle le type de pratiques dominantes du dispositif favoriserait la mise en œuvre plus fréquente des stratégies directes ou indirectes. Premièrement, les apprenants inscrits dans les catégories de dispositif à dominante prescriptive (1) et tutorale (2) semblent utiliser très fréquemment les stratégies compensatoires (classées parmi les stratégies directes), alors que ces résultats ne se retrouvent pas chez les répondants des catégories de dispositif

---

[60] Il s'agit des stratégies métacognitives (D), affectives (E) et sociales (F).
[61] Il s'agit des stratégies mnémoniques (A), cognitives (B) et compensatoires (C).

L'autoformation en contexte institutionnel

à dominante coopérante (3) et auto-directive (4). Deuxièmement, ils utilisent moins fréquemment les stratégies affectives (classées parmi les stratégies indirectes) que les autres répondants.

Il n'est ni aisé, ni souhaitable, d'extrapoler une analyse à partir de résultats que nous donnons pour provisoires ; ils donnent cependant des pistes de réflexion et de recherche suffisamment intéressantes pour être communiquées, même brièvement.

6.2 - Les réactions des apprenants

Interroger les apprenants sur leurs stratégies, c'est présupposer qu'ils ont l'habitude d'un tel auto-diagnostic. Or, il a été instructif de chercher à savoir dans quel cadre ce type de questionnement s'était posé aux apprenants et si cela leur paraissait une tâche utile pour l'apprentissage d'une langue étrangère.

6.2.1 - Un questionnement nouveau pour de nombreux répondants

A la question qui concernait le contexte dans lequel les apprenants s'étaient trouvés confrontés à ce type d'interrogation, les réponses se sont réparties de la manière suivante (figure 13).

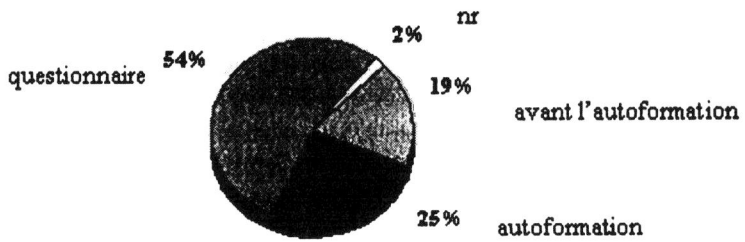

Figure 13 : Ce qui a conduit les apprenants
à s'interroger sur leurs stratégies d'apprentissage

En réalité, ce type d'interrogation semble être une nouveauté pour 54% des répondants qui déclarent avoir découvert "les stratégies d'apprentissage" avec le questionnaire. En revanche, 25% des répondants se sont déjà posé ce type de questions dans le cadre de leur autoformation et pour 19%, ce type de questionnement leur était familier, avant leur inscription en autoformation et avant ce questionnaire.

Seul un quart des répondants paraît donc être inscrit dans des dispositifs qui favorisent ce type d'interrogation. Lorsque c'est le cas, l'interaction avec le formateur est essentiellement basée sur cette mise en situation réflexive. Cela amène à conclure que les outils d'aide à la réflexion ne sont pas encore très présents dans les centres de ressources. Il semblerait donc que cette partie de la formation, c'est-à-dire la part spécifique du dispositif qui conduirait à former l'apprenant à s'autoformer, repose essentiellement sur la personne du formateur et donc sur sa propre formation dans ce domaine. En effet, parmi les 48% des répondants qui ont la possibilité, au cours de leur formation, d'expliciter quelles sont les procédures, techniques et méthodes qu'ils utilisent pour apprendre, un peu plus de la moitié (28%) s'appuie principalement sur l'interaction avec un formateur. Pour certains, ce sont des activités qui les conduisent à s'interroger (12%), des échanges avec des pairs (9%) et/ou lors des regroupements (5%). Seuls 3% utilisent des matériels, mis à leur disposition dans le centre de ressources, qui les conduisent à ce type d'interrogation. Ces résultats corroborent bien l'idée que, pour l'instant, la formation à apprendre repose sur les interactions humaines plus que sur les matériels du centre de ressources.

6.2.2 - Un questionnement qui intéresse la majorité des répondants

A ce stade, il était intéressant de chercher à savoir si une recherche théorique sur les spécificités formatives que pouvaient mettre en place les dispositifs d'autoformation en langues, était une spéculation de formateurs et de chercheurs ou si elle reposait réellement sur des besoins effectifs des apprenants. Pour cela, il a été demandé aux répondants si, pour eux, les questionnements sur les stratégies d'apprentissage étaient utiles dans leur apprentissage de la langue.

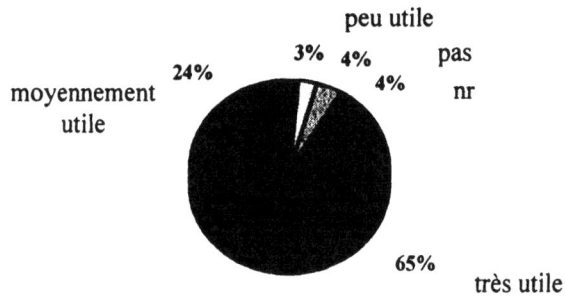

Figure 14 : Utilité, pour les apprenants,
du questionnement sur les stratégies d'apprentissage

La figure 14 montre que 65% des répondants estiment le questionnement sur les stratégies très utile dans l'apprentissage de la langue cible et 24% estiment qu'il leur est moyennement utile. Si l'on consulte les justifications données à la question ouverte, il est possible de repérer quelles sont les raisons qui ont motivé ces choix.

6.2.2.1 - Un questionnement très utile pour 65% des répondants

Parmi les réponses des répondants pour qui ce type de questionnement est très utile, la question de la "méthode" vient en première position, car c'est une dimension qu'ils semblent majoritairement estimer "très importante". Un tel questionnement aide à "acquérir une méthode de travail", "une bonne méthode", "choisie de façon consciente". Grâce à la "réflexion" et à "la prise de recul" que suscite, pour eux, ce type de questionnement, ils peuvent "corriger les méthodes d'apprentissage", "découvrir de nouvelles techniques", "se doter d'une méthode plus efficace". "Une personne qui acquiert une bonne méthode de travail a un meilleur rendement dans l'apprentissage d'une langue étrangère".

Cette idée de rendement et d'efficacité vient en deuxième position. Elle est liée au besoin de ne pas "perdre de temps", "se disperser inutilement", "faire plusieurs fois la même chose ou quelque chose de déjà maîtrisé", "faire du travail pour rien". Il s'agit "d'étudier ce dont on a besoin", "le plus rapidement possible et le plus efficacement possible", de façon à "progresser plus rapidement". Le questionnement sur les stratégies permet, d'après certains des répondants, de "gagner un temps précieux" ; il permet d'"optimiser la formation" par une "meilleure organisation personnelle". Il facilite le repérage des "lacunes dans la méthode d'apprentissage" et permet de fixer "des objectifs et la manière de les atteindre". Certains répondants affirment que c'est "en sachant comment procéder que l'on agit efficacement", "au lieu de travailler à tâtons". En troisième position vient l'idée que ce questionnement conduit à "personnaliser" un apprentissage, à "mieux l'adapter aux besoins propres".

Si cela aide à trouver "la méthode de travail qui (...) convient le mieux, l'apprentissage se fera d'autant plus facilement et agréablement". Cette idée est étayée par le constat que "nous ne sommes pas tous pareils pour apprendre une langue étrangère et nous n'avons pas tous les mêmes capacités". "Définir les objectifs les plus adaptés", "adapter son attitude", "trouver le moyen le plus adéquat pour apprendre", "adapter régulièrement les outils de l'apprentissage", c'est ce que favorise un tel questionnement, d'après les répondants. C'est un point jugé important, car "à partir du moment où la manière d'apprendre est adaptée à notre cas et nous convient, la motivation, l'intérêt sont plus grands". Apprendre de façon consciente, "comprendre comment on enregistre le mieux l'information en tant que plutôt visuel, auditif, etc.", "comprendre sa manière d'apprendre" conduit à évoluer dans son apprentissage, à s'ouvrir à d'autres possibles. "La réflexion permet d'évoluer". "Déceler", "identifier" "les points forts et les points faibles de sa façon d'apprendre" permet "d'y remédier de façon plus efficace", de "corriger ses erreurs", "de clarifier les choses".

Ce type de questionnement peut amener certains apprenants à "essayer une autre façon d'apprendre en se posant des questions auxquelles on n'avait jamais pensé auparavant". "Savoir pourquoi on apprend une langue", savoir "comment s'y prendre", c'est important, "surtout quand on travaille seul". "Si on ne sait pas comment on doit apprendre, on ne risque pas de progresser, ce n'est pas inné !!!". "Apprendre, ça s'apprend".

Enfin, ces progrès dans l'apprentissage et dans la maîtrise de méthodes et de techniques d'apprentissage par le biais de la réflexion, de la prise de recul semble être intégrée comme une manière "plus constructive" d'appréhender une formation. Elle "permet d'être actif". "Cela rend plus responsable, permet d'évaluer les points faibles et donc de compenser ses propres lacunes ainsi que celles du centre". En fait, c'est bien d'autonomie et d'émancipation dont il s'agit, "sinon, on applique bêtement les méthodes qu'on nous a données", "on subit la méthode de l'enseignant qui ne se révèle pas toujours être la bonne pour tous". Ce type de questionnement permet de "se remettre en cause" et de "trouver le moyen de s'améliorer". Il "oblige à faire un travail sur soi-même" pour, non seulement "améliorer ses méthodes d'apprentissage" et "progresser", mais aussi pour "prendre confiance en soi".

6.2.2.2 - *Un questionnement moyennement utile pour 24% des répondants*

Parmi ces répondants, le sentiment d'utilité est atténué par divers autres aspects. En premier lieu, s'"il est toujours utile de réfléchir" ou si "réfléchir sur la technique à utiliser ne doit pas être inutile", en revanche "ce qui compte, ce sont les résultats effectifs et efficaces". "Cependant prendre du recul sur les moyens et méthodes d'apprentissage permet de réajuster les niveaux". Si ce questionnaire "permet de personnaliser l'apprentissage donc d'améliorer l'efficacité dans l'apprentissage", certains répondants insistent sur le fait que "cette mesure ne serait efficace qu'avec le suivi d'un formateur permettant d'évaluer les progrès et de réajuster la manière d'apprendre". Pour d'autres, "cela permet de réfléchir 'sur le coup', mais avec le sentiment de ne plus y penser quelques jours après" ; cela semblerait donc un effort superflu. Pour d'autres encore, "réfléchir peut permettre d'apprendre et d'étudier dans les domaines où on est plus mauvais" ; dans ceux où il réussit, le répondant entend sans doute que cela est moins utile.

6.2.2.3 - *Un questionnement peu ou pas utile pour 7% des répondants*

Parmi ces répondants pour qui ce type de questionnement n'est que peu utile (3%) ou pas utile (4%), les raisons sont de plusieurs ordres. Pour certains, il est vraiment inutile de se poser trop de questions pédagogiques. Deux raisons sont invoquées : la première argumente en faveur d'un apprentissage naturel, "la seule et véritable méthode d'apprentissage correcte de la langue consiste à vivre dans le pays", autrement dit "une langue s'apprend le mieux en parlant avec des natifs et en séjournant à l'étranger" ; la deuxième raison fait le constat de la diversité humaine, "il est difficile de trouver une méthode adéquate à tous", "chacun a sa propre manière d'apprendre". Pour d'autres, c'est une question de caractère : "pour moi, la langue étrangère est un outil de communication, même si je n'en ai pas la totale maîtrise, alors j'essaie de l'utiliser lorsque j'en ai besoin sans me poser trop de questions" ; pour un autre, "j'ai le sentiment d'avoir des troubles psychologiques légers et de ne pas m'intéresser au but de l'apprentissage, mais de vouloir apprendre n'importe quoi tout le temps". La raison peut être attribuée à une question de niveau : "mon problème n'est pas d'acquérir les bases mais d'enrichir au maximum mon vocabulaire. On ne peut pas suivre une technique, il faut assimiler les mots nouveaux au fur et à mesure que l'on y est confronté". "Si le niveau est faible, mieux vaut que le prof décide, et une fois que le niveau est bon, il faut principalement apprendre du vocabulaire, donc plus besoin de méthode". L'explication tient aussi à une question de compétence personnelle, "je pense que ma manière est suffisamment efficace" ; ou bien une question d'intuition, "on peut se fier à ses envies sans devoir forcément planifier et analyser son travail", "j'apprends spontanément".

Parmi ces répondants, certains semblent préférer des situations qu'ils ont éprouvées : "l'efficacité dans l'apprentissage de la langue étrangère ne peut s'améliorer à mon avis qu'avec un formateur". Inutile de perdre du temps, "l'important, c'est la répétition !".

CONCLUSION GENERALE

Vers une modélisation dynamique des dispositifs d'autoformation

L'ensemble de cet ouvrage a tenté de montrer qu'aujourd'hui, les dispositifs d'autoformation ne répondent pas seulement à un effet de mode porté par l'attrait des nouvelles technologies, mais qu'ils sont en mesure d'apporter des réponses effectives à des besoins sociaux précis en matière de formation. Ces réponses peuvent être complémentaires de celles qui sont actuellement offertes par des modalités déjà existantes, en présentiel ou à distance, à condition qu'une réflexion de fond et des actions pédagogiques concrètes soient mises en synergie, à la recherche d'une dimension spécifique de l'autoformation en contexte institutionnel.

1 - ÉMERGENCE D'UN NOUVEAU CHAMP DE RECHERCHES ET DE PRATIQUES : L'AUTOFORMATION EN CONTEXTE INSTITUTIONNEL

Dans le champ tel qu'il a été exploré au deuxième chapitre de cet ouvrage, l'autoformation s'inscrit dans un type de pratiques sociales que G. Pineau qualifie de nocturnes, dans tous les sens apportés par ce terme : au sens propre, pratiques de formation de la nuit, après les activités socialement reconnues ; au sens figuré, pratiques non légitimées par le système validant de l'institution éducative. En s'inscrivant dans le contexte institutionnel, elle ouvre une voie de développement pour le champ même de l'autoformation en lui donnant, de manière symétrique, une existence diurne ; mais elle offre également une voie de développement au système éducatif pris au sens large en permettant une diversification de l'offre de formation et en apportant des pratiques pédagogiques qui peuvent représenter une réelle alternative à l'existant.

Dans ce cadre, l'autoformation en contexte institutionnel comme champ émergent de recherches et de pratiques est porteuse de valeurs hybrides qui négocient entre le respect du projet individuel de vie et de formation permanente et le projet d'un système social qui actualise régulièrement sa politique de formation et d'éducation, en fonction des moyens disponibles et des idéaux qu'il défend. De ce fait, l'autoformation en

L'autoformation en contexte institutionnel

contexte institutionnel se trouve, de manière conjonctive et non plus disjonctive, à la confluence de tensions tripolaires (figure 15), entre la perspective existentielle de chacune des personnes d'une communauté, la perspective sociale du système institutionnel, et la perspective ingénierique des dispositifs mis en œuvre. C'est de cette tension tripolaire que peut sans doute le mieux émerger la spécificité théorique et pratique de ce champ.

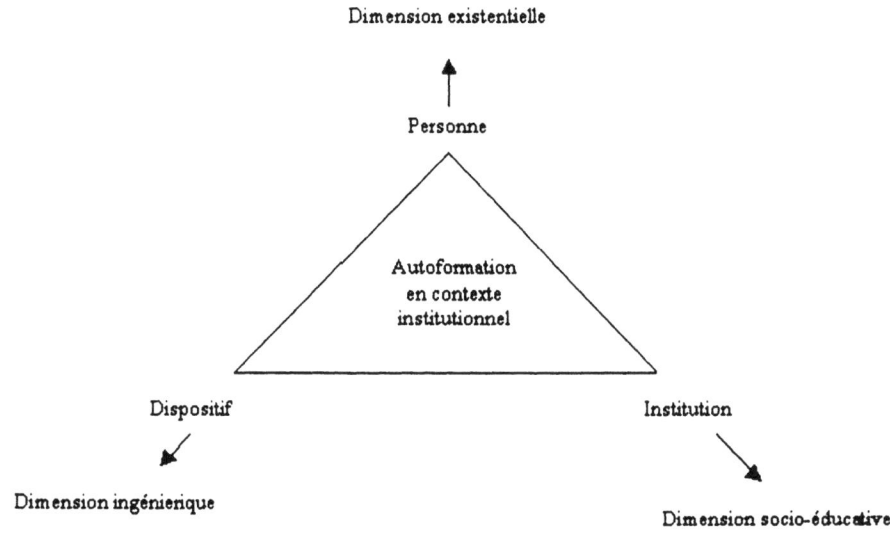

Figure 15 : Une tension tripolaire dans une perspective conjonctive

Dans sa perspective existentielle, l'autoformation en contexte institutionnel devrait permettre à chaque personne d'être capable d'actualiser ses connaissances tout en inscrivant cette actualisation dans une interaction avec des ressources matérielles et humaines toujours plus nombreuses et variées. Une actualisation qui devrait se trouver placée en congruence avec un parcours de vie, des acquisitions antérieures à prendre en compte et des projets personnels à servir. Les dispositifs devraient ainsi être mis au service de chaque apprenant pour l'aider à acquérir des capacités indispensables et pour lesquelles nombre de personnes ont été, jusque là, peu préparées (chapitres 1 et 2), en les aidant à construire dans leur vie une constante alternance interactive entre action, réflexion et apprentissage.

Dans sa perspective sociale, l'autoformation en contexte institutionnel est proposée à des publics très divers, dans des institutions tout aussi diverses, à un moment où le système social dans son ensemble demande aux personnes une adaptation permanente et rapide dans des domaines qui touchent tout aussi bien à la vie professionnelle que privée. Elle donne à chacun la possibilité de se confronter à la complexité d'un environnement riche par le biais du centre de ressources, elle permet la mise en œuvre d'accompagnements dans les démarches propres de découverte et d'analyse des situations d'apprentissage, elle favorise des interactions entre personnes (experts et/ ou pairs). De ce fait, les dispositifs d'autoformation en contexte institutionnel se trouvent placés en position d'interface dans le système social : interface entre des modalités de formation dans le sens réciproque (former) et dans le sens réflexif (se former), interface entre des modes différents de consultation des ressources sur des supports matérialisés ou sur des espaces virtuels, interface entre des modes d'interactions pédagogiques qui évoluent, tels que le rapport au maître, à l'expert, au tuteur, au conseiller, au compagnon, etc. Il s'agit là d'un rôle interfaciel dont l'importance sur le plan social n'a pas encore été analysée.

Dans sa perspective ingénierique, ce type d'autoformation tente donc d'élaborer des formules qui répondent à la fois aux exigences sociales et institutionnelles, et aux besoins particuliers de chaque personne. Le projet ingénierique de chaque dispositif s'adapte ainsi à un contexte institutionnel donné (lycée, université, centres de formation continue, entreprise, centre culturel, médiathèque municipale), à des publics précis (enfants, adolescents, adultes) qui consultent dans des situations diversifiées (du libre-service à la préparation d'examens validants), dans des domaines de formation divers (bureautique, langues, physique, chimie, etc.). Dans un tel contexte, les dispositifs d'autoformation entrent en résonance avec d'autres modalités de formation déjà existantes et doivent, de ce fait, apporter une spécificité, afin de trouver leur place dans le système de l'offre de formation.

Cependant, comme le quatrième chapitre a tenté de le montrer, ces spécificités émergent avec une plus grande force lorsque les projets ingénierique et pédagogique sont portés par un projet idéologique explicite. Dans les dispositifs les plus autonomisants, ce dernier postule l'émancipation pédagogique comme une expérience de prise en charge de soi dans la vie de la personne, qui implique un renforcement du lien entre action, réflexion et apprentissage. Ce lien, dans le cadre d'un dispositif en contexte institutionnel, s'établit grâce aux interfaces prévues par l'instance de formation qui se donne ainsi un triple objectif. Dans le cas des dispositifs du corpus analysé dans cet ouvrage, il s'agit de former *aux* langues étrangères, former *en* langues étrangères, former *par* les langues étrangères.

Le premier objectif couvre l'acquisition de compétences dans une langue cible, telle qu'elle est conçue habituellement dans les pratiques. Le deuxième objectif considère l'acquisition de compétences dans d'autres domaines (sciences de l'éducation, chimie, bricolage, musique, cuisine, etc.) grâce à la maîtrise de compétences dans une langue étrangère. Le troisième objectif porte sur l'acquisition de compétences à apprendre sous couvert d'un apprentissage contextualisé dans le domaine des langues étrangères. Il a été vérifié que l'existence de ce projet idéologique conditionnait la tentative de mise en cohérence des pratiques pédagogiques. Lorsque ce projet idéologique ne porte pas le projet ingénierique, celui-ci reproduit les conditions habituelles des pratiques d'enseignement plus proches de l'hétéroformation. Sous des aspects innovants d'un point de vue technique (espaces ouverts *hi-tech*), les apprenants eux-mêmes ont tendance à rechercher des repères acquis dans leurs expériences antérieures de formation (un professeur, une prescription sous forme de cours, des évaluation sommatives, etc.).

Dans le corpus analysé, les dispositifs à dominante coopérante par certains aspects, mais surtout les dispositifs à dominante auto-directive sont ceux qui fournissent le terrain le plus privilégié d'observation et d'analyse de pratiques pédagogiques, car il y a recherche d'une adéquation entre la situation d'autoformation de l'apprenant et la situation d'aide et d'accompagnement qu'est en mesure de développer l'instance de formation.

2 - DU CHANGEMENT DE LOGIQUE AU CHANGEMENT DE PARADIGME

Mise en relation avec le vécu des apprenants, l'analyse de l'organisation pédagogique a permis de mettre en valeur la dimension systémique des dispositifs d'autoformation. Ils apparaissent ainsi comme un ensemble de composants en interaction dans un environnement institutionnel et plus largement social. Qu'il s'agisse de l'institution, des ressources matérielles et des ressources humaines, de l'apprenant et du contenu de la formation, chacun de ces cinq composants s'organise par rapport à sa propre histoire, mais aussi par rapport à l'influence que les autres composants du système ont sur lui. Chaque composant est donc lié aux autres dans ses représentations, ses capacités d'apprentissage, son degré d'implication dans la prise en charge de sa propre évolution et de celle du système dans son entier.

Dans cette perspective, le projet initial et les moyens choisis par l'instance de formation pour sa mise en œuvre sont donc fondamentaux, car ils vont conditionner, en amont, la première dynamique du dispositif.

Vers une modélisation dynamique...

La modélisation de la relation pédagogique (J. Houssaye, 1988) avait montré que la focalisation de l'action pédagogique relevait d'une logique différente (de l'enseignement ou de l'apprentissage), selon qu'elle se portait sur le savoir, le professeur ou l'élève.

Dans une logique de l'enseignement, l'instance de formation organise la transmission d'un savoir. Le protocole pédagogique passe par la définition d'objectifs dans une progression de difficulté croissante et la mise en œuvre des moyens estimés les plus efficaces pour faire atteindre à l'apprenant un niveau de réussite donné. Ce dernier est mesuré en fonction de critères d'évaluation préalablement définis à l'aune d'un référentiel précis. Dans cette logique, l'instance de formation détient le savoir disciplinaire ainsi que le savoir-enseigner, c'est-à-dire la didactique de sa discipline (G. Mialaret, 1977). Dans une logique de l'apprentissage, l'instance de formation adopte une attitude très différente à l'égard de l'apprenant. Elle l'aide à traduire ses besoins en terme d'objectifs, à organiser son apprentissage en fonction de ses disponibilités et des ressources auxquelles il a accès, à procéder à des choix raisonnés de supports et de documents de travail, à élaborer si ce n'est des critères d'auto-évaluation, pour le moins des seuils d'acceptabilité des performances pour les différentes étapes de l'apprentissage (H. Holec, 1979). L'instance de formation ne fait pas de choix *à la place de* l'apprenant ; elle procède davantage comme conseiller que comme enseignant (M-J. Gremmo, 1996) et accorde autant d'importance à la discipline qu'à la méthode d'apprentissage élaborée par l'apprenant en fonction de ses besoins, de ses capacités du moment et de sa situation personnelle (H. Trocmé-Fabre, 1987).

Or, si ce passage est pleinement explicité d'un point de vue théorique (H. Holec, 1979 ; R. Galisson, 1980 ; P. Meirieu, 1987 ; J. Houssaye, 1988) et si les dispositifs d'autoformation devraient être la traduction concrète de ce changement de logique (N. Bucher-Poteaux, 1997), il n'en reste pas moins que, dans les faits, peu d'intervenants pédagogiques et, *a fortiori*, peu de centres ont réalisé cette mutation. La plupart tendent à transférer les compétences d'enseignement acquises dans les dispositifs plus traditionnels de cours ou stages en présentiel. Il en découle une contradiction entre les apports théoriques du champ, le potentiel de ces dispositifs et la mise en œuvre réelle qui est faite dans les pratiques des acteurs, apprenants compris.

On peut se demander pourquoi une telle résistance et une si réelle difficulté à mettre en oeuvre cette mutation. C'est qu'en réalité, cette mutation tient davantage du changement de paradigme tel qu'il a été défini par T. Kuhn (1962). Dans les faits, il s'agit non seulement d'une modification de focalisation de l'action pédagogique, mais aussi d'un réel bouleversement des présupposés théoriques et des principes de références, des valeurs profondes de chacun des acteurs impliqués et de leur représentation de leur propre rôle dans le système éducatif et social. Il s'agit également d'une mise en adéquation de l'outillage cognitif pour faire exister ce qui n'est qu'une émergence, malgré les résistances et les conflits. Penser cette mutation en terme de changement de paradigme permet de comprendre qu'il s'agit d'une modification profonde qui touche, chez les personnes et les institutions, à des dimensions idéologiques de type identitaire. Un changement de paradigme renvoie à un champ de pratiques certes, mais également à un système de valeurs, à une idéologie de référence, à une conception du monde et, en creux, à un projet de société.

La typologie des pratiques proposée au quatrième chapitre laisse apparaître, deux paradigmes distincts. Elle montre également que le passage de l'un à l'autre peut se faire dans la mise en œuvre de pratiques hybrides qui tiennent compte de l'apprentissage nécessaire qui doit être mené par les personnes (décideurs, intervenants pédagogiques et apprenants) et absorbé par les institutions dans une dynamique d'intégration du changement.

3 - DU PARADIGME DE L'INSTRUCTION AU PARADIGME DE L'AUTONOMIE

La désignation de ces deux paradigmes s'appuie sur les travaux de F. Varela (1980), car il est possible de trouver nombre d'analogies entre le domaine biologique analysé par cet auteur et les pratiques analysées dans cet ouvrage. Si l'on synthétise les résultats analysés au quatrième chapitre, concernant les pratiques des dispositifs d'autoformation, et ceux du cinquième chapitre, concernant l'enquête auprès des apprenants, il est possible d'élaborer une modélisation à partir de deux axes : un axe horizontal tendu entre deux pôles "instruction" et "autonomie" qui reprennent les deux concepts développés par F. Varela (1980) et sur lequel il est possible de retrouver l'ensemble des types de pratiques analysées au chapitre 4 ; un axe vertical qui représente la place laissée à l'apprenant par le dispositif dans l'élaboration de son propre parcours d'autoformation, entre les deux pôles : dépendance et autodétermination.

La figure 16 tente de rendre compte de la répartition des types de pratiques sur ces deux axes. Il est intéressant de constater l'analogie entre cette représentation et les résultats apportés par l'Analyse Factorielle des Correspondances (AFC) produite au chapitre 5, où l'on retrouve la bissectrice qui relie les catégories (0) et (1), (4) et (5), tout en les opposant. Elle illustre le fait que, les pratiques à dominantes enseignement individualisé (0), prescriptive (1) et tutorale (2) restent proche du pôle instructionnel, même si les pratiques à dominante tutorale ouvrent au sujet une possibilité d'autodétermination sur certains aspects de son parcours d'apprentissage.

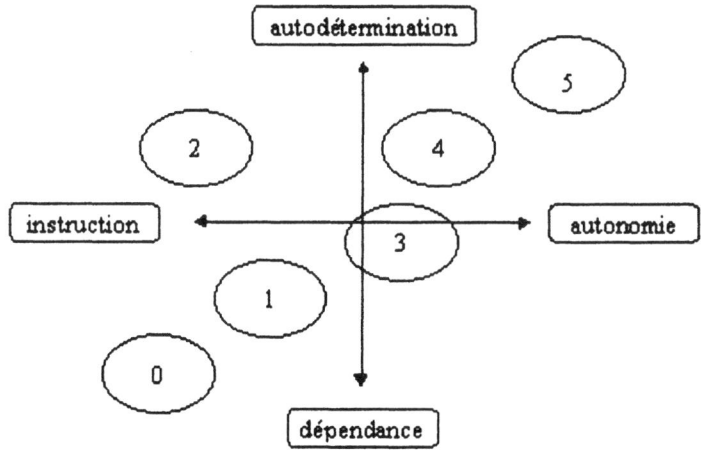

Figure 16 : Proposition pour une modélisation dynamique

Tout comme dans le paradigme de l'instruction défini par F. Varela, les pratiques sont fondées, sur une conception de l'apprentissage liée à la commande : c'est bien l'instance de formation qui, dans les trois cas, organise non seulement l'environnement de formation, mais aussi les parcours d'autoformation par la mise en place d'un rapport à l'apprentissage sur le mode majoritairement transmissif et prescriptif. Ces types de pratiques sont liées à ce que ce chercheur appelle le couple "instruction-erreur", caractéristique des systèmes fermés à entrées/sorties. En effet, dans ces trois modalités, l'instance de formation détient le savoir didactique et le savoir pédagogique qui la positionne comme spécialiste auprès de l'apprenant. Celui-ci répond à la prescription experte par une mise en œuvre qui conduit à la réussite ou à l'échec dans les tâches à réaliser. En cas d'échec, l'apprenant reprend le même parcours ou la partie du parcours dans laquelle l'échec a été diagnostiqué. Dans la mesure où les parcours sont prédéterminés, le dispositif consiste en une gestion du flux d'usagers qui commencent un parcours, puis le terminent au bout d'un nombre de séances donné, compte tenu des capacités d'accueil du centre de ressources et de l'organisation des plannings.

Ces trois types de pratiques peuvent être rapprochés des analyses que produit F. Varela du paradigme de l'instruction. De par leur forte dimension hétérostructurée, ces types de pratiques imposent à l'apprenant en situation d'autoformation l'"affirmation de l'identité de l'autre" et la "définition par l'extérieur". Les valeurs, principes de références et représentations déterminantes dans les choix effectués tout au long du parcours sont ceux de l'instance de formation. Pour que le parcours soit validé, il est nécessaire que l'apprenant adhère à ces choix et les mette en œuvre, même s'ils ne lui conviennent pas. De ce fait, ces types de pratiques sont plus facilement "liés à la consommation". Il s'agit de suivre un parcours, puis un autre, et ainsi de suite. L'apprenant s'engage dans un parcours d'autoformation pré-fabriqué qu'il n'habite jamais, si l'on peut oser la métaphore. En ne s'appropriant pas véritablement les démarches d'autoformation, loin de s'installer, grâce au parcours, dans une dynamique d'évolution personnelle et dans un processus de changement, il se trouve placé davantage dans une logique de consommation où, une fois un parcours terminé, il devra s'inscrire dans un autre pour continuer à apprendre. Dans cette logique, l'apprenant a tendance à abandonner l'apprentissage dès qu'il n'est plus relié à une instance de formation prescriptive.

De façon symétrique, les types de pratiques à dominantes coopérante (3), auto-directive (4) et autodidaxique (5) s'inscrivent davantage dans le paradigme de l'autonomie ; même si les pratiques à dominante coopérante (3) adoptent des pratiques hybrides, relevant parfois du paradigme de l'instruction, elles restent plus proches de dynamiques pédagogiques autonomisantes. De ce fait, ces trois types de pratiques sont fondées sur une conception de l'apprentissage liée au couple "conversation-incompréhension", dans lequel l'autonomie est perçue, selon F. Varela, comme l'expression d'une forme particulière de processus. Lorsque, en contexte institutionnel, l'entrée dans un parcours d'autoformation conduit à des interactions entre apprenant et instance de formation, celle-ci installe l'usager dans un échange dialectique où l'erreur n'est pas perçue comme un échec, mais comme un indice signifiant permettant la régulation. Dans un tel contexte, les deux interlocuteurs sont placés dans un processus qui se construit, s'élabore, se régule au fur et à mesure des échanges. Chaque personne dans ce système, qu'il s'agisse d'un décideur, d'un intervenant ou d'un usager, est mis en situation de création, c'est-à-dire, d'une certaine manière, en situation de trouver des solutions inédites à des problèmes imprévisibles. Dans le paradigme de l'autonomie tel que l'analyse F. Varela, "l'affirmation de sa propre identité", la "régulation interne", la "définition de

Vers une modélisation dynamique...

l'intérieur" constituent l'antithèse des types de pratiques qui s'inscrivent dans le paradigme de l'instruction. Chaque personne construit son parcours dans un système qui intègre positivement le changement et l'évolution comme un processus d'auto-organisation. C'est sur ce point que le sous-système social qu'est un système éducatif peut se rapprocher des systèmes vivants tels que les a analysés ce chercheur.

Cette modélisation de la relation qui lie apprenants et dispositifs concrétise l'une des idées fortes qui porte cet ouvrage : les pratiques de formation et l'éducation ne sont pas indépendantes du projet idéologique qui les nourrit. Les configurations des espaces ouverts de formation basés sur les technologies contemporaines ne sont pas neutres et véhiculent des projets de société. Si l'on voit bien l'intérêt des pratiques liées au paradigme de l'instruction dans un système social de type libéral, les pratiques liées au paradigme de l'autonomie s'inscrivent davantage dans des projets de société de type humaniste. Dans ces projets, l'éducation n'est pas un produit de consommation comme un autre, mais un moyen qui permet à chaque citoyen de contribuer, par sa capacité d'apprentissage, d'adaptation et de création, à l'auto-organisation-production-régulation du système social. Les projets éducatifs qui s'inscrivent dans le paradigme de l'autonomie visent donc à l'émancipation des personnes par rapport à une instance prescriptive, quelle qu'elle soit, et à l'autodétermination en connaissance de cause. Dans cette perspective, tout comme l'analyse M. Lesne (1977), l'environnement d'apprentissage devient un terrain d'essai social.

4 - LE DISPOSITIF D'AUTOFORMATION : UN ESPACE INTERFACIEL

Dans le paradigme de l'autonomie et dans la perspective éducative évoquée ci-dessus, le dispositif d'autoformation en contexte institutionnel peut jouer un triple rôle d'interface.

4.1 - Interface fonctionnelle entre l'apprenant et son projet de formation

Dans les types de pratiques les plus autonomisants, le dispositif d'autoformation s'organise comme un environnement mis au service de l'usager. L'organisation spatiale même du centre de ressources et l'organisation des ressources matérielles et humaines démultiplient les possibilités de variété, celle des espaces de travail, supports, approches, méthodes, interventions, etc. Il s'agit ainsi de procurer une adaptation à la variabilité individuelle de chacun des acteurs de la formation. Il est à remarquer que lorsque le degré d'adaptation du dispositif est important, sa caractéristique émergente la plus forte est l'hybridation. Hybridation en termes de types de publics, de modalités de formation, de types de pratiques pédagogiques. Cette hybridation conduit à une complexification du système qui s'actualise de manière permanente, en fonction du type de l'interaction produite par les acteurs en présence à un moment donné. Dans une perspective autonomisante, les pratiques pédagogiques sont adaptatées à chaque personne selon ses caractéristiques : personnalité, pré-conceptions selon la définition qu'en donne A. Giordan (1995), projet, etc. Cela permet d'inscrire chaque usager dans une dynamique d'accès à des représentations, des compétences et des stratégies nécessaires à un apprentissage tout au long de la vie.

4.2 - Interface sociale entre enseignement et pratiques autodidaxiques

Dans les projets autonomisants de formation des usagers à des compétences repérées comme étant celles des autodidactes performants, les dispositifs d'autoformation en contexte institutionnel, dont les pratiques s'inscrivent dans le paradigme de l'autonomie, se donnent pour but de permettre à chacun de continuer son apprentissage en dehors de l'institution. En donnant les moyens cognitifs de l'émancipation pédagogique, l'instance de formation ouvre la voie vers des apprentissages en autonomie dans l'espace privé des usagers. De plus en plus, la banalisation, mais aussi les progrès en termes de convivialité et d'interactivité des technologies de l'information et de la communication, donnent les moyens d'accéder, de manière autonome et non contrôlée, à des ressources de formation toujours plus nombreuses et toujours plus riches. L'une des caractéristiques que peuvent développer les instances de formation en contexte institutionnel, c'est justement cette possibilité de former les usagers aux pratiques autodidaxiques. Il y a là un enjeu de taille à un moment où des outils de plus en plus conviviaux et de plus en plus performants remplacent déjà des instances de formation lorsque celles-ci réduisent leur activité pédagogique à la seule fonction de transmission, délaissant ainsi la fonction essentielle de médiation, toujours irremplaçable.

4.3 - Interface culturelle entre matérialité et virtualité

Face au fulgurant développement de la mise en ligne sur le web d'informations et de plateformes de formations à distance, l'usager est confronté actuellement à une complexification de l'accès à des ressources extrêmement diverses sur des espaces virtuels. A l'interface entre les formations traditionnelles en présentiel et des formations sur campus virtuel, le centre de ressources dans le dispositif d'autoformation matérialise d'une certaine manière une partie de cette complexité. En rendant consultables *in situ* des documents et des supports visibles, le dispositif d'autoformation permet de modifier, dans une relative sécurité psycho-affective, les représentations des apprenants quant à ce que peut être un apprentissage non prescrit qui exploite les ressources disponibles dans l'environnement.

Aujourd'hui, en France, les perspectives de recherches et les perspectives d'action sont importantes, car le développement de tels dispositifs, pensé dans le cadre du paradigme de l'autonomie, conduit à rénover l'éducation et la formation. En effet, l'intégration des outils contemporains de l'information et de la communication donne aux dispositifs d'autoformation une dimension d'interface sociale entre deux mondes : entre le monde du livre et de l'illustration, de la bibliothèque matérialisée, de la lecture linéaire, de la pensée rationnelle et positiviste, des raisonnements déductifs et celui des données numérisées, des sites internationaux, des réseaux, des campus virtuels, de la lecture fragmentée et de la pensée analogique. Le centre de ressources peut être pensé comme une interface qui prépare l'usager a modifier son système de représentation, afin d'être en mesure d'aborder de nouveaux mondes.

En jouant ces rôles interfaciels, les dispositifs d'autoformation sont en mesure d'accompagner les personnes dans leur (r)évolution cognitive. Apprendre aujourd'hui n'est plus un exercice exceptionnel, privilège de quelques oisifs. Il s'agit d'une activité permanente qui participe à produire la société contemporaine et pour laquelle il est important d'avoir des outils, des méthodes, des repères. Favoriser le développement des dispositifs d'autoformation peut contribuer à développer les formations à apprendre en situation d'autonomie, savoir-faire indispensable dans le monde social tel qu'il évolue.

Prendre le parti de comprendre, d'élaborer et de développer des outils d'émancipation des personnes quant à leur capacité d'apprentissage et de formation permanente tout au long de leur vie, est une manière de leur permettre de se réapproprier leur capacité à "se donner une forme" (G. Pineau, 1983). Dans les conditions sociales et politiques actuelles, cela constitue, pour chaque personne, une autre manière de prendre en main son destin.

BIBLIOGRAPHIE

ABALLEA F. et FROISSART C., 1989, "Formation de masse et individualisation de la formation", *Recherche sociale*, n° 109.
ABE D., 1996, "Organiser l'apprendre à apprendre en milieu institutionnel : le centre de ressources de l'entreprise E.", *Mélanges pédagogiques*, n° 22, pp. 137-167.
ADAMCZEWSKI G., 1996, "La notion d'innovation : figures majeures et métaphores oubliées", dans F. Cros et G. Adamczenwski, *L'innovation en éducation et en formation*, Bruxelles, De Boeck Université/INRP, pp.16-29.
ADAMCZEWSKI G., 1988, "Les conceptions et les formes de la formation : vers une nouvelle typologie", *Recherche et Formation*, n° 3, pp. 5-18.
ALBERO B., 1999, *L'autoformation des adultes en langues étrangères : interrelations entre les dispositifs et les apprenants*, Lille, Presses universitaires du Septentrion (thèse soutenue en décembre 1998).
ALBERO B., 1999, "Du triangle aux triangulations pédagogiques : une transition vers de nouvelles modalités de formation", *Les Carrefours de l'Éducation*, n° 7, pp.104-114.
ALBERO B., 1998, "Les centres de ressources : interfaces entre matérialité et virtualité", *ELA*, n° 112, octobre-décembre.
ALBERO B. et GLIKMAN V., 1996, "Les centres de ressources : du libre-service éducatif au lieu de la formation. L'exemple des Espaces Langues", *Études de Communication*, n° 19, pp.17- 39.
ALBERO B. et BARBOT M-J., 1992, "Mise en place d'un centre d'auto-apprentissage en contexte institutionnel", *FDLM*, n° spécial, pp. 21-32.
ANDERSON J. R., 1983, *The Architecture of Cognition*, Cambridge, MA, Harvard University Press.
ANDERSON J. R., 1981, *Cognitive Skills and their Acquisition*, Hillsdale, N. J., L. Erlbaum.
AUSTIN J. L., 1962, 1970, *Quand dire, c'est faire* (How to do things with words), Paris, Seuil.
ATTAL J-P., MENET M. et SCHLISSINGER J. (coord. par), 1993, *Nouvelles technologies et enseignement des langues*, Évry, Actes du colloque organisé par l'AELPL et l'Institut National des Télécommunications d'Évry, 18-20 mars.

BARBIER J-M., 1996, *Situations de travail et formation*, Paris, L'Harmattan.
BARBIER J-M., 1991, *Élaboration de projets d'action et planification*, Paris, PUF.
BARBIER-BOUVET J-F., 1982, *Babel à Beaubourg. L'autodidaxie linguistique à la BPI*, Paris, Bibliothèque Publique d'Information, Centre Georges Pompidou.
BARBOT M-J. et CAMATARRI G., 199, *Autonomie et apprentissage. L'innovation dans la formation*, Paris, PUF.
BARBOT M-J. (coord. par), 1998, "Ressources pour l'apprentissage : excès et accès", *ELA*, n° 112.
BARBOT M-J., 1993, *L'auto-apprentissage en milieu institutionnel*, thèse soutenue à l'Université Paris III - Sorbonne Nouvelle.
BAREL Y., 1979, *Le paradoxe et le système. Essai sur le fantastique social*, Grenoble, PUG.
BAUDRILLARD J., 1970, *La société de consommation*, Paris, Denoël.
BATESON G., 1979, 1984, *La Nature et la pensée* (Mind and Nature : a necessary unity), Paris, Seuil.

BATESON G., 1977, *Vers une écologie de l'esprit* (Steps to an Ecology of Mind), 2 tomes, Paris, Seuil.
BEAUVALLET E., 1981, "Une réponse à l'individualisation : les centres de ressources pédagogiques", *ELA*, n° 41, pp. 116-126.
BERBAUM J., 1982, *Étude systémique des actions de formation. Introduction à une méthodologie de la recherche*, Paris, PUF.
BERIOT D., 1992, *Du macroscope au microscope, l'approche systémique du changement dans l'entreprise*, Paris, ESF.
BERNARD M., 1999, *Penser la mise à distance en formation*, Paris, L'Harmattan.
BERTHOUD A-C., 1982, *Activité métalinguistique et acquisition d'une langue seconde*, Berne, Francfort/M, Publications Universitaires Européennes, Peter Lang.
BERTOLDI E., KOLLAR J. et RICARD E., 1986/87, "Learning how to learn english", *Mélanges Pédagogiques*, pp. 5- 11.
BIALYSTOK E., 1990, 1994, nouv. éd., *Communication Strategies. A Psychological Analysis of Second-Language Use*, Oxford, Basil Blackwell.
BIALYSTOK E. 1981, "The role of conscious strategies in second language proficiency", *Modern Language Journal*, 65, pp. 24-35.
BLANCHET A. et GOTMAN A., 1992, *L'enquête et ses méthodes : l'entretien*, Paris, Nathan Université.
BLANDIN B., 1990, *Formateurs et Formation multimédia. Les métiers, les fonctions, l'ingénierie*, Paris, Les Éd. d'Organisation.
BODIER M., 1998, "Les langues étrangères en France : apprendre, c'est bien ; pratiquer, c'est mieux", *INSEE Première*, n° 568.
BOUDON R., 1977, *Effets pervers et ordre social*, Paris, PUF.
BOULET P., 1992, *L'enjeu des tuteurs*, Paris, Les Éd. d'Organisation.
BOURDIEU P. et PASSERON J-C., 1970, *La reproduction. Éléments pour une théorie du système d'enseignement*, Paris, Éd. de Minuit.
BOURGEOIS E et NIZET J., 1997, *Apprentissage et formation des adultes*, Paris, PUF.
BRAUN A., 1989, *Enseignant et/ou formateur*, Paris, Les Éd. d'Organisation.
BROCKETT R. et HIEMSTRA, 1991, *Self-directed in adult learning. Perspectives on theory, research, and practice*, London/New York, Routledge.
BROOKES A. and GRUNDY P., 1988, *Individualization and Autonomy in Language Learning*, Hong Kong, Modern English Publications and The British Council.
BROOKFIELD S. (Ed.), 1985, "Self-Directed Learning : From Theory to Practice", *New Direction for Continuing Education*, 25, March, Jossey-Bass, San Francisco, California.
BROWN H. D., 1994, 3ème éd., *Principles of Language Learning and Teaching*, New Jersey, Prentice Hall Regents, Englewood Cliffs.
BRUNER J.S., 1997, *L'éducation, entrée dans la culture*, trad. par Yves Bonin (The Culture of Education), Paris, Retz.
BRUNER J.S., 1958, "Les processus de préparation à la perception", dans Bruner J. S., Bresson F., Morf A. et Piaget J., *Logique et perception. Études d'épistémologie génétique*, VI, Paris, PUF.
BUCHER-POTEAUX N., 1997, "L'intégration des nouvelles technologies éducatives dans l'enseignement des langues", dans M-C. Cuellar (ed), *La nuevas technologias integradas en la programacion didactica de lenguas extranjeras*, I Encuentro Internacional Universidad Internacional Menendez Pelayo, pp.19-28.

BUCHER-POTEAUX N. et FRATH P., 1997, "Intégration de l'outil informatique dans un dispositif d'autoformation en langues", dans Little D. and Voss B. (eds), *Languages centres : Planning for the New Millennium*, Plymouth, CERCLES, pp. 58-69.
BUCHER-POTEAUX N., 1997, "Une expérience d'apprentissage des langues en centre de ressources : principes et méthodes", *Biblioteca della ricerca, Linguistica*, n° 4, pp.163-170.

CAFFARELLA R. et E., 1986, "Self-directedness and learning contracts in adult education", *Adult Education quaterly*, 4, vol. XXXVI, pp. 226-234.
CANALE M.,1983, "From communicative competence to language pedagogy", in Richards J. and Schimdt R. (eds), *Language and Communication*, London, Longman.
CANALE M. et SWAIN M., 1980, "Théorical bases of communication approaches to second language teaching and testing", *Applied Linguistics*, 1, pp. 1-47.
CANDY P.C., 1991, *Self-Direction for Lifelong Learning. A Comprehensive Guide to Theory and Practice*, San Francisco, Jossey-Bass.
CARRÉ P., MLEKUZ G. et POISSON D., 1997, *L'autoformation*, Paris, PUF.
CARRÉ P., 1996, "A la recherche d'une nouvelle galaxie" dans Carré P., Mlekuz G. et Poisson D., (ed.), "Pratiques d'autoformation et d'aide à l'autoformation", Actes du IIe Colloque européen sur l'autoformation, Lille, 6-7 novembre 1995, *Les Cahiers du CUEPP*, n° 32-33, pp. 244-251.
CARRÉ P., 1995, "Cinq propositions... pour faire avancer le sujet", *Éducations*, n° 2, pp. 40-41.
CARRÉ P., 1994, "Autoformation", dans Champy P. et Étévé C., *Dictionnaire Encyclopédique de l'Éducation et de la Formation*, Paris, Nathan Université, p. 96.
CARRÉ P. et PEARN M., 1992, *L'autoformation dans l'entreprise*, Paris, Éd. Entente.
CARRÉ P., 1992, *L'autoformation dans la formation professionnelle*, Paris, La Documentation Française.
CARRÉ P., 1991, *Organiser l'apprentissage des langues étrangères. La formation linguistique professionnelle*, Paris, Les Éd. d'Organisation.
CARTON F., 1984, "Systèmes *autonomisants* d'apprentissage des langues", *Mélanges Pédagogiques*, pp. 25-40.
CASPAR P. et alii, 1989, *Le savoir à portée de la main. La conduite de projets de formation multimédia*, Paris, Les Éd. d'Organisation.
CASTORIADIS C., 1990, *Le monde morcelé. Les carrefours du labyrinthe III*, Aris, Seuil.
CASTORIADIS C., 1975, *L'institution imaginaire de la société*, Paris, Seuil.
CEMBALO S. M., 1996, "Le catalogage, l'indexation et les fichiers dans les centres de ressources en langues", *Mélanges Pédagogiques*, n° 22, pp. 95-104.
CEMBALO S. M. et GREMMO M-J., 1974, "Autonomie de l'apprentissage: réalités et perspectives", *Mélanges Pédagogiques*, pp. 77-86.
CEMBALO S. M. et HOLEC H., 1973, "Les langues aux adultes: pour une pédagogie de l'autonomie", *Mélanges Pédagogiques*.
CHAMOT A. U., 1987, "The learning strategies of ESL students", in Wenden A. et Rubib J. (dir.), *Learner Strategies in Language Learning*, Englewood Cliffs, Prentice-Hall.
CHAMPY P. et ÉTÉVÉ C., 1994, *Dictionnaire Encyclopédique de l'Éducation et de la Formation*, Paris, Nathan Université.
CLERGUE G., 1997, *L'apprentissage de la complexité*, Paris, Hermès.
CLOUZOT O. et BLOCH A., 1981, *Apprendre autrement : clés pour le développement personnel*, Paris, Éd. d'Organisation.

COMMISSION EUROPEENNE, 1995, *White Paper on Education and Training : Teaching and Learning. Towards the Learning Society*, Luxembourg.
COMPTE C., 1998, "La rhétorique télévisuelle : une médiation pour l'apprentissage des langues", dans *Les Cahiers du CIRCAV*, Gérico, Université de Lille 3, pp. 227-248.
COMPTE C. et MINACORI P., 1998, "Des stratégies pour traiter l'information télévisée : état d'une recherche", *Revue Internationale Pédagogique de Sèvres*, CIEP.
COMPTE C., 1993, "Télélangues : una nuova formula di istruzione a distanza *in prossimita"*, *IAD, Istruzione a Distanza*, Universita degli studi di Roma, Anno V, n° 8-9, Tecnodid, pp. 61-70..
COMPTE C. et COSTE D., 1986, "Système modulaire multimédia pour l'apprentissage du français", *Triangle 5*, Didier Érudition, pp. 20-32.
COMPTE C., 1985, "Professeur cherche document authentique en vidéo", *ELA*, n° 58, pp. 43-53.
CONSEIL DE L'EUROPE, 1988, *Autonomie et Apprentissage Auto-Dirigé. Terrains d'application actuels*, Strasbourg.
COQUET M. et ROWENCZYK C., 1997, "Canal+, Câble et Satellite", *INSEE Première*, n° 505.
CORMERAIE S. et VOGEL K., 1992, "Du rôle de l'autonomie et de l'interculturalité dans l'étude des langues étrangères", actes du colloque "Des centres de langues : Pour quoi faire ? Pour faire quoi ?", *CERCLES*, Bordeaux, Septembre.
COURTOIS B. et PRÉVOST H., 1998, *Autonomie et formation*, Lyon, Chronique Sociale.
CROS F., 1997, "L'innovation en éducation et en formation", *Journées académiques des innovations et des réussites*, Dossiers Paris, 2 avril, Académie de Paris et CNDP, pp. 14-18.
CROS F., 1997, "L'innovation en éducation et en formation", *RFP*, n° 118, pp. 127-156.
CROS F. et ADAMCZEWSKI G., 1996, *L'innovation en éducation et en formation*, Paris/Bruxelles, De Boeck Université / INRP.
CROS F., 1993, *L'innovation à l'école : forces et illusions*, Paris, PUF.
CROZIER M. et FRIEDBERG E., 1977, *L'acteur et le système*, Paris, Seuil.
CYR P., 1996, *Les stratégies d'apprentissage d'une langue seconde*, Québec, CEC.

DABENE L. (sous la dir. sc. de), 1988-1989, *Stratégies d'apprentissage et didacticiels de langues. Contribution à une évaluation*, Grenoble III, Centre de didactique des langues.
DICKINSON L., 1987, 1994, *Self-Instruction in Language Learning*, New York, Cambridge University Press.
DICKINSON L. et CARVER D., 1981, "Autonomie, apprentissage auto-dirigé et domaine affectif dans l'apprentissage des langues en milieu scolaire", *ELA*, n° 41, pp. 39-61.
DUBET F. et WIEVIORKA M., 1995, *Penser le sujet. Autour d'Alain Touraine*, Paris, Fayard, Colloque de Cerisy.
DUBOIS D., 1993, 1996, 3e éd., "Comment l'homme communique-t-il ?", dans Weil-Barais A., *L'homme cognitif*, Paris, PUF.
DUGAS A., 1992, "Le préfixe *auto*", *Langue Française*, n° 96, pp. 20-29.
DUMAZEDIER J., 1996a, "Autoformation et médiation éducative", *Les Sciences de l'éducation pour l'ère nouvelle*, n° 39, 1-2, pp. 21-42.
DUMAZEDIER J., 1996b, "La montée de l'autoformation dans l'éducation permanente : une approche sociologique et historique", Troisième Biennale de l'éducation et de la formation, avril, Le CD-Rom de l'Éducation et de la Formation.
DUMAZEDIER J., 1995, "L'éducation permanente, à l'école et ailleurs", *Éducations*, n° 2, pp. 30-33.

DUMAZEDIER J. (dir. par), 1994, *La leçon de Condorcet. Une conception oubliée de l'instruction pour tous nécessaire à une république*, Paris, L'Harmattan.
DUMAZEDIER J. et LESELBAUM N., 1993, "Émergence d'un nouveau secteur des sciences de l'éducation : la sociologie de l'autoformation", *RFP*, n° 102, pp. 5-16.
DUMAZEDIER J., 1980, "Vers une socio-pédagogie de l'autoformation", *Les Amis de Sèvres*, "L'autoformation des jeunes", n° 97.
DUMAZEDIER J., 1978, "La société éducative et ses incertitudes", *Éducation Permanente*, n° 44, pp. 5-14.
DURKHEIM E., 1966, *Éducation et sociologie*, Paris, PUF.

ELLIS R., 1994, 1995, 3ème éd., *The Study of Second Language Acquisition*, Oxford University Press, coll. Oxford Applied Linguistics.
ESCH E. et MAKIN L., 1992, "La formation à l'apprentissage. Une nouvelle forme d'enseignement", actes du colloque "Des centres de langues : Pour quoi faire ? Pour faire quoi ?", *CERCLES*, Bordeaux, Septembre.
ÉTÉVE C., 1995, (Coord. par), "Formation des sujets", *Éducations*, n° 2, pp. 26-27.

FICHEZ E. (coord. par), 1994, *La notion de bien éducatif. Services de formation et industries culturelles*, Séminaire industrialisation de la formation, Roubaix, Actes du colloque international, 14 et 15 janvier.
FISCH R., WATZLAWICK P. et WEAKLAND J., 1974, 1975, *Changements. Paradoxes et psychothérapie*, trad. par P. Furlan (Change principles of problem formation and problem resolution, New York), Paris, Le Seuil.
FLAVELL J.H. and WELLMAN H.M., 1977, "Metamemory", in Kail R.V. and Hagen, J.V. (eds), *Perspectives on the development of memory and cognition*, Hillsdale, Erbaum.
FOSSÉ-POLIAK C., 1992, *La vocation d'autodidacte*, Paris, L'Harmattan.
FRISCH P., 1971, *L'éducation des adultes*, Paris, École Pratique des Hautes Études.

GALISSON R. et COSTE D. (dir. par), 1976, *Dictionnaire de didactique des langues*, Paris, Hachette.
GALVANI P., 1995, "Trois approches", *Éducations*, n° 2, pp. 37-39.
GALVANI P., 1991, *Autoformation et fonction des formateurs. Des courants théoriques aux pratiques de formateurs. Les Ateliers Pédagogiques Personnalisés*, Lyon, Chronique Sociale.
GAONAC'H D. (Coord. par), 1990, "Acquisition et utilisation d'une langue étrangère. L'approche cognitive", *LFDM*, n° spécial, Hachette.
GAONAC'H D., 1987, *Théories d'apprentissage et acquisition d'une langue étrangère*, Paris, Hatier-CREDIF.
GAONAC'H D., 1988, "Psychologie et didactique des langues : perspectives de recherche en psychologie du langage", *ELA*, n° 72, pp. 83-93.
GARDNER H., 1993, *Les intelligences multiples*, trad. par P. Evans-Clark, M. Muracciole et N. Weinwurzel (Multiple Intelligences), Paris, Retz.
GARDNER H., 1983, *Frames of mind : The theory of multiple intelligences*, New York, Basic Books.
GIORDAN A., 1999, *Apprendre*, Paris, Belin.
GIORDAN A., 1995, "Les nouveaux modèles pour apprendre : dépasser le constructivisme ?", *Perspectives*, vol. XXV, n° 1, pp. 109-127.
GOFFMAN E., 1974-1980, 1987, *Façons de parler*, trad. par A. Kihm (Forms of Talk), Paris, Éd. de Minuit.

GOODMAN K.S., 1971, "Psycholinguistics universals in the reading process", in Pimsleur P. and Quinn T., *The psychology of second language learning*, Cambridge, Harvard University Press.
GOUZIEN J-L., 1991, *La variété des façons d'apprendre*, Maurecourt, Mésonance.
GRAWITZ M., 1984, 6ème éd., *Méthodes des sciences sociales*, Paris, Dalloz.
GREEG K. R., 1984, "Krashen's monitor and Occam's razor", *Applied Linguistics*, 5, pp. 79-100.
GREEN J. M. et OXFORD R., 1995, "A Closer Look at Learning Strategies, L2 Proficiency, and Gender", *Tesol Quaterly*, 2, vol. 29, pp. 261-297.
GREMMO M-J. et RILEY P., 1997, "Autonomie et apprentissage autorigé : l'histoire d'une idée", *Mélanges Pédagogiques*, pp. 81-107.
GREMMO M-J., 1996, "Former les apprenants à apprendre : les leçons d'une expérience", *Mélanges Pédagogiques*, n° 22, pp. 9-32.
GUGLIELMINO L. et P., 1988, "Self-directed learning in business and industry : an information-age imperative", in Long H., *Self-directed learning, Application and theory*, University of Georgia, pp.125-148.
GUGLIELMINO L., 1977, *Development of the self-directed learning readiness scale*, University of Georgia.
GURI-ROZENBLIT S., 1993, "Differentiating between Distance/Open Education Systems - Parameters for comparison", *International Review of Education*, 4, vol. 39, Unesco Institut for Education, pp. 287-306.

HADJI C., 1990, "Éducation et développement cognitif : le temps de l'espérance", dans *Pédagogies de la médiation*, Lyon, Chronique Sociale.
HANNAFIN R.D. et FREEMAN D.J., 1995, "An Exploratory Study of Teachers' Views of Knowledge Acquisition", *Educational Technology*, vol. 35, Number 1, Englewood Cliffs, New Jersey, pp. 49-56.
HASAN A., 1997, "La formation tout au long de la vie", *Revue Internationale d'éducation*, n° 16, pp. 35-47.
HIEMSTRA R. (Ed.), 1991, "Creating Environments for Effective Adult Learning", *New Directions for Adult and Continuing Education*, 50, San Francisco, Jossey-Bass.
HOFFMANS-GOSSET M.A., 1987, *Apprendre l'autonomie. Apprendre la socialisation*, Lyon, Chronique Sociale.
HOLEC H., 1994, *L'Apprentissage Auto-Dirigé : une autre offre de formation. Principes, implications, réalisations*, Strasbourg, Conseil de l'Europe.
HOLEC H., 1991, "Autonomie de l'apprenant : de l'enseignement à l'apprentissage", *Éducation Permanente*, n° 107, pp. 59-66.
HOLEC H., 1990, "Qu'est-ce qu'apprendre à apprendre", *Mélanges Pédagogiques*, pp. 75-87.
HOLEC H., 1983, "L'autonomisation des apprenants en structure institutionnelle", *Bulletin CILA*, Neuchâtel, n° 38, pp. 39-47.
HOLEC H., 1981a, "Plaidoyer pour l'auto-évaluation", *LFDM*, n° 165, pp. 15-23.
HOLEC H. (coord. par), 1981b, "Autonomie de l'apprentissage et apprentissage de l'autonomie", *ELA*, n° 41.
HOLEC H., 1981c, "A propos de l'autonomie : quelques éléments de réflexion", *ELA*, n° 41, pp. 7-23.
HOLEC H., 1980, "Autonomie et apprentissage des langues étrangères", *Conseil de l'Europe*, Strasbourg, pp. 1-34.

HOLEC H., 1979, *Autonomie et apprentissage des langues étrangères*, Strasbourg, Conseil de la Coopération Culturelle du Conseil de l'Europe.
HONORE B., 1977, *Pour une théorie de la formation. Dynamique de la formativité*, Paris, Payot.
HOUSSAYE J., 1988, *Le triangle pédagogique*, tome 1, Berne, Peter Lang.
HYMES H. (Dell), 1973, 1984, *Vers la compétence de communication*, trad. de F. Mugler, Paris, CREDIF/Hatier.

JACQUINOT G., 1993, "Apprivoiser la distance et supprimer l'absence ? ou les défis de la formation à distance", *RFP*, n° 102, pp. 55-67.

KENNY B., 1993, "For more autonomy", *System*, vol. 21, n° 4, pp. 431-442.
KEPLER A., 1992, *Le centre-ressource. Pourquoi ? Comment ?*, Lyon, Chronique Sociale.
KEPLER A., 1992, *Développement des capacités personnelles. Guide d'autoformation*, Lyon/ Bruxelles, Chronique Sociale/Éd. Vie Ouvrière.
KETELE J-M. de, 1983, *Méthodologie de l'observation*, Louvain, Laboratoire de Pédagogie expérimentale, Université Catholique.
KLEIN W., 1984, 1989, *L'acquisition de langue étrangère* (Zweitspracherwerb : Eine Einführung, Königtein), Paris, Armand Colin.
KNOWLES M., 1973, 1990, *L'apprenant adulte. Vers un nouvel art de la formation*, trad. par F. Paban (The adult learner : a neglected species, Gulf Publishing Company), Paris, Les Éd. d'Organisation.
KRASHEN S.D., 1981, *Second language acquisition and second language learning*, Oxford, Pergamon Press,.
KUHN T.S., 1962, 1983, *La structure des révolutions scientifiques*, trad. L. Meyer (The Structure of Scientific Revolutions), Paris, Flammarion.
KUHN T.S., 1968, 1990, *La tension essentielle. Tradition et changement en sciences*, trad. par M. Biezunski, P. Jacob, A. Lyotard-May et G. Voyat (The Essentiel Tension. Selected Studies in Scientific Tradition and Change), Paris, Gallimard.
KUPERHOLC J., MOR A., PIETTRE F., 1993, *Développer de nouvelles formes de formation : les systèmes flexibles*, Paris, Éd. Liaisons.

LANGE J-M., 1993, *Autoformation et développement personnel, éléments pour une méthodologie émancipatrice et socialisante en formation d'adultes*, Lyon, Chroniques Sociales.
LANGOUET G., 1985, *Suffit-il d'innover ?* Paris, PUF.
LARSEN-FREEMAN D. and LONG M.H., 1991, 1997, 9ème éd., *An introduction to second language acquisition research*, New York, Addison Wesley Longman.
LAUTREY J., 1980, *Classe sociale, milieu familial, intelligence*, Paris, PUF.
LECLERC G. et al., 1988, *Grille d'Évaluation du Niveau d'Individualisation des Programmes* (GENIP, version 1.2), document de travail.
LE MEUR G., 1996a, "Devenir autodidacte", *Les Sciences de l'Éducation pour l'Ère Nouvelle*, n° 39, 1-2, pp. 195-215.
LE MEUR G. et al., 1996b, *Autodidaxie*, Nantes, Éd. Cultures et Techniques.
LE MEUR G., 1993, "Quelle autoformation pour l'autodidaxie ?", *RFP*, n° 102, pp. 35-43.
LE MOIGNE J-L., 1995a, *Les épistémologies constructivistes*, Paris, PUF.
LEMOINE P., 1982, *Les technologies d'information. Enjeu stratégique pour la modernisation économique et sociale*. Rapport au Premier Ministre, Paris, La Documentation Française.

LERBET G., 1993, 2ème éd., *Système, personne et pédagogie*, Paris, ESF.
LERBET G., 1992, *L'école du dedans*, Paris, Hachette.
LERBET G., 1984a, 1993, *Approche systémique et production de savoir*, Paris, L'Harmattan.
LERBET G., 1984b, "Approche systémique et sciences de l'éducation", *RFP*, n° 67, pp. 29-36.
LERBET G., 1981, *Une nouvelle voie personnaliste : le système-personne*, Chaingy, Mésonance.
LESELBAUM N., 1994, "Autonomie", dans Champy P. et Étévé C., *Dictionnaire Encyclopédique de l'Éducation et de la Formation*, Paris, Nathan Université, coll. réf., p. 97-98.
LESNE M., 1984, *Lire les pratiques de formation d'adultes*, Paris, Édilig.
LESNE M., 1977, *Travail pédagogique et formation d'adultes*, Paris, PUF.
LEVY P., 1990, *Les technologies de l'intelligence. L'avenir de la pensée à l'ère informatique*, Paris, La Découverte/Poche.
LEWIN K., 1959, *Psychologie dynamique*, Paris, PUF.
LINARD M., 1996, *Des machines et des hommes. Apprendre avec les nouvelles technologies*, Paris, L'Harmattan.
LITTLEWOOD W., 1984, 1996, 12ème éd., *Foreign and Second Language Learning*, New York, Cambridge University Press.
LIPOVETSKY G., 1983, *L'ère du vide. Essai sur l'individualisme contemporain*, Paris, Gallimard, Folio.
LONG M. H., 1983, "Does second language instruction make a difference ? A review of research", *TESOL Quarterly*, n° 17, pp. 359-382.
LUGAN J-C., 1993, *La systémique sociale*, Paris, PUF.

MALGLAIVE G., 1992, "Le rapport entre savoir et pratique dans le développement des capacités d'apprentissage chez les adultes", *Éducation Permanente*, pp. 53-61.
MALGLAIVE G., 1990, *Enseigner aux adultes*, Paris, PUF.
MARCH J.G. et SIMON M.A., 1958, 1979, *Les organisations*, trad. par J-C Rouchy et G. Prunier (Organizations), Paris, Bordas.
MARIET F., 1989, *Laissez-les regarder la télévision*, Paris, Calmann-Lévy.
MARTEL A., MAGNY E. et BONKOWSKI F., 1996, "Pourquoi Moïse n'a-t-il jamais vu son maître ? Quelques réflexions sur l'autonomie guidée dans l'enseignement des langues secondes et étrangères aux adultes", *La Revue de l'AQEFLS*, vol. 17, n° 3 et 4, pp. 28-40.
MAUDSLEY D. B., 1979, *A theory of meta-learning and principles of facilitation : en organismic perspective*, thèse de doctorat, Faculté d'éducation, Université de Toronto.
MEIRIEU P., 1989, *Enseigner, scénario pour un nouveau métier*, Paris, ESF.
MELESE J., 1979, 1995 (3ème tirage), *Approches systémiques des organisations. Vers l'entreprise à complexité humaine*, Paris, Les Éd. d'Organisation.
McGROARTY M., 1987, « Patterns of persistent second language learners : Elementary Spanish », Paper presented at the annual meeting of Teachers of English to Speakers of Other Languages, Miami, FL.
MIALARET G., 1977, 1983, 2ème éd., *La formation des enseignants*, Paris, PUF.
MIERMONT J., 1995, *L'homme autonome. Éco-anthropologie de la communication et de la cognition*, Paris, Hermès.
MOAL A., 1987, "L'approche de *l'éducabilité cognitive* par les modèles du développement cognitif", *Éducation Permanente*, n° 88/89, pp. 67-86.
MOIRAND S., 1988, "Des discours de la formation", *FDLM*, n° 218, pp. 41-47.

MOIRAND S., 1982, *Enseigner à communiquer en langue étrangère*, Paris, Nathan.
MOLES A., 1995, *Les sciences de l'imprécis*, Paris, Seuil, coll. Points Sciences, n° S105.
MOLES A., 1981, "Modèles communicationnels dans la société et modification des structures sociales", *Les Cahiers de la Communication*, vol. 1, n° 2.
MOLES A., 1967, *Sociodynamique de la culture*, Mouton, La Haye.
MORIN E., 1995, "Vers un nouveau paradigme", *Sciences Humaines*, n° 47, pp. 20-23.
MORIN E., 1991, *La méthode. 4. Les idées. Leur habitat, leur vie, leurs moeurs, leur organisation*, Paris, Seuil.
MORIN E., 1990, *Introduction à la pensée complexe*, Paris, ESF.
MORIN E., 1986, *La méthode. 3. La Connaissance de la Connaissance*, Paris, Seuil.
MORIN E., 1982, 1990, *Science avec conscience*, Paris, Fayard et Seuil.
MORIN E., 1980, *La méthode. 2. La Vie de la Vie*, Paris, Seuil.
MORIN E., 1977, *La méthode. 1. La Nature de la Nature*, Paris, Seuil.
MORIN J. et BRIEF J-C., 1995, *L'autonomie humaine. Une victoire sur l'organisme*, Sainte-Foy, Presses Universitaires du Québec.
MOULDEN H., 1981, "Une expérience d'apprentissage autodirigé de l'anglais dans un cadre institutionnel", *ELA*, n° 41, pp. 24-38.
MOYNE A., 1983, *Relation d'aide et tutorat*, Paris, Fleurus.
MOYNE A., 1982, *Le travail autonome*, Paris, Fleurus.

NAIMAN N., FROLICH M., H. H. STERN et TODESCO A., 1978, *The Good Language Learner*, Research Series in Education, 7, Ontario Institut for Studies in Education.
NARCY J-P., 1994, "Autonomie : Évolution ou révolution ?", *Di Neueren Sprachen*, Bd.93, Heft 5, Oktober, Verlag Moritz Diesterweg, Frankfurt am Main, pp. 442-454.
NARCY J-P., 1991, *Comment mieux apprendre l'anglais*, Paris, Éd. d'Organisation.
NARCY J-P., 1990, *Apprendre une langue étrangère. Didactique des langues : le cas de l'anglais*, Paris, Éd. d'Organisation.
NEISSER U., 1976, *Cognition and reality. Principles and implications of cognitive psychology*, San Francisco, W. H. Freeman and company.
NEISSER U., 1967, *Cognitive psychologie*, New York, Appleton Century Crofts.
NOEL B., 1995, "La métacognition. L'art d'évaluer ses performances", *Sciences Humaines*, n° 56, pp. 23-25.
NOEL B., 1991, *La métacognition*, Bruxelles, De Boeck Université.
NOIZET G., 1980, *De la perception à la compréhension du langage. Un modèle psycholinguistique du locuteur*, Paris, PUF.
NOT L., 1987, *Enseigner et faire apprendre. Éléments de psycho-didactique générale*, Toulouse, Privat.
NOT L., 1979, *Les pédagogies de la connaissance*, Toulouse, Privat.
NUNAN D. et LAMB C., 1996, *The Self-Directed Teacher. Managing the learning process*, New York, Cambridge University Press.
NUTTIN J., 1987, "Développement de la motivation et formation", *Éducation Permanente*, n° 88/89, pp. 97-110.
NUTTIN J., 1980, 1985, 2ème éd., *Théorie de la motivation humaine*, Paris, PUF.
NYHAN B., 1991, *Developing People's Ability to learn, European Perspectives on Self-Learning Competency and Technological Change*, Eurotecnet, Brussels, European Interuniversity Press.

OCDE, 1996, *Lifelong Learning for* All, Meeting of Education Committee at Ministerial Level, 16-17, Paris.
OLSON D. R. , 1974, *Media and Symbols : the forms of expression, communication, and education*, Chicago, Herman G. Richey.
O'MALLEY J. M. et CHAMOT A. U., 1990, 1995, 4ème éd., *Learning Strategies in Second Language Acquisition*, New York, Cambridge University Press.
ORAVEP, 1994, *Formations ouvertes et à Distance : La situation en France*, Communautés européennes.
OXFORD R., 1996, "Employing a Questionnaire to Assess the Use of Language Learning Strategies", *Applied Language Learning*, vol. 7, n° 1&2, pp. 25-45.
OXFORD R. and BURRY-STOCK J. A., 1995, "Assessing the Use of Language Learning Strategies Woldwide with the ESL/EFL version of the Strategy inventory for Language Learning (SILL)", *System*, vol. 23, n° 1, pp. 1-23.
OXFORD R. L. and EHRMAN M., 1993, "Second Language Research on individual differences", *Annual Review of Applied Linguistics*, n° 13, pp. 188-205.
OXFORD R. L., 1990, *Language Learning Strategies*, Boston, Heinle & Heinle Publishers.
OXFORD R. L., 1989, "Use of language learning strategies : A synthesis of studies with implications for strategy training", *system*, n° 17, pp. 235-247.
OXFORD R. L., 1985, *A New taxonomy of Second Language Learning Strategies*, Washington, D. C. ERIC Clearing House on Languages and Linguistics.

PADRON Y.N. et WAXMAN H.C., 1988, "The effects of ESL student's perceptions oh their cognitive strategies on reading achievement", *TESOL Quaterly*, n° 22, pp. 146-150.
PAIN A., 1990, *L'éducation informelle. Les effets formateurs dans le quotidien*, Paris, L'Harmattan.
PALMADE G., 1953, 1991, 14ème éd., *Les méthodes pédagogiques*, Paris, PUF.
PEARN M. et DOWNS S.(1991), "Developping Skilled Learners", in Nyhan B., *Developing people's ability to learn*, Eurotecnet, Brussels, European University Press, pp. 96-107.
PENNYCOOK A., 1990, "Critical pedagogy and second language education", *System*, vol. 18, n° 3, pp. 303-314.
PERCIVAL F., CRAIG D., BUGLASS D. (Ed.), 1987, "Flexible Learning Systems", *Aspects of Educational Techonology*, XX, Kogan Page, London.
PERETTI A. de, 1996, "Le rôle de l'individu et de l'équipe dans le processus novateur : vers une éthique de la complexité", dans F. Cros et G. Adamczewski, *L'innovation en éducation et en formation*, Bruxelles, De Boeck Université/INRP, pp. 69-77.
PERDUE C. et PORQUIER R. (Coord. par), 1980, "Apprentissage et connaissance d'une langue étrangère", *Langages*, n° 57.
PERRIAULT J., 1996, *La communication du savoir à distance. Autoroutes de l'information et télé-savoirs*, Paris, L'Harmattan.
PERRIAULT J., 1989, *La logique de l'usage. Essai sur les machines à communiquer*, Flammarion.
PERRIN M., 1992, "Centres de ressources et autonomie guidée", *Les langues modernes*, LXXXVIe année, n° 1, pp. 21-36.
PIAGET J., 1970, 1988, 4ème éd., *L'épistémologie génétique*, Paris, PUF.
PIAGET J., 1969, *Psychologie et pédagogie*, Paris, Denoël/Gonthier.
PIAGET J., 1967, *La psychologie de l'intelligence*, Paris, Armand Colin.
PINEAU G. (sous la dir. de), 1995, *L'autoformation en chantiers*, n° 122.
PINEAU G., 1987, *Temps et Contretemps*, Montréal, Éd. Saint Martin.

PINEAU G., 1985, "L'autoformation dans le cours de la vie : entre l'hétéro et l'écoformation", *Éducation Permanente*, n° 78-79, pp. 25-39.
PINEAU G., 1984, "Autodéveloppement et autoformation", *Revue Québécoise de psychologie*, vol. 5, n° 3, pp.119-126.
PINEAU G., 1983, *Produire sa vie : Autoformation et Autobiographie*, Paris, Édilig.
PINEAU G., 1978, "Les possibles de l'autoformation", *Éducation Permanente*, n° 44, pp.17-30.
POLIZER R., 1983, "An exploratory study of self-reported language learning behaviors and their relation to achievement", *Studies in Second Language Acquisition*, 6, pp. 54-65.
POLITZER R. et Mc GROATY M., 1985, "An exploratory study of learning behaviors and their relationship to gains in linguistic and communicative competence", *TESOL Quarterly*, 19, pp. 103-124.
PORCHER L. (coord. par), 1992, "Les auto-apprentissages", *FDLM*, n° spécial.
PORCHER L. (coord. par), 1990a, "L'évaluation en didactique des langues et des cultures", *ELA*, n° 80.
PORCHER L., 1990b, "Sociologie des auto-apprentissages", *Les Cahiers de l'ASDIFLE*, n° 2, Actes des 6èmes rencontres, septembre, pp. 34-42.
PORCHER L., 1984, "Paradoxes sur un enseignant", *ELA*, n° 55.
PORCHER L., 1981, "Les chemins de la liberté", *ELA*, n° 41, pp. 127-135.
PORCHER L. et MARIET F., 1976, *Media et formation d'adultes*, Paris, ESF.
PORQUIER R. et VIVES R., 1993, "Le statut des outils métalinguistiques dans l'apprentissage et l'enseignement au niveau avancé", *ELA*, n° 92, pp. 65-77.
POSTIC M. et de KETELE J-M., 1988, *Observer les situations éducatives*, Paris, PUF.
PREVOST H., 1994, *L'individualisation de la formation. Autonomie et/ou socialisation*, Lyon, Chroniques Sociales.
PUREN C., 1994, *La didactique des langues étrangères à la croisée des méthodes. Essai sur l'éclectisme*, Paris, Didier / CREDIF / ÉNS de Fontenay-Saint-Cloud.

QUERE M., 1994, *Vers un enseignement supérieur sur mesure*, Paris, Ministère de l'Enseignement Supérieur et de la Recherche, DG des Enseignements Supérieurs.
QUIVY R. et VAN CAMPENHOUDT L.., 1988, *Manuel de recherche en sciences sociales*, Paris, Dunod.

RAHM A., 1996, "L'espace Alpha : pour mieux apprendre", *Prospective pédagogique*, n° 9, pp. 27-28.
RICHTA A.,1967, *La civilisation au carrefour*, Paris, Anthropos.
RICOEUR P., 1990, *Soi-même comme un autre*, Paris, Seuil.
RILEY P., 1989, "Learner's representations of language and language learning", *Mélanges Pédagogiques*.
ROGERS C., 1969, 1988, *Liberté pour apprendre ?* trad. par D. Le Bon (Freedom to learn), Paris, Dunod.
ROGERS C., 1967, *Le développement de la personne*, Paris, Dunod.
RUBIN J., 1987, "Learner strategies : theorical assumptions, research history and hypology", in Wenden A. and Rubin J., *Learner Strategies in Language Learning*, London, Prentice Hall Int..
RUBIN J., 1981, "Study of cognitive processes in second language learning", *Applied Linguistics*, 11.2, pp. 118-131.

RUBIN J., 1975, "What the good language learner can teach us", *TESOL Quaterly*, 9.1, pp. 41-51.

SALOMON G., 1993, *Distributed cognitions. Psychological and educational considerations*, Cambridge University Press.
SALOMON G., 1981, *Communication and Education. Social and Psychological interactions*, London, Sage Publications.
SCHÖN D.A., 1971, *Beyond the Stable State*, San Francisco, Jossey Bass.
SCHWARTZ B., 1972, 1973, *L'éducation demain*, Paris, Aubier-Montaigne.
SELIGER H.W. and SHOHAMY E., 1989, 1995, 3ème éd., *Second Language Research Methods*, Oxford University Press.
SELIGER H., 1984, "Processing universals in second language acquisition", in Eckman F., Bell L. and Nelson D., *Universals of Second Language Acquisition*, Rowley, Newbury House.
SERRES M., 1991, *Le Tiers-instruit*, Paris, François Bourin.
SIMON H. A., 1969, 1974, *La science des systèmes. Science de l'artificiel*, trad. par J-L. Le Moigne (The Sciences of the Artificial), Paris, Epi.
SINGLY F. (de), 1992, *L'enquête et ses méthodes : le questionnaire*, Paris, Nathan Université.
SKEHAN P., 1989, *Individual differences in second language learning*, London, E. Arnold.
SMITH R.M. (ed.), 1983, "Helping Adults Learn How to Learn", *New Directions for Continuing Education*, Number 19, September, Jossey-Bass, San Francisco, California.
SPOLSKY B., 1989, 1992, 3ème éd., *Conditions for Second Language Learning*, Oxford University Press.
STERN H., 1983, *Fundamental Concepts of Language Teaching*, Oxford University Press.
STERN H., 1975, "What can we learn from the good language learner ?", *Revue canadienne des langues vivantes*, n° 31, pp.304-318.
STRERI A., 1993, 1996, 3ᵉ éd., "Comment l'homme perçoit-il le monde", dans Weil-Barais A., *L'homme cognitif*, Paris, PUF.

TARONE E., 1980, "Communication strategies, foreigner talk, anr repair in interlanguage", *Language Learning*, n° 30, pp. 417-431.
TESSIER G., 1993, *Pratiques de Recherche en Sciences de l'Education*, Rennes, PUR.
TOUGH A., 1967, *Learning without a teacher. A Study Tasks and Assistance during Adult Self-Teaching Projects*, Educational Research Series, 3, Toronto, The Ontario Institut for Studies in Education.
TOURAINE A., 1995, "La formation du sujet", dans Dubet F. et Wieviorka M., *Penser le sujet. Autour d'Alain Touraine*, Paris, Fayard, Colloque de Cerisy, pp. 21-45.
TOURAINE A., 1992, *Critique de la modernité*, Paris, Le Livre de Poche.
TREMBLAY N. A., 1996, "Quatre compétences-clés pour l'autoformation", *Les Sciences de l'Éducation pour l'Ère Nouvelle*, n° 39, 1-2, pp. 153-176.
TREMBLAY N. A., 1995, "Trente ans de recherche. La leçon des faits", *Éducations*, n° 2.
TREMBLAY N. A., 1986, *Apprendre en situation d'autodidaxie*, Presses de l'Université de Montréal.
TROCME-FABRE H., 1999, *Réinventer le métier d'apprendre*, Paris, Les Éd. d'Organisation.
TROCME-FABRE H., 1987, *J'apprends, donc je suis. Introduction à la neuropédagogie*, Paris, Les Éd. d'Organisation.
TWOMEY FOSNOT C. (ed.), 1996, *Constructivism : Theory, Perspectives and Practice*, New York, Teachers College Press, Columbia University.

UNESCO, 1996, *Report of the Commission*, International Commission on Education for the Twenty-first Century, Paris.
UNESCO, avril 1980, *Rapport de la réunion européenne d'experts sur les modalités d'apprentissage en autodidaxie*, 16-19 Octobre 1979, Paris, Rapport final et recommandations.

VARELA F. J., 1980, 1989, *Autonomie et connaissance. Essai sur le vivant*, trad. par P. Bourguine et P. Dumouchel (Principles of Biological Autonomy), Paris, Seuil.
VERON E. et LEVASSEUR M., 1989, *Ethnographie de l'exposition. L'espace, le corps, le sens*, Paris, Centre G. Pompidou, BPI.
VYGOTSKY L., (ed. by M. Cole, V. John-Steiner, S. Scribner and E. Souberman), 1978, *Mind in Society , the Development of Higher Psychological Processes*, Cambridge, Massachusetts, Harvard University Press.

WALSKI J., 1993, "Du guidage en autonomie guidée", *Les langues modernes*, LXXXVIIe année, n° 1, pp. 57-66.
WATZLAWICK P., 1978, 1980, *Le langage du changement. Éléments de communication thérapeutique*, trad. par J. Wiener-Renucci avec le concours de D. Bansard (The language of change. Elements of therapeutic communication), Paris, Le Seuil.
WATZLAWICK P., 1976, 1978, *La réalité de la réalité. Confusion, désinformation, communication*, trad. par E. ROSKIS (How real is real ? Communication, désinformation, confusion), Paris, Le Seuil.
WEIL-BARAIS A. (sous la dir. de), 1993, 1996, 3ᵉ éd., *L'homme cognitif*, Paris, PUF.
WEINBERG A., 1992, "L'approche systémique des organisations", *Sciences Humaines*, n° 20, pp. 56-59.
WENDEN A., 1991, *Learner Strategies for Learner Autonomy*, Cambridge, Prentice Hall Int..
WENDEN A., 1987, "Metacognition : an expanded view on the cognitive abilities of L2 learners", *Language learning*, n° 37.
WENDEN A. et RUBIN J., 1987, *Learner Strategies in Language Learning*, Cambridge, Prentice Hall International, Language Teaching Methodology Series.
WIDDOWSON H. G., 1981, *Une approche communicative de l'enseignement des langues*, Paris, Hatier-CREDIF.
WINKIN Y. (Dir. par), 1981, *La nouvelle communication*, trad. par D. Bansard, A. Cardoen, M-C Chiarieri, J-P Simon, Y. Winkin, Paris, Le Seuil.
WOLCOTT L.L., 1995, "The Distance Teacher as Reflective Practitioner", *Educational Technology*, vol. 35, Number 1, January-February, Englewood Cliffs, New Jersey, pp. 39-43.

Liste des abréviations utilisées dans la bibliographie

AELPL : Association Européenne des Linguistes et des Professeurs de Langues
AFLS : Association for French Language Studies
AQEFLS : Association Québécoise des Enseignantes et enseignants de Français Langue Seconde
ASDIFLE : Association de Didactique du Français Langue Étrangère
CERCLES : Confédération Européenne des Centres de Langues de l'Enseignement Supérieur
CIEP : Centre International d'Études Pédagogiques
CILA : Commission Inter-universitaire Suisse de Linguistique Appliquée
CIRCAV : Centre Interdisciplinaire de Recherche sur la Communication Audio Visuelle
CRAP : Cercle de Recherche et d'Action Pédagogiques
CRAPEL : Centre de Recherche et d'Application Pédagogique en Langues (Nancy II)
CUEEP : Centre Université. Économie d'Éducation Permanente
ELA : Études de Linguistique Appliquée
LFDM : Le Français dans le Monde
PUV : Presses Universitaires de Vincennes
UGE : Union Générale d'Éditions
RIFREP : Réseau International de Formation, Recherche en Éducation Permanente

INDEX DES AUTEURS

Aballéa 66
Adamczewski 74, 75, 79
Albero 22, 76, 188, 200, 209
Anderson 104, 106
Austin 91
Barbier 113
Barbier-Bouvet 22, 126, 207, 209, 218
Barbot 22, 135, 209, 217
Barel 78
Bateson 18
Bialystok 107
Bodier .. 210, 211, 213, 215, 217, 222
Bourgeois 240
Bruner 60, 97, 98, 99
Bucher-Poteaux 263
Caffarella 66
Canale 24, 91, 108
Carré 17, 21, 25, 29, 30, 32, 33, 37, 42, 43, 44, 48, 49, 50, 51, 52, 55, 56, 59, 64, 66, 67, 68, 69
Castoriadis 54, 86, 87, 88, 89, 90
Cembalo 46
Chamot 104
Voir O'Malley
Clergue 93, 97
Compte 24, 92, 101, 188, 214
Coquet 223
Coste 92
Voir Galisson
Cros 74, 75, 76, 80, 81, 194, 199, 288
Cyr 101, 102, 104, 106, 107
Downs 66
Dubois 92
Dumazedier 15, 31, 32, 38, 39, 42, 48, 54, 60, 61, 65, 88, 90, 193
Durkeim 24
Ellis 104, 105, 106, 107, 230
Étévé 41
Flavell 99

Fossé-Poliak 43
Froissart .... *Voir* Aballéa
Frölich .... *Voir* Naiman
Galisson 18, 92, 144, 195, 263
Galvani 40, 44, 48, 49, 51, 52, 54, 60, 64, 65, 66, 80, 184
Gaonac'h 93, 94, 95, 96, 99, 187
Gardner 63
Giordan 18, 96, 98, 100, 196, 268
Goodman 99
Gregg 230
Gremmo 196, 197, 263
Guglielmino 66
Hall 18
Hasan 15, 16, 26, 28, 29, 30
Holec .. 23, 46, 80, 195, 196, 241, 263
Houssaye 186, 198, 200, 222, 262, 263
Hymes 24
Jacquinot 101, 188, 212
Klein 94, 96, 98
Knowles 32, 33, 66, 76, 100, 198, 240, 241
Krashen 97, 229, 230
Kuhn 77, 263
l'Union Européenne 20, 25
Lange 61, 66, 185
Langouët 74
Lautrey 134
Le Meur 42
Le Moigne 28, 64
Lerbet 28, 52, 62, 63, 64, 94, 130
Leselbaum 54, 75
Lesne 15, 90, 113, 114, 185, 193, 210, 213, 267
Lewin 62, 64
Linard 24, 101, 188
Lipovetsky 27, 28
Long 230
Lourau 54

Malglaive 198, 240
Mariet 19, 28
McGroarty 107
Voir Politzer
Meirieu.................... 101, 263
Mélèse................ 10, 74, 76, 81
Mialaret............................ 263
Miermont 85, 86, 93
Moirand 24, 90, 95
Morin 28, 60, 61, 62, 64, 65, 82, 83, 84, 87, 93, 100
Naiman.................. 101, 102, 103
Neisser 60, 63, 93, 94, 95, 97, 98, 99, 109
Nizet .... *Voir* Bourgeois
Noizet 94, 100
Not 46
Nuttin 218
Nyhan................... 26, 30, 54, 65
O'Malley................ 104, 106, 107
OCDE 15
Olson................................ 93
ORAVEP 16, 53
Oxford 11, 104, 106, 107, 108, 109, 110
Padron............................. 107
Pain 9, 213
Palmade 185
Pearn 66
Voir Carré
Peretti....................... 77, 80
Perriault 23, 31, 119
Piaget 63, 64, 93, 94, 95, 99
Pineau 32, 37, 39, 41, 42, 43, 48, 52, 56, 60, 61, 62, 65, 73, 79, 80, 81, 82, 84, 86, 88, 90, 94, 193, 259, 269
Politzer............................. 107
Porcher 19, 20, 21, 23, 28, 213, 218, 219, 226, 227, 237
Porquier 101, 230
Prévost 25, 26, 31, 33, 39, 40, 44, 46, 51, 66, 189, 193, 194, 196

Rahm 55
Richta 41
Ricoeur 82
Rogers 60, 64, 93, 97, 100, 187
Rousseau 38
Rowenczyk .... *Voir* Coquet
Rubin 101, 102, 103, 104, 106, 107
Voir Wenden
Salomon 61, 98
Schön................................ 32
Schwartz 32, 39, 40, 57, 59, 60, 61, 63, 65, 66, 80, 90, 193
Selinger 106
Stern 101, 102, 103, 106
Voir Naiman
Streri........................... 97, 98
Swain.................... *Voir* Canale
Tarone 105
Todesco .... *Voir* Naiman
Tough 209, 240, 241
Touraine 28
Tremblay 42, 43, 60, 63, 66, 67, 68, 69, 70, 195, 213
Trocmé-Fabre ... 93, 95, 191, 196, 263
Twomey Fosnot.................... 98
UNESCO....................... 15, 32
Varela 61, 83, 84, 93, 94, 97, 99, 264, 265, 266
Veron.......................... 23, 95
Vivès .... *Voir* Porquier
Vygotsky 95
Watzlawick.................... 18, 63
Waxman .... *Voir* Padron
Weil-Barais 18, 19, 24, 93, 99, 184
Wellman .... *Voir* Flavell
Wenden 104, 108, 241
Widdowson 24
Winkin............................. 18

ANNEXES

Annexe 1

Sigles utilisés

AIPA	*Asociacion para la Investigacion y la promocion del Auto-aprendizaje*
APP	Ateliers de Pédagogie Personnalisée
ASDIFLE	ASsociation de DIdactique du Français Langue Étrangère
CERCLES	Confédération Européenne des Centres de Langues de l'Enseignement Supérieur
CRAPEL	Centre de Recherches et d'Applications Pédagogiques En Langues
CUEPP	Centre Université-Économie d'Éducation Permanente
CUCES	Centre Universitaire de Coopération Économique et Sociale
GEMME	Groupement pour l'Enseignement supérieur sur Mesure MEdiatisé
GENIP	Grille d'Évaluation du Niveau d'Individualisation des Programmes
GIRAT	Groupe Interdisciplinaire de Recherche sur l'Autoformation et le Travail
GRAF	Groupe de Recherche sur l'Autoformation en France
GRETA	GRoupement d'ÉTAblissements
IOTA+	Service d'appui et de liaison et des Ateliers de Pédagogie Personnalisée
MTP	Mode de Travail Pédagogique
ORAVEP	Observatoire des Ressources Audio-Visuelles pour l'Éducation Permanente
RANACLES	RAssemblement NAtional des Centres de Langues de l'Enseignement Supérieur
REAL	Réseau Européen pour l'Autoformation en Langues
RUCA	Réseau Universitaire des Centres d'Autoformation
SILL	*Strategy Inventory for Language Learning*

Annexe 2

Catégorisation : caractéristiques repérables

	FORMER		APPRENDRE	
Dominante...	... prescriptive	... tutorale	... coopérante	... auto-directive
Parcours majoritairemt ...	hétérostructuré	hétérostructuré	hétéro/autostr. selon appren.	autostructuré
Centration sur...	... les contenus	... l'outil technologique	... l'adaptabilité du dispositif	... l'apprenant
Innovation[62]...	"réformiste modéré"		"réformiste avancé"	
Organisation...	hiérarchique		collégiale	
Modèles de réf.	préceptorat	EIAO	compagnonn.	autodidaxie
Proche de...	Apprentissage par instruction ; Méthod. trad. ; MTP1[63]	EAO Laboratoire de langues	Pédagogie différenciée	MTP2[64]
Pédagogie de type ...	Enseignement différé	Tutorat directif	Tutorat coopérant	Métacognition
Le rapport à l'autonomie	Appartient à la sphère privée	Un moyen	Un pré-requis ou un objectif	Un objectif
Rapport à la langue étrangère	Savoirs et comportements langagiers à intégrer	Comportements langagiers à acquérir	Conduites langagières et méthodologiq. à acquérir	Un système complexe à auto-organiser
Rapport à l'évaluation	Externe, elle dépend d'un référentiel	Externe, elle dépend d'un référentiel	Variable selon les apprenants	Auto-évaluation
Les Ress. Matér. dominantes	Méthodes éditoriales, tout supports	Méth. et outils éditoriaux sur supp. cédérom	Variable selon les apprenants	Docs authentiq. sur supports banalisés
Les Ress. Hum. de référence	Enseignant	Enseignant et tuteur	Formateur	Conseiller
Image véhiculée de l'apprenant	Élève	Étudiant	Stagiaire	Apprenant ou se-formant
L'instance de décision	Institution Responsable Enseignant	Institution Responsable Enseignt/tuteur	+/- Formateur +/- Stagiaire	Apprenant

---

[62] Extrait de la typologie de E. Satre, cité par G. Langouët (1985), p.57.
[63] MTP1 de type transmissif à orientation normative (M. Lesne, 1977).
[64] MTP2 de type incitatif à orientation personnelle (M. Lesne, 1977).

Annexe 3

Extraits du formulaire d'enquête[65]

Le formulaire est organisé en quatre grandes parties :

1 - Votre expérience dans l'apprentissage des langues étrangères
- Durant votre enfance, jusqu'à l'entrée à l'école (questions 1 à 9)
- Durant votre scolarité : école, collège et lycée (questions 10 à 15)
- Entre votre scolarité et votre inscription en autoformation (questions 16 à 21)
- Dans le cadre de votre autoformation
    Votre situation d'apprentissage (questions 22 à 43)
    Vos besoins (questions 44 à 68)
    A la fin de votre autoformation actuelle (questions 69 à 78)
- Votre environnement langagier (questions 79 à 103)
- Si vous faites le bilan aujourd'hui... (104 à 109)

2 - Votre apprentissage au centre d'autoformation (questions 110 à
- Votre inscription (questions 110 à 113)
- Le centre de ressources (questions 114 à 120)
- Les ressources humaines (questions 121 à 127)
- Les ressources matérielles (questions 128 à 135)
- Le contenu de l'apprentissage et son évaluation (questions 136 à 144)

3 - Vos stratégies d'apprentissage (questions 145 à 194)
Les questions 195 à 199 concernent les conditions de ce type de questionnement

4 - Informations générales (questions 201 à 216)

---

[65] Le formulaire dans son intégralité est consultable dans les annexes de la thèse publiée : Albero B., 1999.

Annexe 3

Les questions concernant les stratégies d'apprentissage sont les suivantes :

Partie A
145 - J'établis des liens entre ce qui est nouveau et ce que je connais déjà de la LE
146 - Je place les nouveaux mots dans une phrase pour pouvoir m'en souvenir
147 - J'associe le son du nouveau mot avec une image de ce mot pour pouvoir m'en rappeler
148 - je mémorise le mot en me faisant une image mentale de la situation dans laquelle il a été utilisé
149 - J'utilise les rimes pour me souvenir des mots en LE
150 - J'utilise des fiches pour mémoriser *(par exemple, j'écris le nouveau mot d'un côté de la fiche et la définition ou d'autres informations de l'autre côté)*
151 - Je mime le mot physiquement *(par exemple, je m'aide avec des gestes)*
152 - Je révise souvent
153 - Je me souviens des mots ou phrases en LE en me rappelant de l'endroit où ils se trouvent sur la page ou de l'endroit où je les ai vus pour la première fois

Partie B
154 - Je dis ou écris plusieurs fois les nouveaux mots ou expressions
155 - Je cherche à parler comme les natifs (prononciation, expressions...)
156 - Je m'entraîne à prononcer les sons de la LE
157 - J'utilise des mots que je connais en LE dans des phrases différentes
158 - Je prends l'initiative de commencer des conversations en LE
159 - Je regarde des émissions de télévision, des films ou j'écoute la radio en LE
160 - Je lis pour le plaisir en LE
161 - Je prends des notes, j'écris des messages, des lettres ou des rapports en LE
162 - Je lis d'abord globalement un texte pour en comprendre l'idée principale, puis je reviens en arrière et le relis plus en détail
163 - Je cherche des ressemblances entre les mots de la LE et ceux de ma langue
164 - Je cherche à repérer des tournures de phrases propres à la LE
165 - Je trouve le sens d'un mot en divisant le mot en parties que je comprends
166 - J'essaie de ne pas traduire mot à mot
167 - Je fais des résumés des informations que je lis ou que j'écoute en LE

Partie C
168 - Pour comprendre les mots nouveaux, j'essaie de deviner *(par exemple, j'utilise des indices liés au contexte ou à la situation)*
169 - Si un mot me manque dans la conversation, j'emploie des gestes ou je repasse, momentanément, à ma langue maternelle
170 - Je crée des mots nouveaux si je ne connais pas ceux dont j'ai besoin en LE
171 - Je lis sans regarder dans le dictionnaire chaque nouveau mot
172 - Dans une conversation, j'essaie d'anticiper ce que l'autre personne va dire *(par exemple, en m'appuyant sur ce qui a été dit jusqu'alors)*

173 - Si je ne trouve pas la bonne expression, je trouve une façon différente de m'exprimer *(par exemple, j'emploie un synonyme ou une périphrase)*

Partie D
174 - Je cherche toutes les occasions de pratiquer la LE
175 - J'essaie de repérer mes erreurs et de m'en servir pour progresser
176 - Dans une conversation avec un natif, je me concentre vraiment *(par exemple, j'évacue de mon esprit tout ce qui n'est pas lié à la conversation)*
177 - J'essaie de trouver les moyens d'être un meilleur apprenant en LE *(par exemple, en lisant des livres ou des articles qui portent sur l'apprentissage, ou en parlant avec les autres de la façon d'apprendre)*
178 - Je m'organise de façon à avoir du temps pour étudier la LE
179 - Je cherche des gens avec qui je peux parler la LE
180 - Je cherche toutes les occasions de lire en LE
181 - Je planifie moi-même clairement mes objectifs de façon à améliorer mes aptitudes
182 - J'évalue moi-même mes progrès dans l'apprentissage de la LE

Partie E
183 - J'essaie de me détendre dès que j'ai peur d'utiliser la LE
184 - Je m'encourage à parler la LE même quand j'ai peur de commettre une faute
185 - Je me récompense quand je réussis
186 - Je fais attention aux signes physiques de tension nerveuse quand j'étudie ou utilise la LE
187 - Je tiens un journal où je note mes impressions sur mon apprentissage
188 - Je parle à une personne de confiance de mes attitudes et sentiments concernant mon apprentissage de la langue

Partie F
189 - Si je ne comprends pas, je demande à mon interlocuteur de ralentir ou de répéter ce qu'il a dit
190 - Je demande à mon interlocuteur de me corriger quand je parle
191 - Je pratique la LE avec d'autres apprenants de langue
192 - Je demande de l'aide aux natifs si j'en ai besoin
193 - Je m'implique dans les conversations en LE et je pose des questions
194 - J'essaie d'apprendre la culture des natifs

Annexe 4

Liste des centres ayant accepté de participer à cette recherche

1 - BORDEAUX 1, Espace ALPHA, Alain Rahm
2 - BORDEAUX 2, DLVP, SAPAG, Jennifer Walski
3 - GRENOBLE 2, Centre des Langues Vivantes, Françoise Raby et Jean-Jacques Gimenez Novella
4 - LILLE 1, CUEEP, Xavier Coine
5 - LORIENT, Médiathèque municipale, Marie-Pierre Briand
6 - LYON 1, Hélène Marchand
7 - LYON 2, Centre de Langues, Joseph Tchalian, et Carole Rozzonelli
8 - MONTPELLIER 3, EMLC, Jean Vaché et Laurence Durroux
9 - NANCY, CUCES-Université, Didier Husson et Odile Leclerc
10 - NANCY, ELANS, Jeanne-Marie Debaisieux
11 - NANCY 2, CRAPEL, Henri Holec, Marie-Josée Gremmo et Sophie Bailly
12 - NANCY 2, SCELV, Jacqueline Billant
13 - PARIS, Beaubourg, Josette Vuillaume
14 - PARIS, CNAM, Danièle Abé-Hildenbrand
15 - PARIS, CREALANGUES, Sylvie Bayle
16 - PARIS, LEONARD DE VINCI, Eileen Wilson
17 - PARIS, SNCF, Centre de langues, J-Pascal Derumier et M-Christine Vacavant
18 - PARIS 2, Murielle Constant
19 - PARIS 5, CTL, Christine Roland-Levy
20 - PARIS 7, CNEAO, Françoise Demaizière
21 - PARIS 8, IREL, Pierrette Cravatte
22 - PARIS (région), Billancourt, Renault, Philippe Cuisinier, Dominique Borniche et Marie-Pierre Darrack
23 - PARIS (région), Boulogne, TF1, Jean-Pierre Cerles
24 - PARIS (région), Enghien, GRETA, Espace Langues, Claire Foulet
25 - PARIS (région), Issy-les-Moulineaux, Médiathèque, Béatrice Binninger
26 - PARIS (région), Les Mureaux, EDF-GDF, Patrick Letellier
27 - PARIS (région), Levallois-Perret, Médiathèque A. Camus, Mme Perrusson
28 - PARIS (région) Paray-la-vieille-poste, Air France, Frédéric Lamarche
29 - PARIS (région), Puteaux, GRETA de La Défense, Marie-Odile Cothias, Christiane Muglioni, Marie-Line Notte
30 - PARIS (région), Saint-Denis, GRETA Tertiaire Nord 93, Corinne Schimmer
31 - PARIS (région), Saint-Quentin-en-Yvelines, Bouygues-Challenger, Simon Bolt
32 - PARIS (région), Torcy, Marie-Claire Drouilly et Janine Richaud
33 – STRASBOURG, ULP, médecine, Christian Auer
34 – STRASBOURG, ULP, Physique, Marie Spenle
35 – STRASBOURG, ULP, IPST, Nicole Bucher-Poteaux
36 – STRASBOURG, ULP, Vie et Terre, Mireille Marchal

LISTE DES FIGURES

Figure 1 : Proposition de classification des pratiques autoformatives.......... 46
Figure 2 : Créations de dispositifs d'autoformation en langues.................. 115
Figure 3 : Les environnements institutionnels... 116
Figure 4 : Centration de l'activité dominante connotée par le choix des appellations 118
Figure 5 : Une organisation des discours autour de deux pôles................. 139
Figure 6 : Répartition des groupements de dispositifs sur un continuum ... 180
Figure 7 : Le dispositif, une actualisation de tensions 199
Figure 8 : Triangulations pédagogiques et dispositifs d'autoformation 200
Figure 9 : Nombre total d'années consacrées à l'apprentissage des langues durant la scolarité 212
Figure 10 : Analyse Factorielle des Correspondances Usage des médias et catégories de dispositifs 224
Figure 11 : Degré de satisfaction et catégories de dispositifs 241
Figure 12 : Degré de contrôle et catégories de dispositifs 248
Figure 13 : Ce qui a conduit les apprenants à s'interroger sur leurs stratégies d'apprentissage.. 250
Figure 14 : Utilité, pour les apprenants, du questionnement sur les stratégies d'apprentissage.. 252
Figure 15 : Une tension tripolaire dans une perspective conjonctive 260
Figure 16 : Proposition pour une modélisation dynamique 265

LISTE DES TABLEAUX

Tableau 1 : Six étapes selon deux scénarii.. 161
Tableau 2 : Sentiment d'aisance dans la compétence : "apprendre sans professeur" 232
Tableau 3 : Degré de satisfaction et catégories de dispositifs.................... 240
Tableau 4 : Degré de contrôle et catégories de dispositifs 247

TABLE DES MATIÈRES

INTRODUCTION 9

CHAPITRE 1 : LE CONTEXTE ACTUEL DE L'APPRENTISSAGE DES
LANGUES ÉTRANGÈRES ET SON INCIDENCE SUR L'AUTOFORMATION 13
   1 - UN APPRENTISSAGE AU CŒUR DE NOUVELLES LOGIQUES........................... 17
      1.1 - *Le changement de statut des langues étrangères : de la discipline
      culturelle à l'atout professionnel* 17
         1.1.1 - Les évolutions de la didactique et de la pédagogie 17
         1.1.2 - Les évolutions dans les besoins sociaux des langues......................... 19
         1.1.3 - Les conséquences sur les usagers des formations aux langues 19
      1.2 - *L'entrée dans une logique de marché : les langues comme produit
      commercial et l'apprenant comme consommateur averti* 20
      1.3 - *L'apprentissage des langues en contexte institutionnel : logique
      commerciale ou logique de formation ?* 21
   2 - LES DISPOSITIFS D'AUTOFORMATION EN CONTEXTE INSTITUTIONNEL: UN
   DÉVELOPPEMENT EXPONENTIEL.. 24
      2.1 - *L'évolution dans le monde du travail* 25
      2.2 - *L'impact des nouveaux outils technologiques*.. 26
      2.3 - *L'individu : sujet et acteur* 26
      2.4 - *Conséquences pour la formation* 28
         2.4.1 - Les conditions de la formation ont changé 29
         2.4.2 - Les préconisations européennes.. 29
         2.4.3 - Des pratiques de formation pour de nouveaux besoins sociaux 30
         2.4.4 - L'autoformation : une ingénierie de l'incertitude ? 31

CHAPITRE 2 : L'AUTOFORMATION : UNE DIVERSITÉ D'APPROCHES
THÉORIQUES 35
   1 - LE CHAMP DE L'AUTOFORMATION : CHANTIER OU GALAXIE ?....................... 37
      1.1 - *L'autoformation en France : repères diachroniques et définitions* 38
         1.1.1 - Quelques repères diachroniques 38
            1.1.1.1 - L'autoformation : versant positif d'une société des loisirs 38
            1.1.1.2 - La prise en compte des caractéristiques individuelles 39
            1.1.1.3 - La constitution progressive d'un champ de recherche...................... 39
            1.1.1.4 - Une autoformation qui tend à s'instituer 40
         1.1.2 - Quelques repères terminologiques 41
            1.1.2.1 - Autoformation ou autodidaxie 41
            1.1.2.2 - Autoformation et individualisation de la formation.......................... 44
            1.1.2.3 - Autoformation et apprentissage auto-dirigé...................................... 45
            1.1.2.4 - Proposition d'une classification... 46
      1.2 - *Un repérage des courants de l'autoformation en France* 48
         1.2.1 - Un ensemble de classifications des courants de l'autoformation 48
         1.2.2 - La place des pratiques d'autoformation en centre de ressources....... 51

1.3 - *De l'institutionnalisation de l'autoformation à l'autoformation instituée* 52
    1.3.1 - L'institutionnalisation de l'autoformation : la fortune d'un concept ? 52
    1.3.2 - L'autoformation institutionalisée : un concept de fortune ? 55
    1.3.3 - Un modèle possible pour l'autoformation instituée : l'autoformation assistée 56
2 - UNE CONCEPTION DE LA PERSONNE EN SITUATION D'AUTOFORMATION 59
  2.1 - *Une perception globale de la personne*..59
    2.1.1 - Une conception interactionniste tripolaire 60
    2.1.2 - L'appropriation du pouvoir de "se donner une forme" 61
  2.2 - *La personne : un système complexe* 62
    2.2.1 - La personne : agent de son changement 63
    2.2.2 - La question de l'autonomie 64
        2.2.2.1 - Une perspective existentielle 64
        2.2.2.2 - Une perspective sociale et éducative..65
  2.3 - *Les compétences repérées pour l'autoformation* 66
    2.3.1 - "Tolérer l'incertitude" 67
    2.3.2 - "Établir un réseau de ressources"..67
    2.3.3 - "Réfléchir sur et dans l'action" 68
    2.3.4 - "Se connaître comme apprenant" 68

CHAPITRE 3 : PROPOSITION D'UN CADRE THÉORIQUE POUR L'ACTION AUTOFORMATIVE 71

1 - LES DIMENSIONS INNOVANTES DE L'AUTOFORMATION DANS UN CONTEXTE INSTITUTIONNEL 73
  1.1 - *Les caractéristiques de l'autoformation comme pratique innovante* 74
    1.1.1 - Le contexte de l'autoformation 75
    1.1.2 - Un nouvel agencement..75
    1.1.3 - Une émergence à l'intérieur d'une démarche de résolution de problème.....76
    1.1.4 - L'inscription dans un processus 76
    1.1.5 - Une tension essentielle...77
  1.2 - *Un triple paradoxe au cœur de cette innovation*..78
    1.2.1 - Entre l'héritage de la marginalité et la visibilité institutionnelle.................79
    1.2.2 - Entre individualisation et rentabilité 79
    1.2.3 - Entre hétéroformation et autoformation 80
2 - *AUTOS*, AUTONOMIE, AUTOFORMATION ET PRAXIS 81
  2.1 - *L'autos : dimension intrinsèque à l'autoformation*..82
  2.2 - *L'autonomie interprétée comme un processus biologique* 83
  2.3 - *Autoformation et autonomie : un processus existentiel*......................................84
  2.4 - *Autoformation et autonomie : un processus social* 86
  2.5 - *L'autoformation comme praxis* 88
3 - L'APPRENTISSAGE DES LANGUES : UN PROCESSUS COMPLEXE 90
  3.1 - *Le résultat de diverses interactions : l'importance de l'exposition* 93
  3.2 - *Les connaissances dérivent de l'action : l'importance de l'implication*.95

3.3 - Un système d'interfaces entre soi et le monde : l'importance de la prise de conscience 97
4 - INSTRUMENTER L'APPRENTISSAGE : PERSPECTIVE CONSTRUCTIVISTE 100
   4.1 - Le fonctionnement des apprenants efficaces 101
      4.1.1 - Une approche active de l'apprentissage 102
      4.1.2 - La langue cible comme système à découvrir et instrument de communication 102
      4.1.3 - La prise en compte de la dimension affective de l'apprentissage 103
      4.1.4 - La surveillance de la performance 103
   4.2 - Les recherches sur les stratégies d'apprentissage 103
      4.2.1 - Une diversité d'approches 104
         4.2.1.1 - Quelques définitions 105
         4.2.1.2 - Des classifications différentes 106
      4.2.2 - Le modèle proposé par R. Oxford (1985 et 1990) 107
         4.2.2.1 - Les hypothèses explicitées 107
         4.2.2.2 - Une classification comme outil opératoire pour l'apprentissage 108

CHAPITRE 4 : DERRIÈRE LE DISCOURS THÉORIQUE, LES DISCOURS D'ACTEURS ET LES PRATIQUES DÉCLARÉES 111

1 - CARACTÉRISTIQUES GÉNÉRALES DES DISPOSITIFS DU CORPUS 115
   1.1 - L'autoformation en contexte institutionnel : un phénomène récent 115
   1.2 - Des environnements institutionnels diversifiés 116
   1.3 - Des appellations extrêmement diverses, mais significatives 116
   1.4 - Une offre diversifiée 119
   1.5 - Un public divers 119
   1.6 - Un premier état des lieux 120
2 - LES VALEURS, MODÈLES ET PRINCIPES DE RÉFÉRENCE 120
   2.1 - Trois points de convergence 120
      2.1.1 - Entre humanisme et pragmatisme 121
         2.1.1.1 - Le souci de la personne 121
         2.1.1.2 - La prise en compte de contraintes contextuelles : publics, coûts 122
         2.1.1.3 - Une conception pragmatique de l'apprentissage des langues ... 123
      2.1.2 - L'image d'un apprenant autonome et responsable, mais non isolé 124
         2.1.2.1 - La référence à l'autonomie et à la responsabilité individuelle .. 125
         2.1.2.2 - L'apprentissage ne peut se faire dans l'isolement 125
      2.1.3 - Intégration affirmée des nouvelles technologies et variété des moyens matérialisée par le centre de ressources 127
   2.2 - Trois points de différenciation entre deux pôles : la centration sur l'acte "former" et la centration sur l'acte "apprendre" 128
      2.2.1 - Un éventail de représentations de l'autoformation 128
         2.2.1.1 - L'autoformation comme palliatif 129
         2.2.1.2 - L'autoformation : modalité complémentaire de l'enseignement 130
         2.2.1.3 - L'autoformation comme opposition idéologique à l'hétéroformation 131
         2.2.1.4 - L'autoformation comme voie d'acquisition 131

 2.2.2 - Les représentations de l'autonomie 133
  2.2.2.1 - L'autonomie comme pré-requis à la formation 133
  2.2.2.2 - L'autonomie comme objet de formation 135
 2.2.3 - Les représentations de l'apprentissage en général et de l'apprentissage des langues en particulier 136
  2.2.3.1 - L'apprentissage de la langue étrangère est considéré comme un modelage des conduites 136
  2.2.3.2 - L'apprentissage de la langue est perçu essentiellement comme un processus global internalisé 138
3 - LA DIMENSION INGÉNIERIQUE 140
 3.1 - *Trois zones de convergence entre les dispositifs du corpus* 140
  3.1.1 - L'utilisation des nouvelles technologies 140
  3.1.2 - La diversité des ressources matérielles 141
  3.1.3 - L'organisation des parcours d'apprentissage 141
   3.1.3.1 - Accueil, visite du centre, test linguistique 142
   3.1.3.2 - Alternance entre des temps de travail personnel et des temps de travail avec un intervenant pédagogique et/ou des pairs 143
   3.1.3.3 - Évaluation finale sanctionnée par un diplôme ou une attestation 143
 3.2 - *Quatre zones de différenciation entre les dispositifs du corpus* 143
  3.2.1 - Un public cible diversifié 143
   3.2.1.1 - Un public captif 144
   3.2.1.2 - Un public non-captif 144
   3.2.1.3 - Un public semi-captif 144
  3.2.2 - Le contenu des différentes phases du parcours d'autoformation 145
   3.2.2.1 - L'accueil : de l'écoute des consignes à l'élaboration du parcours 145
   3.2.2.2 - L'alternance des temps de travail : du menu à la carte 146
   3.2.2.3 - L'évaluation finale : du référentiel externe au référentiel internalisé . 147
  3.2.3 - Des parcours de formation plus ou moins diversifiés 148
   3.2.3.1 - Des parcours hétérostructurés, différenciés selon les niveaux des apprenants en langue cible 148
   3.2.3.2 - Des parcours autostructurés, différenciés selon les caractéristiques individuelles de chaque personne 148
  3.2.4 - L'agent de contrôle de la formation 149
   3.2.4.1 - Dans l'hétéro-contrôle, l'instance de formation reste au pilotage 149
   3.2.4.2 - Dans l'auto-contrôle, la personne apprend à piloter sa formation 152
4 - LA DIMENSION PÉDAGOGIQUE 154
 4.1 - *L'organisation des ressources matérielles* 154
  4.1.1 - Les matériels dominants : des documents clos aux documents adaptables 154
  4.1.2 - De la valorisation des fonctions d'enseignement (hétéro-contrôle) à la valorisation des fonctions d'apprentissage (auto-contrôle) 156
  4.1.3 - L'exposition à la langue cible : de la progression à l'immersion 158
 4.2 - *Les modalités d'intervention des ressources humaines* 159
  4.2.1 - L'information et l'accueil de chaque apprenant 159
   4.2.1.1 - L'entrée dans le parcours : de l'information à la formation préliminaire 159
   4.2.1.2 - Du test de langue à la mise en situation réflexive 160
   4.2.1.3 - Du contrat formel ou contrat de formation 160

    4.2.2 - L'animation et le suivi pédagogique 161
        4.2.2.1 - Le centre de ressources : de l'isolement à la socialisation 161
        4.2.2.2 - Le suivi général du parcours : du contrôle à l'accompagnement........ 162
        4.2.2.3 - Les entretiens individuels : du cours au conseil................................ 162
        4.2.2.4 - Les regroupements : du cours collectif à l'apprentissage coactif 164
        4.2.2.5 - L'évaluation des parcours : du contrôle validant à l'auto-évaluation. 165
    4.2.3 - La création de supports de formation appropriés : des programmes
    personnalisés aux outils interfaciels.. 166
  4.3 - *Les rôles joués par les ressources humaines* 168
    4.3.1 - Le responsable du centre d'autoformation 168
    4.3.2 - Les intervenants pédagogiques 170
        4.3.2.1 - La reproduction de savoir-faire professionnels maîtrisés 170
        4.3.2.2 - La prise en compte des spécificités d'un environnement ouvert 170
        4.3.2.3 - L'élaboration de nouveaux savoir-faire professionnels...................... 171
    4.3.3 - Les référents culturels ou natifs apportent une dimension authentique aux
    échanges... 172
    4.3.4 - Les personnels techniques 173
  4.4 - *La formation des personnels* 174
  4.5 - *Les contenus des apprentissages valorisés par l'instance de formation*
.... 175
  4.6 - *Regards portés sur les apprenants*... 176
    4.6.1 - Des apprenants libérés de contraintes et heureux d'apprendre 177
    4.6.2 - Des apprenants qui progressent 177
    4.6.3 - Des relations de connivence et de convivialité entre les personnes 178
    4.6.4 - Quelques résistances.. 178
5 - PROPOSITION D'UNE CATÉGORISATION DES DISPOSITIFS DU CORPUS 180
  5.1 - *Les dispositifs à dominante prescriptive : des dispositifs qui se centrent
sur l'action "former"* 181
    5.1.1 - Un système de représentations héritées 182
    5.1.2 - Une ingénierie de l'hétéroformation 183
    5.1.3 - La pédagogie comme pratique d'un enseignement différé........................... 184
  5.2 - *Les dispositifs à dominante tutorale : des dispositifs qui s'ouvrent sur
l'apprenant* 186
    5.2.1 - Un système de représentations modifiées 186
    5.2.2 - Une ingénierie de l'outil technologique 187
    5.2.3 - La pédagogie comme pratique d'orientation et de régulation 187
  5.3 - *Les dispositifs à dominante coopérante : des dispositifs qui s'adaptent
aux diversités contextuelles* 189
    5.3.1 - Un système de représentations en construction 190
    5.3.2 - Une ingénierie de l'adaptabilité 191
    5.3.3 - La pédagogie comme pratique de l'accompagnement 191
  5.4 - *Les dispositifs à dominante auto-directive : des dispositifs qui se centrent
sur l'action "apprendre"* 193
    5.4.1 - Un système de représentations reconstruit 193
    5.4.2 - Une ingénierie de l'apprentissage.. 195
    5.4.3 - La pédagogie comme pratique de facilitation 196

5.5 - Vers une typologie des pratiques d'autoformation en contexte institutionnel 197

CHAPITRE 5 : DERRIÈRE LES DISCOURS DES ACTEURS, LE VÉCU DÉCLARÉ DES APPRENANTS 203
1 - CARACTÉRISTIQUES SOCIOCULTURELLES 205
   1.1 - Des apprenants de nationalité française sur tout le territoire 205
   1.2 - Des apprenants plutôt jeunes avec une représentation équilibrée entre les hommes et les femmes 206
   1.3 - Un public éclairé 207
      1.3.1 - Une majorité d'étudiants et de cadres 207
      1.3.2 - Un bagage scolaire élevé 208
      1.3.3 - Un héritage socioculturel élevé 209
2 - BIOGRAPHIES LANGAGIÈRES 210
   2.1 - Enfance et passé familial : un environnement monolingue 210
   2.2 - Vécu scolaire et passé formatif : un apprentissage traditionnel et de bons souvenirs 211
      2.2.1 - Le passé scolaire 211
      2.2.2 - Le passé formatif 213
      2.2.3 - Les résultats estimés de ces formations scolaires et postscolaires 214
   2.3 - Le bilan des apprentissages après une inscription en autoformation ... 216
3 - RAPPORT À LA LANGUE ÉTRANGÈRE ÉTUDIÉE 217
   3.1 - Les sources de motivation pour l'apprentissage de la langue cible : plus intrinsèques qu'extrinsèques 218
      3.1.1 - Des apprentissages pragmatiques liés à l'acquisition d'un capital culturel 218
      3.1.2 - Un apprentissage sans urgence de la langue courante 218
      3.1.3 - Des attentes raisonnables en termes de résultats 219
      3.1.4 - Les diplômes ne sont pas un facteur de motivation instrumentale et l'utilisation de la langue cible reste occasionnelle 220
   3.2 - Un environnement langagier pauvre 221
      3.2.1 - Peu d'occasions de pratiquer dans l'environnement familial et amical et des occasions rares de voyager dans un pays de la langue cible 221
      3.2.2 - Les médias : des supports potentiels d'exposition à la langue 222
      3.2.3 - Du côté professionnel : des usages possibles, plus que réels 226
   3.3 - Des durées de formation courtes pour un apprentissage morcelé 227
   3.4 - Une représentation de l'apprentissage des langues : dissociation du temps d'apprentissage et de la mise en application 228
4 - RAPPORT AU DISPOSITIF ET DEGRÉ DE SATISFACTION 230
   4.1 - L'inscription dans un dispositif d'autoformation : des motivations plus extrinsèques qu'intrinsèques 230
      4.1.1 - Une obligation qui se mue parfois en choix 231
      4.1.2 - Une inscription motivée par l'environnement de formation 231
   4.2 - La découverte d'une nouvelle modalité d'apprentissage 232
   4.3 - La représentation du dispositif de formation idéal : une hybridation entre le présentiel et l'autoformation 233

 4.4 - *Un degré de satisfaction important quel que soit le dispositif* 235
  4.4.1 - Les indicateurs indirects de la satisfaction des usagers 235
   4.4.1.1 - Un faible taux d'abandon déclaré 236
   4.4.1.2 - Un taux de réinscription relativement important 236
   4.4.1.3 - Le projet de continuer en situation d'autodidaxie 237
  4.4.2 - L'expression directe de la (non) satisfaction des usagers 238
 4.5 - *Une plus grande proportion d'apprenants satisfaits dans les dispositifs les plus autonomisants* 239
5 - PERCEPTIONS DU DEGRÉ DE CONTRÔLE DE L'APPRENTISSAGE 241
 5.1 - *Les zones majoritaires de choix* 242
  5.1.1 - L'organisation matérielle des apprentissages et sa mise en œuvre 242
  5.1.2 - Les interactions avec autrui 243
  5.1.3 - Consultation d'outils d'apprentissage autres que linguistiques 243
 5.2 - *Les zones majoritaires de non-choix* 244
  5.2.1- Une inscription majoritairement obligatoire en autoformation 244
  5.2.2 - Une faible préparation à l'autoformation 244
 5.3 - *Deux moments critiques de l'apprentissage en situation d'autoformation : l'entraînement à l'expression et l'évaluation* 245
  5.3.1 - L'entraînement à l'expression orale et écrite 245
  5.3.2 - L'évaluation 246
 5.4 - *Un degré de contrôle lié au projet autonomisant du dispositif* 247
6 - LES STRATÉGIES D'APPRENTISSAGE ET DE COMMUNICATION 248
 6.1 - *Stratégies directes, stratégies indirectes et catégories de dispositifs* 249
 6.2 - *Les réactions des apprenants* 250
  6.2.1 - Un questionnement nouveau pour de nombreux répondants 250
  6.2.2 - Un questionnement qui intéresse la majorité des répondants 251
   6.2.2.1 - Un questionnement très utile pour 65% des répondants 252
   6.2.2.2 - Un questionnement moyennement utile pour 24% des répondants ... 254
   6.2.2.3 - Un questionnement peu ou pas utile pour 7% des répondants 254

CONCLUSION GENERALE 257

1 - ÉMERGENCE D'UN NOUVEAU CHAMP DE RECHERCHES ET DE PRATIQUES : L'AUTOFORMATION EN CONTEXTE INSTITUTIONNEL 259

2 - DU CHANGEMENT DE LOGIQUE AU CHANGEMENT DE PARADIGME 262

3 - DU PARADIGME DE L'INSTRUCTION AU PARADIGME DE L'AUTONOMIE 264

4 - LE DISPOSITIF D'AUTOFORMATION : UN ESPACE INTERFACIEL 267

 4.1 - *Interface fonctionnelle entre l'apprenant et son projet de formation* 267
 4.2 - *Interface sociale entre enseignement et pratiques autodidaxiques* 268
 4.3 - *Interface culturelle entre matérialité et virtualité* 268

BIBLIOGRAPHIE	271
INDEX DES AUTEURS	285
ANNEXES	287
LISTE DES FIGURES ET DES TABLEAUX	295

576382 - Septembre 2014
Achevé d'imprimer par